Werner Hennig, Walter Friedrich (Hrsg.)
Jugend in der DDR

Jugendforschung

Im Auftrag des Zentrums für Kindheits- und Jugendforschung
der Fakultät für Pädagogik der Universität Bielefeld,
herausgegeben von
Dieter Baacke, Wilhelm Heitmeyer,
Klaus Hurrelmann und Klaus Treumann

Werner Hennig, Walter Friedrich (Hrsg.)

Jugend in der DDR

Daten und Ergebnisse
der Jugendforschung vor der Wende

Juventa Verlag Weinheim und München 1991

CIP-Titelaufnahme der Deutschen Bibliothek
Jugend in der DDR: Daten und Ergebnisse der Jugendforschung
vor der Wende/ [im Auftr. des Zentrums für Kindheits- und
Jugendforschung der Fakultät für Pädagogik der Universität
Bielefeld hrsg.]. Werner Hennig ... (Hrsg.). - Weinheim;
München: Juventa Verl., 1991

    (Jugendforschung)
    ISBN 3-7799-0418-7
NE: Hennig, Werner [Hrsg.]

Das Werk einschließlich aller seiner Teile ist urheberrechtlich geschützt.
Jede Verwertung außerhalb der engen Grenzen des Urheberrechtsgesetzes
ist ohne Zustimmung des Verlags unzulässig und strafbar. Das gilt insbesondere für Vervielfältigungen, Übersetzungen, Mikroverfilmungen und die
Einspeicherung und Verarbeitung in elektronischen Systemen.

© 1991 Juventa Verlag Weinheim und München
Umschlaggestaltung: Atelier Warminski, 6470 Büdingen 8
Printed in Germany

ISBN 3-7799-0418-7

Jugend in der DDR

Ergebnisse der Jugendforschung vor der Wende
Eine Einleitung aus westdeutscher Sicht

Der hier vorliegende Sammelband ist ein dokumentarisches Buch, weil es im wesentlichen Ergebnisse vorstellt, die im System der DDR und unter den vor 1989 dort herrschenden Bedingungen gewonnen wurden, also vor der Wende. Es hat auch deshalb dokumentarischen Charakter, weil es die Institution des Zentralinstitutes für Jugendforschung nicht mehr gibt, in dessen Rahmen die Ergebnisse zustandegekommen sind. Diese Institution befand sich nach unserer Wahrnehmung in einer komplizierten Situation durcl. die hautnahe Anbindung an den Ministerrat der DDR. Sie war, nach allem, was wir wissen, seit längerer Zeit vor der Wende im System nicht sonderlich beliebt, weil selbst kleine Zwischentöne in den Forschungen zu Vibrationen führten, die von der Hauptstadt der DDR bis nach Leipzig spürbar gewesen sein müssen. Dies mag dazu beigetragen haben, daß vorsichtiges Handeln und Verengungen in den verschiedenen Blickwinkeln bei gleichzeitigen Hoffnungen auf Resonanz miteinander verbunden waren, so daß dies heute und zumal aus westdeutscher Sicht nicht eben nach Widerständigkeit aussieht.

Dies macht diese Jugendforschung nun auch nach der Wende wiederum nicht sonderlich beliebt, wie sich an der politischen Entscheidung und der zeitlich gestreckten "Abwicklung", wie es verschleiernd heißt, ablesen läßt.

In diesem Vorgang zeigt sich die prekäre Situation von Jugendforschungsinstitutionen, die als nachgeordnete Behörden von Regierungsstellen fungieren und damit eng an politische Vorgaben, Abhängigkeiten, Konjunkturen oder Tagesbedarf gebunden sind. Dies gilt für Jugendforschungsinstitutionen im besonderen dann, wenn sie die vielfältigen Problemzonen der Bedingungen des Aufwachsens der in jeder Gesellschaftsform abhängigen und mit wenig Lobby ausgestatteten Kinder und Jugendlichen aufzeigen wollen und nicht nur bloße Legitimationsforschung betreiben.

Die engen Grenzen der politischen Einzäunungen in der ehemaligen DDR haben, wenn nicht alles täuscht, dieses weitgehend verhindert.

Die Kolleginnen und Kollegen des ehemaligen Zentralinstituts werden möglicherweise heute manches anders sehen, auch anders sehen können; Selbstkritik mag dabeisein, vielleicht auch in dem einen oder anderen Aspekt ein Festhalten am "alten". Vorsicht aus westdeutscher Position ist allemal geboten, zumal der alltägliche "Kompromiß" mit unseren Mißständen verdrängt oder geflissentlich überdeckt werden könnte.

Vor diesem Hintergrund verdienen die Daten und Interpretationen der Kolleginnen und Kollegen eine große Aufmerksamkeit, die sich nicht nur auf die "Ausbeutung" vor allem der Längsschnittdaten beziehen sollte, an denen es gerade in Westdeutschland mangelt.

Wir halten die Publikation dieses Bandes auch deshalb für wichtig, weil darin Belege für "Eingangsbedingungen" von damaligen Jugendlichen und heutigen jungen Erwachsenen in die individualisierte Gesellschaft zu finden sind. Eine Bezugnahme könnte auch davor schützen, daß über schnelle Vergleichsuntersuchungen die Brüche und Hintergründe von Übergängen aus der "formierten Nischengesellschaft" eingeebnet werden.

Von daher ist dieser Sammelband auch ein hochaktuelles Buch zu Forschungen, deren Ergebnisse weder verlorengehen noch vorrangig aus westlicher Sicht interpretiert werden sollten. Daß dabei ein schwieriger und schmerzhafter Veränderungsprozeß im Wissenschaftsbetrieb wie in den Köpfen noch aussteht, der nur auf der sprachlichen Oberfläche leicht zu sein scheint, wenn in Texten aus "Hochschulkadern" jetzt schlicht "Studenten" werden, ist vielerorts bereits deutlich geworden. Dahinter liegen weitreichende Verwerfungen, die auch deshalb nicht übersehen werden können, weil die Daten vor der Wende zustandegekommen, die Interpretationen aber weitgehend erst mit dem "neuen" Blick nach der Wende verfaßt wurden.

Auch die zukünftige Jugendforschung im östlichen Teil Deutschlands sollte aus unserer Sicht die Chance nutzen, "ihre" Geschichte aufzuarbeiten und nicht zur Tagesordnung übergehen.

                                              Die Herausgeber der Reihe
                                              "Jugendforschung"

Vorbemerkung

Auch nach der deutschen Wiedervereinigung besteht verständlicherweise ein verbreitetes Interesse an der Jugend in der ehemaligen DDR vor der Wende im Herbst 1989.
Es wird nach den früheren Lebensformen junger Leute gefragt, nach ihrem damaligen Denken und Verhalten, ihren politischen und kulturellen Einstellungen, nach ihren intellektuellen Fähigkeiten.

Das Zentralinstitut für Jugendforschung Leipzig (ZIJ) hat seit seiner Gründung im Jahre 1966 zu solchen und weiteren Themen eine große Zahl sozialwissenschaftlicher Untersuchungen durchgeführt. Möglichkeiten zur Veröffentlichung empirischer Forschungen waren allerdings durch Tabus und harte Restriktionen äußerst begrenzt. Das alte Herrschaftssystem lehnte es kategorisch ab, ein reales Bild von der Jugend der Öffentlichkeit bekanntzugeben. Anderenfalls wäre gewiß eine neue, demokratisch legitimierte Jugendpolitik unumgänglich geworden.

Seit der Wende im Herbst 1989 bestehen solche Barrieren nicht mehr. Die Wissenschaftler des ZIJ nutzen dies, um Ergebnisse ihrer Arbeiten der Öffentlichkeit vorzustellen. Dieser Sammelband umfaßt 18 bisher nicht veröffentlichte Beiträge, in denen zahlreiche empirische Daten vorgestellt werden und sich die thematische Vielfalt der Arbeiten zur Jugendforschung andeutet.
Die Beiträge enthalten vor allem Ergebnisse, die nach 1985 erarbeitet wurden. Sie gruppieren sich mehr oder weniger eng um die Bereiche Politik, Freizeit, Ehe/Frauen, intellektuelle Entwicklung und Methodologie/Methodik.

Die Herausgeber hoffen, daß der Band interessante sozialwissenschaftliche Informationen und Erkenntnisse vermittelt und zum konstruktiven Meinungsstreit anregt.

Wir danken herzlich den Kollegen des Zentrums für Kindheits- und Jugendforschung der Fakultät für Pädagogik der Universität Bielefeld, mit denen uns seit Jahren produktive Arbeitsbeziehungen verbinden.

Inhalt

Walter Friedrich
Zur Einleitung:
Fast 25 Jahre "Zentralinstitut für Jugendforschung" — 11

Politik und Arbeit

Wilfried Schubarth
Historisches Bewußtsein und historische Bildung in der
DDR zwischen Anspruch und Realität — 27

Sarina Keiser
Die Familie als Faktor der politischen Sozialisation
Jugendlicher in der DDR Ende der 80er Jahre — 39

Leonhard Kasek
Junge Werktätige und Computertechnik — 51

Freizeit

Hans−Jörg Stiehler
Blicke in den Medienalltag Jugendlicher — 67

Cordula Günther
Wertorientierungen und Mode− und Bekleidungsverhalten von Jugendlichen — 79

Bernd Lindner
Erst die neuen Medien, dann die neuen Verhältnisse — 89

Holm Felber
Erscheinungsformen des Musikgebrauchs
DDR−Jugendlicher Ende der 80er Jahre — 105

Heinz Schauer
Probleme der Alltagskultur von Studenten — 115

Harald Schmidt
Jugend und Tourismus — 121

Monika Reißig
Gesellschaftliche Bedingungen für den Alkoholmißbrauch Jugendlicher in der DDR — 133

Ehe/Frauen

Barbara Bertram
Frauen und technische Berufe   143

Arnold Pinther
Junge Ehen in den 70er und 80er Jahren   155

Intelligenz

Werner Hennig
Zur Entwicklung geistiger Fähigkeiten   169

Walter Friedrich
Über soziale Determinanten der Intelligenzentwicklung   179

Lutz Schmidt
Erziehungsverhalten der Eltern und intellektuelle
Leistungsentwicklung bei 12— bis 14jährigen Schülern   191

Methodologie/Methodik

Werner Hennig/Burkhard Kaftan/Ralf Kuhnke
Ein psychologisches Wertorientierungskonzept und
seine Umsetzung in ein empirisches Analyseverfahren   201

Rolf Ludwig
Der Einfluß der Meßmodelle beim Einsatz multivariater statistischer Verfahren in den Sozialwissenschaften   221

Günter Roski/Peter Förster
Komplexe Analyse — am Beispiel der Motivation des
Sporttreibens in der Freizeit bei jungen Berufstätigen
und Lehrlingen   229

Anhang

Ausgewählte Buchpublikationen aus dem ZIJ   237

Publikationen des ZIJ im Jahr 1990   240

Walter Friedrich

Zur Einleitung: Fast 25 Jahre ZIJ

Das Zentralinstitut für Jugendforschung (ZIJ) wurde 1966 in Leipzig gegründet.
Bis 1990 war es dem Amt für Jugendfragen, danach dem Ministerium für Jugend und Sport nachgeordnet, wodurch Rechtsstatus und Etat definiert waren.
Die politische Entscheidung für ein solches Institut fiel in eine Zeit relativer wirtschaftlicher Stabilisierung und großspuriger Projektionen für die "weitere Gestaltung der entwickelten sozialistischen Gesellschaft in der DDR". So wurden mehr Mittel als bisher auch für gesellschaftswissenschaftliche Forschungen bereitgestellt. "Großforschungszentren" sollten die angeblich sich schon in Sichtweite befindende Systemüberlegenheit belegen und weiter begründen helfen. Deshalb mußten es schon Zentralinstitute sein! Hier wurden die (anfangs recht bescheidenen) Forschungskapazitäten konzentriert, was ihnen trotzdem bald eine Art Monopolstellung einbrachte. Vor allem jedoch konnten diese Einrichtungen leicht, weil der Zentrale direkt unterstellt, von oben dirigiert und kontrolliert werden.
In den Köpfen der zuständigen Politiker spielte wohl damals auch eine Rolle, daß mit dem Leipziger ZIJ ein Gegenstück zum kurz vorher gegründeten Münchener Deutschen Jugendinstitut (DJI) geschaffen werden sollte. In Sachen Jugend, der Zukunft der Nation, wollte man nicht hinter dem "Klassengegner" zurückbleiben! Also wurde nach einigem Hin und Her die Gründung des ZIJ beschlossen − und weil man in Berlin keine geeigneten Räumlichkeiten fand, durfte es sich in Leipzig niederlassen. Diese räumliche Distanz von den Berliner Machtzentralen sollte sich noch als bedeutender Überlebensvorteil erweisen.

Die anfangs kleine Gruppe von Psychologen und Pädagogen, die den Aufbau des Instituts mit viel Engagement in Angriff nahm, verfolgte davon unabhängig ihre eigenen wissenschaftlichen Ziele: Sie wollte eine auf die Probleme, Bedürfnisse, Interessen und objektiven Lebensbedingungen der Jugend gerichtete, interdisziplinär orientierte und zusammengesetzte, empirisch fundierte, moderne sozialwissenschaftliche Jugendforschung entwickeln. An diesen Zielvorstellungen wurde beharrlich festgehalten. In den ersten Jahren zentrierten sich die Forschungen auf die verschiedensten Probleme und sozialen Bedingungen der Lebensentwicklung von Schülern und Lehrlingen, ihre sozialen, politischen, moralischen Einstellungen, Kontakt- und Kommunikationsformen in Schule/Berufsausbildung, Freizeit, Familie, in informellen wie auch in formellen Gruppen wie der FDJ.

Doch nach einer harten, die Institutsexistenz gefährdenden politischen Konfrontation mit der früheren Ministerin für Volksbildung, Frau Honecker, veränderte sich die Situation.

Frau Honecker wies unsere Forschungsergebnisse zu politisch-ideologischen Einstellungen der Schüler als unzutreffend, oberflächlich, den Informationen ihres Apparates widersprechend zurück, bezeichnete unsere Untersuchungen als "soziologische Schnüffelei" und verbot weitere ZIJ-Forschungen an ihren Schulen.

Ein Beispiel für die Immunisierungs-Strategie gegenüber sozialwissenschaftlichen Daten — schon Ende der 60er Jahre!

Das ZIJ ist in der Folgezeit aus diesem Schußfeld nie mehr herausgekommen. Meist vom Volksbildungsministerium initiiert, hat es bis Ende 1989 mindestens noch 6-8 weitere Male im Politbüro der SED zur Disposition gestanden. Wissenschaftliche Daten über die reale politische Situation, über das politische Denken, Urteilen, Verhalten der Jugend, der Bevölkerung waren eben bei den Herrschenden nicht gefragt, durften keinesfalls an die Öffentlichkeit gelangen. Dies wurde mit allen Mitteln unterbunden.

So hatten die MitarbeiterInnen des ZIJ mit ungewöhnlichen Schwierigkeiten zu kämpfen, ihre Arbeitsergebnisse zu veröffentlichen. Publikationen mit empirischen Daten zu Themen des politischen Bewußtseins und Verhaltens der Jugend waren seit dem Zusammenstoß mit Frau Honecker nahezu ausgeschlossen. Nur allgemeine Einschätzungen und möglichst wenig Problembeschreibung wurden zugelassen. Dafür sorgten — wie überall in den DDR-Sozialwissenschaften — politische Zensoren/Funktionäre sowie nicht wenige politisch-konformistische Fachleute als "Gutachter".

Aber auch den politikferneren Themenbereichen erging es nicht viel besser. Die Zensoren hatten immer ihres Amtes zu walten, ließen z.B. auch bei Problemen der Berufsausbildung der Lehrlinge, des Freizeitlebens, der Medienkommunikation etc. kaum empirische Daten durchgehen. Selbst Daten zum Rauchen und Alkoholkonsum Jugendlicher durften lange Zeit nicht publiziert werden!

Für die MitarbeiterInnen des Instituts war das verständlicherweise eine entwürdigende, dem Wissenschaftsethos widersprechende, psychisch kaum zu ertragende, teilweise arbeitsdemotivierende Situation. Den Sinn ihrer Arbeit sahen sie darin, die Lebenslage und Lebensperspektiven der Jugendlichen verbessern zu helfen. Doch konnten sie keine öffentlichen Debatten über die von ihnen analysierten und erkannten realen Jugendprobleme führen.

Daß dieser langjährige Konflikt dennoch von den meisten verkraftet werden konnte, sie sich immer wieder empirischen Untersuchungen zugewandt haben, ist wohl überwiegend dem guten sozialen Klima sowie der kritischen politischen Einstellung am ZIJ zu verdanken. Die Mehrheit von ihnen blieb jedenfalls aktiv, produktiv, engagiert für die wissenschaftliche Forschung und suchte nach Wegen der Popularisierung ihrer Erkenntnisse bzw. nach anderen Ersatz— oder Auswegen.

So wurden von Anfang der 70er Jahre an Bücher verfaßt, deren Thematik und Inhalt weit über die konkreten Jugendstudien hinausreichten, wie z.B. "Persönlichkeit und Leistung", "Sozialpsychologie für die Praxis" oder ganz allgemein kritische Schriften, etwa zur Kritik des Behaviorismus, älterer Begabungstheorien, Intelligenzkonzeptionen. "Der sozialwissenschaftliche Forschungsprozeß" galt viele Jahre als ein auch international anerkanntes Methodologie—/Methodenbuch.

Andere Publikationen waren dem Zwillingsproblem, der Geschlechtersozialisation, der Sexuologie gewidmet — letztlich Ersatzproduktionen wegen der tabuisierten Jugendthematik.

Das angefügte Literaturverzeichnis gibt einen Überblick über diese (vielfach durchaus nicht uninteressanten und für die Autoren auch nicht unerfreulichen!) Nebenprodukte der ZIJ—Jugendforschung.

Hunderte von Aufsätzen wurden in den verschiedensten, meist jedoch wenig verbreiteten und wenig zugänglichen, teilweise halbinternen Zeitschriften, Jahrbüchern, Bulletins, Sammelbänden, speziellen Hochschulpublikationen usw. veröffentlicht.

Da Kontrolle und Zensur großzügiger gehandhabt wurden, konnten sich die Autoren hier wagen, empirisch differenzierter und konkreter über ihre Forschungen zu berichten. Darüber hinaus haben zahlreiche MitarbeiterInnen des Instituts eine ganze Reihe populärwissenschaftlicher Bücher und Broschüren für junge Leute, selbst für Eltern und Erzieher geschrieben. Und dies nicht nur als Ersatzbefriedigung, sondern auch als selbstverständliches Gebot eines Jugendforschers bewertet.

Schließlich haben die ZIJ—MitarbeiterInnen jährlich mehrere hundert Vorträge vor unterschiedlichen Gremien gehalten. Sie sind dort häufig sehr offen und kritisch aufgetreten, wofür sie besonders in den letzten Jahren vor der Wende nicht selten politisch attackiert, denunziert und gemaßregelt worden sind.

Insgesamt betrachtet ist die Arbeit des ZIJ aber wenig politisch akzeptiert und genutzt worden. Daß es überhaupt bis 1989 geduldet und nicht schon viel früher (etwa wie das ehemalige Meinungsforschungsinstitut 1979) liquidiert worden ist, gehört eigentlich zu den Merkwürdigkeiten des alten Systems in der DDR. Trotzdem sollte nicht übersehen werden, daß Ergebnisse/Erkenntnisse/Empfehlungen der Jugendforschung auch von nicht wenigen Institutionen sowie von Wissenschaftlern, Politikern gut genutzt worden sind, z.B. von verschiedenen Ministerien zur Ausarbeitung von Jugendförderungsprogrammen.

Wenn die Berichte und Expertisen zur Lage der Jugend, die mit aller Deutlichkeit und kritischer Interpretation besonders in bezug auf die seit Mitte der 80er Jahre verlaufenen massiven Regressionstrends des politischen Bewußtseins der Jugend den zentralen Leitungen (einschließlich einiger Politbüromitglieder) übergeben wurden, politisch dennoch folgenlos geblieben sind, kann die Schuld kaum den Jugendforschern angelastet werden. Mit dieser Feststellung möchte ich allerdings keinesfalls eine Generalabsolution für das ZIJ, seine Leitung oder für einzelne MitarbeiterInnen beanspruchen.

Eine historisch verbürgte Tatsache ist: der erste direkte Angriff gegen Honecker, der seinen Sturz herbeiführte, wurde auf der Grundlage von ZIJ—Lageeinschätzungen zur (dramatisch zugespitzten und wirklich nicht mehr zu übersehenden) kritischen Jugendsituation geführt.

Kein Trost für die ZIJ—Jugendforscher — aber auch keine Schande.

Was waren die Forschungsfelder, die Arbeitsschwerpunkte und spezifischen methodischen Herangehensweisen des ZIJ?
Dazu einige Anmerkungen:
Nach dem unmißverständlich ausgesprochenen ministeriellen Verbot, in Schulen weitere Untersuchungen durchzuführen, entwickelte das ZIJ zwei Strategien:
Erstens wurden neue Forschungsbereiche erschlossen. Neben Lehrlingen, für die Frau Honecker nicht zuständig war, haben wir uns verstärkt Studenten, jungen Arbeitern sowie der Landjugend zugewandt, also den älteren Jahrgängen, vorwiegend den 17— bis 25jährigen "jungen Erwachsenen". Deren spezielle Lebensbedingungen und Probleme in der beruflichen Ausbildung und Arbeit, im Studium, besonders aber auch die Wert— und Lebensorientierungen, die speziellen Kommunikationsformen in der Partnerschaft, Familie, Freizeit wurden mit größeren Studien detailliert untersucht.
Dementsprechend wurden Anfang der 70er Jahre folgende Abteilungen am Institut gegründet:
—Jugend und Studium (Studentenforschung)
—Jugend und Arbeit (Arbeiterjugend/Lehrlinge)
—Jugend auf dem Lande (Landjugendforschung)
—Jugend und Familie (Verhältnis zur Herkunftsfamilie, Partnerorientierung, junge Ehe und andere Formen des Zusammenlebens)

- Jugend und Freizeit (Kultur- und Medienforschung)
- Jugend und Politik
- Jugend und Recht (Jugendkriminologie)
- Jugend und Bildung (eine verdeckte, weil ja nicht erlaubte Schülerforschung)

Damit war eine differenzierte Betrachtung der Jugend nicht nur programmiert, sondern geradezu institutionalisiert, was sich bis heute bewährt hat.
Die Jugend als einheitliche soziale Gruppe oder als ungegliederte Altersphase etwa von 12 bis 25 Jahren interessiert wenig.
Globale Aussagen über die Jugend standen nicht im Mittelpunkt der Arbeit. Theoretisch wie praktisch relevanter waren Forschungen zu den differenzierten Lebenslagen, Biografien und Mentalitäten der genannten Jugendschichten. Außerdem wurden stets auch die Kriterien Alter, Geschlecht, Bildungsabschluß, Familienstand u.a. berücksichtigt. Seit 1982 gibt es am ZIJ eine kleine Arbeitsgruppe Frauenforschung.
Gleichzeitig wurde aber auch Wert darauf gelegt, daß diese Schichten und Teilpopulationen durch methodische Standards untereinander vergleichsfähig waren.
Am ZIJ wurde Ende der 60er Jahre bereits eine differenzierte technologische Struktur gebildet, die in effektiver Weise die Gestaltung, Durchführung und technische Auswertung aller Forschungen in einer gewissen Arbeitsteilung garantiert. Dazu gehören folgende Abteilungen:
- Abteilung Methodik
  zuständig für die Operationalisierung der Konzepte, also für die Auswahl und Bearbeitung der empirischen Verfahren.
- Abteilung Forschungsorganisation
  zuständig für die Planung und Durchführung der Feldarbeiten.
- Abteilung Datenverwaltung
  zuständig für die EDV-gerechte Aufbereitung sowie für die laut Programmanforderung des Forschungsleiters gewünschte statistische Auswertung der Daten.

Darüber hinaus gibt es noch eine Abteilung Information/Dokumentation.

Zweitens haben wir trotz des Schulverbots in einigen, für uns sehr wesentlichen Studien, doch Schüler weiter einbeziehen können (überwiegend aus der Stadt Leipzig). Das war natürlich ein sehr riskantes illegales Unternehmen, bei dem wir auf die Unterstützung und Verschwiegenheit des Bezirksschulreferates und mehrerer Schuldirektoren aus Leipzig angewiesen waren. Dolch solche Risiken wurden bewußt eingegangen, weil wir sonst auf die wichtigen und interessanten Probleme des Überganges vom Kinder- zum Jugendalter, auf die Schülerpopulation hätten verzichten müssen, vor allem wäre dies aber das Ende unserer begonnenen Längsschnittstudien gewesen.

Erst Ende der 70er Jahre durften bei bestimmten Untersuchungen nach langwierigen bürokratischen Kontrollprozeduren und Einschränkungen (oft von Frau Honecker persönlich vorgenommen) Schüler offiziell vom ZIJ wieder befragt werden.

Von Anfang an haben wir am ZIJ sowohl den biografischen als auch den historischen Vergleichsforschungen große Aufmerksamkeit geschenkt.
Bereits 1968 haben wir mit einer Längsschnittstudie bei über 1200 Leipziger Schülern aus 6. Klassen (12−/13jährigen) begonnen, die in Jahresintervallen − ab 1970 illegal in ihren Schulen! − mit einem umfangreichen methodischen Programm auf Merkmale ihrer körperlichen, intellektuellen, sozialen, kulturellen, politischen Entwicklung untersucht wurden. Nach Verlassen der Schule wurde der biografische Weg eines großen Teils von diesen Schülern als Lehrlinge, junge Berufstätige, Studenten bis zum 25. Lebensjahr weiterbegleitet.
Solche Intervallstudien wurden bei vergleichbaren Leipziger Populationen 1980 sowie bei zwei weiteren Schülerkohorten seit 1986 wiederholt. Auf die Verwendung identischer bzw. kompatibler Methoden wurde geachtet, was im intellektuellen Bereich einfacher als im Bereich des Sozialverhaltens zu verwirklichen war.
Ähnlich großangelegte Intervallstudien wurden (ebenfalls schon seit 1970) bei Studenten verschiedener Hochschulen und Fakultäten organisiert, die später teilweise auch wieder als Absolventen zur Mitarbeit gewonnen werden konnten.
In den 80er Jahren wurden erneut über 3000 Studenten vom 1. Studienjahr an in einer wiederum sehr komplex angelegten Längsschnittuntersuchung begleitet.
Beispielhaft seien die Schwerpunkte dieser Studien genannt:
−Leistungs− und Persönlichkeitsentwicklung vor dem Studium
−Soziale Herkunftsbedingungen
−Studien−, Berufsmotivation
−Wert− und Lebensorientierungen
−Politische Einstellungen und Aktivitäten
−Freizeitverhalten, kulturelle Interessen
−Partnerschafts−, Familienbeziehungen
−Berufliche Probleme und Karrieren nach dem Studium.
Eingesetzte Methoden: Fragebogen, Tests. In Teilgruppen Wochenprotokolle, biografische Angaben über Interviews und Aufsätze.

Weitere Intervallstudien bezogen sich auf junge Eheleute in den ersten 5 Ehejahren, auf die berufliche/betriebliche Integration junger Arbeiter, eine andere auf die biografische Entwicklung von über 200 (monozygoten/dizygoten) Zwillingspaaren.
Über diese Intervallstudien, die ja nicht nur Daten zu ontogenetischen Verläufen liefern, sondern im Falle ihrer Replikation auch zeitgeschichtliche Einflüsse dokumentieren, liegen zahlreiche Forschungsberichte sowie auch Publikationen vor (allerdings meist recht verstreut zu spezielleren Themenbereichen).
Künftig wären sekundäranalytische Arbeiten dringend nötig und sicher nützlich, zumal alle empirischen Daten EDV−gespeichert und leicht abrufbar sind.

Große Bedeutung haben wir historischen Vergleichen der Lebenslagen und Mentalitäten junger Leute beigemessen.
Die Veränderungen der politischen, sozialen, kulturellen Einstellungen und Verhaltensweisen, des Denkens, der Motive und Lebensansprüche haben stets stark interessiert.
Teilweise wurden komplexe Vergleichsstudien über größere Zeitabstände durchgeführt, z.B. bei Studenten 1969, 1979, 1989 und infolge des stürmischen "Gezeitenwandels" bereits 1990 wiederholt. Auch die Studien zum Partner− und Sexualverhalten der 70er, Anfang der 80er und schließlich Ende der 80er Jahre besitzen eine hohe Vergleichsfähigkeit und historische Aussagekraft.
In vielen anderen Untersuchungen wurden ebenfalls häufig standardisierte Verfahren (Tests, einzelne Indikatoren oder Indikator−Batterien) eingesetzt, wodurch Einstellungs− und Verhaltenstrends sichtbar wurden.
Das ist sozialwissenschaftlich wie politisch, besonders jedoch für die zeitgeschichtliche Jugendforschung von erheblichem Wert. Solche Vergleichsforschungen spiegelten in den 80er Jahren die bedeutenden Wandlungen in den politischen Anschauungen, Werten und Identifikationen aller Schichten der damaligen DDR−Jugend sehr anschaulich wider. In den Jahren 1988/89 dokumentierten sie die kapitalen Verfallserscheinungen der politischen Einstellungen so eindringlich, daß am nahe bevorstehenden Zusammenbruch des Systems kein Zweifel mehr bestehen konnte.

Die MitarbeiterInnen des ZIJ sahen nach der politischen Wende große Chancen für grundlegende Veränderungen ihrer restriktiven Forschungslage, für eine freie, nicht partei−dirigierte Bestimmung ihrer Arbeit, vor allem für die öffentliche Darstellung und Diskussion ihrer Ergebnisse.
Tatsächlich hatte sich auch schon Ende Oktober 1989 die Situation für das Institut völlig verändert. Die zentralen Machtstrukturen funktionierten nicht mehr, veloren von Tag zu Tag mehr ihren Kontrolleinfluß an der "Basis".

Die Jugendforschung stand plötzlich auf eigenen Füßen, konnte über sich selbst unabhängig verfügen — ein seit vielen Jahren herbeigewünschter Zustand!
Das setzte Kräfte frei. Neue Konzeptionen und Visionen wurden diskutiert. Aber auch mit der Vergangenheit war kritisch und selbstkritisch, die eigene Mitschuld nicht vertuschend, abzurechnen. Die Welt war nach Westen hin offen. Die früher spärlichen Kontakte zur westdeutschen Jugendforschung konnten sich jetzt ungehindert entfalten: zu den speziellen Instituten, Gruppen, einzelnen ForscherInnen, aber auch zu vielen anderen wissenschaftlichen und politischen Institutionen.
Am ZIJ herrschte eine Aufbruchstimmung, mit viel Engagement, Aktivitäten, Plänen der MitarbeiterInnen.

Zur Kennzeichnung der damaligen Situation und Stimmung soll an dieser Stelle ein längerer Auszug aus meinem Eröffnungsstatement beim Rundtischgespräch "Jugendsoziologie" auf dem 5. DDR—Soziologie—Kongreß, Anfang Februar 1990 in Berlin, zitiert werden:

"Im vergangenen Jahr haben wir den Zusammenbruch des von stalinschem Geist, aber auch von den autoritären deutsch—preußischen Denk— und Verhaltenstraditionen geprägten bürokratisch—zentralistischen Sozialismus "in den Farben der DDR" erlebt.
Sozialwissenschaftler, die ihre gesellschaftskritische Position nicht opportunistisch preisgegeben haben, konnten 1989 die letzte Phase eines völlig veralteten, erstarrten politischen Systems beobachten, das sich nur noch mit den Mitteln ständig verschärfender Dogmatik und Diktatur gegen das Volk erhalten konnte. Die Endzeit dieses Systems war angebrochen.

Die Frage ist: Was haben die Soziologen der DDR, was haben die Jugendforscher, was hat jeder einzelne *dagegen* getan?

Jeder Sozialwissenschaftler dieses Landes sollte sich der selbstkritischen Auseinandersetzung mit diesem Problem immer wieder stellen. Mit einer persönlichen Stellungnahme im November '89 und mit seinem Parteiaustritt im Januar '90 ist es nicht getan. Hat er die antidemokratischen Herrschaftsverhältnisse und —methoden in ihrem Wesen erkannt?
Hat er sie durch seine Forschungen, Publikationen, Berichte, Vorträge unkritisch sanktioniert, also mitgeholfen, das System zu bestätigen?

In den Publikationen der letzten Jahre sind m.E. bei Gesellschaftswissenschaftlern, auch bei Soziologen, viel zu viel devote Beteuerungen, wirklichkeitsbeschönigende Beschreibungen, Nachbetereien von politischen Beschlüssen, Zitaten von Politikern, abstraktes Theoretisieren zu finden. Geschah dies aus Angst, aus Feigheit, aus Gewohnheit oder aus gläubiger Überzeugung?
Besser wäre es gewesen, man hätte wenigstens den Mut zum Schweigen aufgebracht.
Andere Soziologen sind ihrer wissenschaftlichen Verantwortung, ihren moralischen Vorsätzen besser gerecht geworden. Sie haben die gesellschaftlichen Probleme empirisch untersucht, theoretisch nicht verschleiert, sondern im Rahmen der damals eng begrenzten Möglichkeiten (trotz Zensoren oder möglicher Denunzianten) risikobewußt beim Namen genannt. Das gilt wohl auch in gutem Maße für die Jugendforschung, die ich damit durchaus nicht glorifizieren möchte.
Einige Artikel und so mancher Forschungsbericht vor 1987 enthalten auch die üblichen Präambeln, mit viel Zitaten und wissenschaftlicher Redundanz ...

Von der politischen Zensur der Publikationen, besonders der empirischen Daten und jeglicher Problemdarstellung, war das ZIJ wohl wie keine andere sozialwissenschaftliche Institution hierzulande betroffen. Sowohl was die Zahl der Zensoren bei einigen unserer Bücher als auch die Masse ihrer Korrekturen, Verdikte anbelangt, halten wir vermutlich Rekorde, ebenso wohl hinsichtlich der verordneten Publikationstabus.
Das erste ZIJ—Buch wurde 1969 dem Reißwolf übergeben, das letzte noch 1988 auf Eis gelegt ...

Ich möchte thesenartig einige aktuelle Probleme und Anforderungen an die Jugendforschung hervorheben.

— Jugendsoziologen sollten kein zu apartes Selbstverständnis entwickeln. Nach wie vor vertrete ich den Standpunkt, daß es nicht auf kleinlichen Streit über die "eigentlich soziologischen" Gegenstände, Begriffe, Methoden ankommt. Wir brauchen — bei aller Betonung solider fachwissenschaftlicher Arbeit — auch hier kein Apartheid—Denken. Jugendsoziologie sollte sich weiter als Teil einer interdisziplinär orientierten sozialwissenschaftlichen Jugendforschung begreifen und bewähren.
— Jugendforscher sollten stets Interessenvertreter der Jugend sein. Sie sollten sich für die Bestrebungen der Jugend nach mehr Selbstbestimmung, nach mehr demokratischen Freiheiten, nach mehr gesellschaftlicher Partizipation und Einfluß, nach mehr Entfaltung ihrer Individualität, nach mehr Berücksichtigung ihrer kollektiven und individuellen Interessen einsetzen, auch wenn dies Kampf mit gesellschaftlichen Institutionen oder anderen Kräften erfordert.

— Unsere Jugendsoziologie/Jugendforschung sollte sich von ihrer oft noch zu beobachtenden theoretischen Enge befreien. In den wenigen Publikationen ist nicht selten ein bedeutendes, teilweise enormes Theoriedefizit zu spüren. So scheint es dringend erforderlich, internationale Konzepte der interdisziplinären Jugendforschung gründlicher zu studieren und kritisch zu diskutieren. Wir brauchen mehr kreatives Denken, keinen Alleinvertretungsanspruch einer Theorie—Konzeption. Nötig sind schöpferische Konzeptionen der Sozialisation und Personalisation der Jugend in ihrer Gesellschaft, der speziellen Jugendkulturen, der Differenzierung und Individualisierung der Jugend im Strom der zeitgeschichtlichen Kultur— und Mentalitätswandlungen.

— Jugendforschung sollte ihre empirischen Zugänge schnell und systematisch weiter ausbauen. So sehr wir die Erweiterung und Vertiefung des theoretischen Denkens brauchen, so sehr halte ich doch heute auch gründlich organisierte empirische Forschung für wichtig.

Gegenwärtig befindet sich unsere Jugend in einem Mentalitätsumbruch mit vielen Symptomen einer Mentalitätskrise.

Unsere früheren Aussagen/Erkenntnisse über Bewußtsein, Verhalten, Lebensweise, Lebensbedingungen der Jugend bzw. einzelner Schichten können heute nicht wiederholt und für die Gegenwart als gültig behauptet werden. Vieles ist im Wirbel der Zeitereignisse des Jahres '89 überholt, hat sich massiv verändert — und die intensiven Wandlungsprozesse werden 1990 sicher noch unvermindert anhalten.

Wir benötigen also dringend aktuelle Forschungen, dürfen nicht hinter der Wirklichkeit zurückbleiben. Wir sollten die einmalige Chance nicht verpassen, den gesellschaftlichen Umbruch in der DDR so vielseitig wie möglich und in seinem historischen Verlauf durch Trendstudien empirisch widerzuspiegeln.

Ich denke dabei

o an die Organisation aktueller Jugendstudien;

o an die gründliche Auswertung repräsentativer Meinungsumfragen, die bald in großer Zahl anfallen werden und die ja stets Jugendkohorten einschließen. Das ist eine Quelle empirischer Informationen, die wir bisher gar nicht nutzen konnten;

o an die Durchführung sozialwissenschaftlicher Tiefenforschungen, wie z.B. Intervallstudien in den Entwicklungsjahren. aber auch Studien zur Interessen—, Motivationsstruktur, zu sozialen und psychischen Mechanismen politischer, kultureller Aktivitäten, des Lernens und Arbeitens;

o an die stärkere Nutzung qualitativer Methoden, besonders der biographischen Forschungen.

Künftig werden zahlreiche Studien gemeinsam mit Forschungseinrichtungen und Partnern aus der Bundesrepublik initiiert und realisiert werden. Das Interesse dafür ist heute bereits auf beiden Seiten groß. Vergleichsforschungen dieser Art werden politisch wie theoretisch erheblichen Gewinn bringen. Solchen Angeboten und Projekten sollten wir offen gegenüberstehen, allerdings auch darauf achten, daß man ein Eigengewicht besitzt und in den Dialog einbringen kann ...
Die Internationalisierung des Lebens im gemeinsamen europäischen Haus wird bei uns bisher unbekannte Verhaltensweisen der Kommunikation, neue soziale Kontaktformen der Zuneigung wie der Ablehnung massenhaft entstehen lassen.
Die Vielfalt der Lebensbedingungen, die Pluralität der alternativen Lebensmöglichkeiten, Lebenschancen, Lebensformen, die unsere Jugend heute und morgen vorfindet, wird anwachsen.
Das alles wird einen weiteren Schub im schon vorhandenen Prozeß der Differenzierung und Individualisierung des Denkens, Wertens, der Verhaltensformen unserer Jugend auslösen.
Davon werden auch Tiefenschichten der Persönlichkeitsstruktur erfaßt werden, z.B. die verstärkte Ausprägung solcher sozialen Grundbedürfnisse wie das Bedürfnis nach materiellen Werten (materielle Interessiertheit), das Bedürfnis nach sozialer Sicherheit, das Bedürfnis nach mehr Selbstbestimmung/Selbstdurchsetzung (mehr Eigeninitiative, Privatheit, vermutlich ein sich abschwächender Altruismus).

Diese Prozesse werden das Leben der jungen Menschen vielfältiger, reicher, erregender, aber eben auch problem— und konflikthaltiger machen, und es bedarf neuer Bewältigungsstrategien, Daseinstechniken, Problemverarbeitungsvarianten — wofür die Jugendforschung aufgerufen ist, der Jugend Anregung und Unterstützung zu geben."

Das waren Bekenntnisse, Standpunkte, Vorschläge Anfang des Jahres 1990.
Was konnte im Laufe dieses Jahres davon eingelöst werden?
Was hat das ZIJ seitdem geleistet?
Was ist aus ihm geworden?
Was wird es in vier Wochen sein?

Wie bereits erwähnt, wurde am ZIJ nach der politischen Wende produktiv gearbeitet. Neue Projekte wurden in Angriff genommen. Schon Ende November 1989 wurde eine erste DDR—repräsentative Meinungsforschung zu aktuellen politischen Themen organisiert und eine selbständige Abteilung

Meinungsforschung ins Leben gerufen. Die drei bis vier Mitarbeiter dieser Abteilung haben bedeutende Leistungen vollbracht. Bis Ende des Jahres wurden 9 repräsentative Umfragen, dazu noch 3 Umfragen auf den Leipziger Demonstrationen durchgeführt.
Die Ergebnisse sind kurzfristig der Öffentlichkeit, den Medien mitgeteilt worden. Der Titel von Förster/Roski: "DDR zwischen Wende und Wahl" (1990) vermittelt einen guten Überblick.
Die Jugendkohorten der Meinungsumfragen wurden stets gesondert ausgewertet. Da viele Fragen, besonders zur psychischen Befindlichkeit der jungen (wie älteren) Leute ständig repliziert worden sind, konnten relevante Trends dieses "Schicksalsjahres" nachgewiesen werden.
In enger Zusammenarbeit mit westdeutschen Forschungsgruppen wurden von ZIJ−MitarbeiterInnen mehrere West−Ost−Vergleichsstudien realisiert, teilweise auch schon der Öffentlichkeit bekanntgemacht.
Das betrifft
−einen Studentenvergleich mit Forschern aus Marburg (Brämer) und Siegen (Geissler),
−einen Schülervergleich, 7., 9., 11. Klassen, ebenfalls mit Forschern aus Siegen (Zinnecker) und Marburg (Krüger),
−einen Schülervergleich, 9. Klassen, mit dem DJI München (Hoffmann−Lange),
−einen Schülervergleich, 9. und 10. Klassen, sowie Lehrlinge mit Kollegen der Bielefelder Universität (Hurrelmann),
−eine weitere Schüler−Studie mit Kollegen aus Bielefeld (Melzer), die auch einen Vergleich mit polnischen Schülern erlaubt,
−einen Vergleich familialer Lebensformen und der Lebensgestaltung Erwachsener (DJI, Bertram),
−Lebensentwürfe und −verläufe von Mädchen und Frauen (DJI, Seidenspinner).

Darüber hinaus wurden vom ZIJ etwa 15 weitere empirische Untersuchungen im Jahre 1990 unter Schülern, Studenten, Lehrlingen, jungen Erwerbstätigen, jungen Arbeitslosen durchgeführt und größtenteils bereits abgeschlossen.
Sie beziehen sich z.B. auf solche Themen wie
−Jugend und Rechtsextremismus,
−Ausländerfeindlichkeit unter Jugendlichen,
−Medienwelt im Umbruch,
−Gesunde Lebensweise Jugendlicher,
−Jugend nach der Wende,
−Junge Erwerbstätige beim Übergang in die Marktwirtschaft,

— Jugend ohne Arbeit,
— Neue Wege beim Übergang in die Berufsausbildung und Berufsarbeit,
— Jugendsexualität und AIDS,
— Lebensorientierungen der Landjugend.

Außerdem wurden die beiden Kohorten der 1986 begonnenen Intervallstudien (jetzt 7. und 10. Klassen) weitergeführt. Wohl einmalige Forschungen, die den Lebensweg von identischen Jugendlichen lange vor, nun während des gesellschaftlichen Umbruchs in der ehemaligen DDR analysieren.

Die MitarbeiterInnen des ZIJ haben in der letzten Zeit eine größere Zahl von Aufsätzen in (zumeist westdeutschen) Zeitschriften veröffentlicht bzw. eingereicht (vgl. Literaturverzeichnis). Sie wurden häufig zu Vorträgen und Tagungen eingeladen.
Insgesamt wohl eine durchaus positive Arbeitsbilanz. Jedenfalls keine Argumente für mangelhafte Produktivität, Unfähigkeit zur wissenschaftlichen Kooperation oder zur Umstellung auf neue Arbeitsgebiete.

Trotzdem wird das ZIJ am 31.12.1990 unwiderruflich geschlossen. es hat über 24 Jahre existiert, heute, da ich diesen Nachruf schreibe, verbleiben ihm noch genau 24 Tage!

Daß es zu einer Neuprofilierung bestimmter Forschungsgebiete, zu einer Neustrukturierung und personellen Reduzierung, zu einer engen Kooperation mit dem DJI München und mit anderen Zentren der westdeutschen Jugendforschung kommen mußte und sollte, das war schon im Frühjahr abzusehen und von seiten des Instituts sind auch kooperative Schritte in diese Richtung eingeleitet worden. Längere Zeit war eine aus heutiger Sicht ziemlich günstige Variante eines "konföderativen Zusammenschlusses" zwischen DJI und ZIJ, unter Wahrung einer bestimmten Arbeitsteilung und relativen Selbständigkeit in der Diskussion. Doch dann stellte sich überraschend heraus: das ZIJ war im Einigungsvertrag nicht den erhaltenswerten wissenschaftlichen Einrichtungen zugeordnet worden. Diese politische Entscheidung bedeutete das faktische Ende des Instituts.

Ab Januar 1991 werden voraussichtlich 18 der gegenwärtig noch etwa 90 MitarbeiterInnen, darunter 12 wissenschaftliche, einen auf maximal 3 Jahre befristeten Arbeitsvertrag vom DJI erhalten. In dieser Zeit sollen einige Forschungen weiter—/zu Ende geführt und die empirischen Daten, auch Forschungsberichte und weitere Dokumente für spätere Verwendung aufbereitet werden.

Es bleibt zu hoffen, daß das in einem Vierteljahrhundert angereicherte ZIJ—Potential, die Erfahrungen, Erkenntnisse wie die ForscherInnen auch nach 1993 noch Chancen haben werden, ihren Nutzwert zu erweisen: Zum Wohle der ostdeutschen Jugend im vereinten Deutschland.
Dafür müßten allerdings schon in allernächster Zukunft entsprechende Initiativen gestartet werden.
Zunächst gilt jedoch für das ZIJ: Mors certa, hora certa!
Für manchen schwer zu begreifen ...

Leipzig, den 7.12.1990

Politik und Arbeit

Wilfried Schubarth

Historisches Bewußtsein und historische Bildung in der DDR zwischen Anspruch und Realität

Anhand von empirischen Untersuchungen wird nachgewiesen, daß das Geschichtsbewußtsein von DDR−Jugendlichen bereits seit längerem durch solche Probleme gekennzeichnet ist wie: zunehmende Ablehnung des vermittelten Geschichtsbildes, geringe Identifikation mit der historischen Entwicklung der DDR, mangelnde Geschichtskenntnisse, eklektisches und kontemplatives Geschichtsbild. In diesem Zusammenhang wird auch die Wirksamkeit des bisherigen Geschichtsunterrichts einer kritischen Analyse unterzogen.

Die gegenwärtige Entwicklung in der DDR ist ähnlich wie die in anderen Ländern Osteuropas durch das Scheitern des stalinistisch geprägten administrativ−bürokratischen Sozialismus gekennzeichnet. Gesellschaftliche Deformationsprozesse mußten sich auch auf die ideologische Bildung und Erziehung Jugendlicher niederschlagen und die Entwicklung ihres politischen und historischen Bewußtseins beeinflussen. Die Folgen sind unübersehbar: zunehmende Abkehr von sozialistischer Ideologie, Distanzierung von der DDR und ihrer Geschichte, mangelndes gesellschaftliches Engagement, Erscheinungen von Apathie und Nihilismus, wachsende Aggressivität, Aufkommen von Irrationalismus, Rechtsextremismus, Fanatismus usw.
Die konsequente Aufdeckung der Ursachen für all diese Erscheinungen und die Beantwortung der Frage, welche tatsächlichen Wirkungen die Vermittlung der bisherigen Staatsideologie hatte, sind eine wesentliche Voraussetzung für grundlegende Veränderungen in der Bildungs− und Erziehungsarbeit. Das schließt ein, die bis Ende 1989 geheimgehaltenen empirischen Forschungsergebnisse der Öffentlichkeit zugänglich zu machen und sie für weiterführende Analysezwecke zu nutzen. So wurde Mitte 1988 vom Zentralinstitut für Jugendforschung Leipzig eine Untersuchung unter ca. 2000 Schülern, Lehrlingen, Studenten und jungen Werktätigen zu verschiedenen Aspekten des Geschichtsbewußtseins durchgeführt, die bereits gravierende Probleme bei der politisch−historischen Bewußtseinsentwicklung Jugendlicher aufdeckte, welche die Notwendigkeit tiefgreifender gesellschaftlicher Veränderungen signalisierten.

1. Grundprobleme des Geschichtsbewußtseins bei DDR−Jugendlichen

Für die SED, ihr Bildungssystem und ihren Propagandaapparat war die Entwicklung des sozialistischen Geschichtsbewußtseins eines der zentralen Anliegen: "Im geistigen Leben wie in der ideologischen Auseinandersetzung wächst die Rolle des sozialistischen Geschichtsbewußtseins ... Das Wissen um die Geschichte, um die großen revolutionären Traditionen unseres Kampfes vermittelt den Kommunisten, allen Bürgern der DDR, insbesondere auch unserer Jugend, Stolz auf das von uns in harten Klassenauseinandersetzungen und unter großen Anstrengungen Erreichte, gibt ihnen Kraft und Zuversicht für die Lösung der vor uns stehenden Aufgaben" (Hager 1988). In den letzten Jahren sollte vor allem anhand der Geschichte der DDR sozialistisches Geschichtsbewußtsein entwickelt werden: "Die Geschichte des Werdens und Wachsens der Deutschen Demokratischen Republik wird als Teil der Herausbildung und Entwicklung des sozialistischen Weltsystems, als Wende und bisheriger Höhepunkt der ganzen deutschen Geschichte erfaßt ... Aus der Geschichte heraus sind der Stolz auf die historischen Errungenschaften des Sozialismus und das feste Vertrauen in die Politik der SED zu entwickeln ..." (Lehrplan 1988).

Hauptziel der gesamten ideologischen Bildungs− und Erziehungsarbeit auf dem Gebiet der Geschichte war es somit, die Jugend der DDR mit der Geschichte ihres Landes − so, wie sie die SED−Führung sehen wollte − fest zu verbinden und daraus Motivationen für staatsbürgerliches Denken und Handeln freizusetzen. Dieses Ziel wurde in den letzten Jahren immer weniger erreicht. Wie unsere empirischen Untersuchungen belegen, war das Geschichtsbewußtsein von DDR−Jugendlichen vielmehr durch folgende Widersprüche und Probleme gekennzeichnet:
a) geringe Identifikation mit der historischen Entwicklung der DDR und mit dem vermittelten Bild über ihre Geschichte
b) mangelnde Geschichtskenntnisse
c) eklektisches und kontemplatives Geschichtsbild
d) emotionale Barrieren gegenüber der Vermittlung der jüngeren Geschichte.

a) geringe Identifikation mit der historischen Entwicklung

Geschichte nahm in der Interessenstruktur Jugendlicher 1988 einen mittleren Platz ein. Rund die Hälfte der Jugendlichen interessierte sich in stärkerem Maße für Geschichte. Dabei überwog jedoch − besonders bei Schülern und Lehrlingen − das Interesse an älterer, scheinbar unpolitischer Geschichte. Das

Interesse an der historischen Entwicklung des Sozialismus (einschließlich in der DDR) war geringer entwickelt. So interessierten sich damals nur weniger als die Hälfte der Jugendlichen in stärkerem Maße für die Geschichte der DDR. Noch weitaus geringer war das Interesse für die Geschichte der deutschen Arbeiterbewegung, der SED und der FDJ (vgl. Tab. 1).

Tab. 1: Interesse an verschiedenen Bereichen der Geschichte 1988: "Wie stark interessieren Sie sich für die folgenden Bereiche der Geschichte?" (1 sehr stark ... 5 überhaupt nicht) (Angaben in %)

Interessenbereich	sehr starkes/starkes Interesse	
	Schüler	Studenten
Gesellschaftsformationen		
Urgesellschaft	63	38
Sklavenhaltergesellschaft	53	38
Feudalismus	32	34
Kapitalismus (bis 1900)	38	41
Imperialismus	48	65
Sozialismus	40	65
deutsche Geschichte		
Geschichte des II. Weltkrieges	64	64
Geschichte des deutschen Faschismus	50	69
Geschichte der DDR	30	55
Geschichte der dt. Kaiser und Könige	37	19
Geschichte der dt. Arbeiterbewegung	18	35
Geschichte der SED	13	36
Geschichte der FDJ	14	11
andere Länder		
Geschichte der BRD	36	28
Geschichte der UdSSR	24	53
andere Gebiete		
Heimatgeschichte	55	67
Geschichte von Kunst und Kultur	44	43
Geschichte von Wissenschaft u. Technik	38	39

Demgegenüber war in den letzten Jahren das Interesse Jugendlicher für andere Bereiche, vor allem für die Geschichte der Sowjetunion, rasch angewachsen. Dies war verbunden mit einem spürbaren Anstieg des Interesses für bestimmte Probleme in der Entwicklung des Sozialismus, die in der "offiziellen" Geschichtspropaganda und −vermittlung bisher weitgehend ausgespart waren. Das war ursprünglich Folge der Umgestaltungsprozesse in der Sowjetunion und einer damit verbundenen neuen Sicht auf die Geschichte sowie Ausdruck des Bestrebens, die krisenhaften Erscheinungen im Sozialismus zu verstehen und Möglichkeiten ihrer Überwindung zu erkennen (vgl. Tab. 2).

Tab. 2: Entwicklung der Geschichtsinteressen von 1987 (Pilotuntersuchung) zu 1988 (Hauptuntersuchung)
(Angaben in %)

	sehr starkes/starkes Interesse			
	Lehrlinge		Studenten der Journalistik	
	1987	1988	1987	1988
allgemeines Geschichtsinteresse	33	50	53	72
Geschichte des Sozialismus	40	40	65	82!
Geschichte der UdSSR	11	38!	34	74!
Geschichte des deutschen Faschismus	52	49	65	82
Geschichte der SED	13	11	32	49
Geschichte der DDR	33	27	75	69

Informationsdefizite und Übersättigungserscheinungen im Hinblick auf die jüngere Geschichte wiesen darauf hin, daß die damalige Geschichtsvermittlung an den Bedürfnissen Jugendlicher weitgehend vorbeiging und daß das "offizielle" Bild von der historischen Entwicklung der DDR in ihren Augen immer mehr an Glaubwürdigkeit verlor. Besonders bei Schülern und Lehrlingen begünstigte das eine ablehnende Haltung gegenüber der jüngeren Geschichte und Politik überhaupt. In ihrem Bewußtsein waren oftmals nur solche Stichworte wie "Gründung der DDR", "Mauerbau", "Parteitage" u. ä. präsent. Die Geschichte der DDR erschien ihnen als ein abstrakter Prozeß, zu dem sie nur ungenügende Identifikationsbeziehungen hatten. Es war praktisch nicht ihre Geschichte.

b) mangelnde Geschichtskenntnisse

Unsere Untersuchungen ließen den Schluß zu, daß die Mehrzahl der Jugendlichen nicht über solide und anwendungsbereite Kenntnisse verfügten. Das betraf sowohl die zeitliche Einordnung von geschichtlichen Ereignissen und Prozessen, die Kenntnis historischer Kräfte und Bewegungen als auch die Komplexität des Geschichtsbildes. Hinsichtlich der Faktenkenntnisse zur DDR—Geschichte waren bei Schülern und Lehrlingen rückläufige Tendenzen feststellbar. So gab es nur wenige historische Ereignisse, deren Einordnung in einen Fünfjahreszeitraum Jugendlichen keine Schwierigkeiten bereitete. Dazu gehörten die Gründung der DDR, der Mauerbau in Berlin und die Gründung der BRD. Am geringsten waren die zeitlichen Vorstellungen über die jüngste Geschichte der DDR entwickelt.

Politisch interessierte und mit der DDR verbundene Jugendliche wiesen deutlich bessere Kenntnisse auf, was den engen Zusammenhang von kognitiven und emotional—wertmäßigen Aspekten bei der Aneignung von Geschichte belegt. Die Aneignung von Geschichtskenntnissen setzte entwickelte emotional—wertmäßige Beziehungen zu den entsprechenden Ereignissen und Prozessen voraus. Wenn das Interesse an der Vermittlung der DDR—Geschichte jedoch gering ausgeprägt war, wenn keine stabilen Identifikationsbeziehungen zu diesem Zeitabschnitt bestanden, dann stieß die Geschichtsvermittlung rasch auf bestimmte, emotional bedingte Grenzen. Die vermittelten Fakten und Zusammenhänge hatten dann für Jugendliche keinen Wert, keine persönliche Bedeutsamkeit und wurden deshalb auch nicht genügend verinnerlicht.

c) eklektisches und kontemplatives Geschichtsbild

Das Geschichtsbewußtsein der Mehrzahl der Jugendlichen war ungenügend wissenschaftlich fundiert. Es herrschte ein Geschichtsbild vor, in dem sowohl dialektisch—materialistische als auch mystische und dogmatische Elemente nebeneinander existierten. So wurde z. B. der These von der geschichtemachenden Rolle der Volksmassen weitgehend zugestimmt, andererseits war aber auch ein stark personalisierendes Geschichtsbild anzutreffen. Weit verbreitet war die Auffassung, auf den Gang der Geschichte keinen Einfluß zu haben.

Viele Jugendliche faßten Geschichte zudem zu wenig als Entwicklungsprozeß auf, sondern vor allem als eine Aufeinanderfolge von außergewöhnlichen Ereignissen, begriffen die inneren Entwicklungslinien der Geschichte ungenügend. Das hing mit dem vorherrschenden Geschichtsverständnis zusammen, wonach Geschichte etwas weit Zurückliegendes ist und zwischen Vergangenheit und Gegenwart kaum Vermittlungen bestehen. Damit konnte Geschichte nur wenig als methodologisches Instrument der Erkenntnis und Bewertung sozialer Erscheinungen wirksam werden.

Die geringe Ausprägung der Überzeugung vom persönlichen und gesellschaftlichen Wert der Geschichte wurde durch eine Analyse der Motive für die Geschichtsbeschäftigung bestätigt. Aus der Geschichte heraus konnten Jugendliche nur wenig Hilfe und Orientierung für ihr eigenes Leben finden. Geschichtskenntnisse blieben als ideologische Stereotype weitgehend unwirksam.

d) emotionale Barrieren gegenüber der Vermittlung der jüngeren Geschichte

Empirische Untersuchungen stellten ein deutliches Abrücken von zentralen Positionen des bisherigen "offiziellen" Geschichtsbildes fest. So akzeptierten immer weniger Jugendliche die Gründung der DDR als positiven Wendepunkt in der Geschichte des deutschen Volkes (vgl. Tab. 3).

Die ablehnende Haltung war dabei nicht immer rational begründet. Vielmehr trat infolge negativer Erlebnisse und Frustrationsprozesse im Alltag Jugendlicher eine emotionale Blockierung gegenüber der Geschichtsvermittlung ein.

Tab. 3: Vergleich der Einstellung Jugendlicher zur Gründung der DDR 1978 und 1988: "Inwieweit entspricht die folgende Aussage Ihrer persönlichen Meinung?": "Die Gründung der DDR war ein Wendepunkt in der Geschichte des deutschen Volkes".
(Das entspricht meiner Meinung   1 vollkommen ...   5 überhaupt nicht)
(Angaben in %)

	Anteil Jugendlicher, die dieser Aussage vollkommen zustimmten	
	1978	1988
Schüler	87	46
Lehrlinge	87	62
junge Arbeiter u. Angestellte	81	70
Studenten	94	78

2. Hauptmängel des bisherigen Geschichtsunterrichts

Die anspruchsvollen und z. T. unrealistischen Zielstellungen des Geschichtslehrplans konnte der Geschichtsunterricht nicht erfüllen. Unsere Untersuchungen machten vor allem auf folgende Mängel des Geschichtsunterrichts aufmerksam:
a) mangelnde Glaubwürdigkeit des vermittelten Geschichtsbildes
b) Atmosphäre unzureichender Offenheit und Ehrlichkeit
c) ungenügende geistige Aktivierung der Jugendlichen
d) mangelnde persönliche Bedeutsamkeit des vermittelten Stoffes
e) geringe emotionale Wirksamkeit

a) mangelnde Glaubwürdigkeit des vermittelten Geschichtsbildes

Eines der Grundprobleme des Geschichtsunterrichts war die mangelnde Glaubwürdigkeit des vermittelten Geschichtsbildes, insbesondere zur jüngeren Geschichte. Ein größerer Teil der Jugendlichen machte Einschränkungen in bezug auf den Wahrheitsgehalt des im Unterricht vermittelten Stoffes. Die mangelnde Glaubwürdigkeit führte zum Vertrauensverlust gegenüber gesellschaftlichen Institutionen und den von ihnen ausgehenden Informationen und begünstigte die Hinwendung zu anderen Informationsquellen. Das im Geschichtsunterrrricht vermittelte Bild von der Entwicklung der DDR stand nach Meinung der Jugendlichen z. T. in beträchtlichem Widerspruch zu ihren sozialen Erfahrungen (vgl. Tab. 4).

Tab. 4: Schule und gesellschaftliche Erfahrungen Jugendlicher 1988: "Das in der Schule vermittelte Bild über die Entwicklung der DDR stimmt mit meinen eigenen Erfahrungen überein".
(Das entspricht meiner Meinung   1 vollkommen ...   5 überhaupt nicht)
(Angaben in %)

	1 vollkommen	(1+2)	4+5 überhaupt nicht
gesamt	5	(32)	26
Schüler	7	(35)	26
Lehrlinge	6	(39)	18
junge Arbeiter u. Angestellte	3	(27)	29!
junge Intelligenz	5	(34)	26
Studenten	2	(25)	30!

b) Atmosphäre unzureichender Offenheit und Ehrlichkeit

Nur ein kleiner Teil der Jugendlichen bestätigte ohne Einschränkungen, daß ihnen der Geschichtsunterricht eine offene und ehrliche Diskussion zu politischen und historischen Fragen ermöglicht. Ein solches Unterrichtsklima, das der Äußerung abweichender Meinungen entgegenwirkt, konnte bei Jugendlichen schwere psychische Konflikte auslösen. Die Gestaltung eines Unterrichtsklimas ohne Doppelzüngigkeit und Bewußtseinsspaltung ist eine der wichtigsten Aufgaben eines erneuerten Geschichtsunterrichts. Jugendliche empfanden mangelnde Offenheit im Unterricht als Ausdruck ungenügender Akzeptanz ihrer Persönlichkeit und letztlich von Mißtrauen des Staates ihnen gegenüber. Ein gestörtes Vertrauensverhältnis begünstigte jedoch eine selektive Wahrnehmung der Realität, was eine sachliche, ausgewogene Analyse und Bewertung historischer und aktuell – politischer Probleme nahezu unmöglich machte. Dies ist eine der Ursachen dafür, daß viele Jugendliche auch Erhaltenswertes in der DDR in Zweifel ziehen und abwerten.

c) Ungenügende geistige Aktivierung der Jugendlichen

Im Geschichtsunterricht dominierte zu sehr die einfache Reproduktion von Wissen, während der Könnensentwicklung und der selbständigen Analyse historischer Probleme zu wenig Aufmerksamkeit geschenkt wurde. Nur etwa jeder dritte bestätigte, im Geschichtsunterricht stark angeregt worden zu sein. Ein großer Teil besonders der Schüler und Lehrlinge gab an, daß sie im Unterricht kaum bzw. gar nicht zur geistigen Auseinandersetzung mit dem Stoff aktiviert wurden. Damit im Zusammenhang stand die ungenügende

Tab. 5: Beurteilung der praktischen Anwendbarkeit gesellschaftswissenschaftlicher Kenntnisse 1988: "Die von der Schule vermittelten gesellschaftswissenschaftlichen Kenntnisse kann ich im praktischen Leben anwenden".
(Das entspricht meiner Meinung   1 vollkommen ...   5 überhaupt nicht)
(Angaben in %)

	1 vollkommen	(1+2)	4+5 überhaupt nicht
gesamt	6	(35)	26
Schüler	6	(37)	25
Lehrlinge	8	(44)	21
junge Arbeiter u. Angestellte	5	(32)	28!
junge Intelligenz	3	(23)	31!
Studenten	3	(21)	35!

Entwicklung des historischen Denkvermögens. Nur etwa die Hälfte der Jugendlichen vertritt die Ansicht, daß ihnen der Geschichtsunterricht half, politische Ereignisse und Prozesse besser zu verstehen. Viele hatten Schwierigkeiten, das vermittelte Wissen in der Praxis anzuwenden (vgl. Tab. 5).

d) mangelnde persönliche Bedeutsamkeit des vermittelten Stoffes

Die mangelnde Praxisverbundenheit des Geschichtsunterrichts hatte wiederum Auswirkungen auf die Handlungsrelevanz der angeeigneten Geschichtskenntnisse. Die meisten Jugendlichen empfanden zwar die Geschichte als interessant, für ihr eigenes Leben hatte sie jedoch keine allzu große Bedeutung. Die sinngebende Funktion von Geschichte wurde kaum wirksam. So ließ sich z. B. nur jeder vierte in seinem Denken und Handeln von den Lehren und Erfahrungen der Geschichte leiten. Viel zu wenig Jugendliche hatten lebendige und dauerhafte Beziehungen zur Geschichte entwickelt. Der damalige Geschichtsunterricht vermochte nur bei einem kleinen Teil der Jugendlichen Grundlagen für eine weiterführende Beschäftigung mit Geschichte zu schaffen. Insbesondere bei Schülern und Lehrlingen traten auch gegenteilige Effekte ein.

e) geringe emotionale Wirksamkeit

Auch auf die mangelnde emotionale Wirksamkeit des Geschichtsunterrichts muß hingewiesen werden. Nur ein Teil der Jugendlichen fühlte sich im Geschichtsunterricht emotionl angesprochen (vgl. Tab.6).

3. Zusammenfassung

Aus heutiger Sicht ist offenkundig, daß Geschichte von der SED–Führung zur Legitimation ihrer Macht mißbraucht wurde. Geschichte wurde − trotz gegenteiliger Bekundungen − instrumentalisiert und mußte die bestehenden Verhältnisse und Strukturen rechtfertigen. Ausdruck dessen war eine selbstzufriedene, geschönte, problemlose Darstellung der DDR–Geschichte und ihrer Traditionen, eine unkritische Sicht auf die DDR als "Höhepunkt und Fortsetzer alles Progressiven in der deutschen Geschichte".
Aus heutiger Sicht ist offenkundig, daß Geschichte von der SED–Führung zur Legitimation ihrer Macht mißbraucht wurde. Geschichte wurde − trotz gegenteiliger Bekundungen − instrumentalisiert und mußte die bestehenden

Tab. 6: Beurteilung des Geschichtsunterrichts durch Jugendliche 1988: "Inwieweit treffen die aufgeführten Merkmale auf Ihren Geschichtsunterricht in der 9./10. Klasse zu?"
(Das trifft zu   1 vollkommen... 5 überhaupt nicht)
(Angaben in %)

Der Unterricht ...	Anteil der jeweiligen Antwortpositionen		
	1	(1+2)	4+5
vermittelte mir wahrheitsgemäße Kenntnisse/Erkenntnisse	15	(55)	13
war interessant	16	(52)	16
half mir, politische Ereignisse und Prozesse besser zu verstehen	13	(51)	15
ermöglichte mir eine offene und ehrliche Diskussion über politische Fragen	9	(35)	28!
regte mich zur weiteren Beschäftigung mit historischen und politischen Fragen an	10	(34)	34!
regte mich selbst zu aktiver Mitarbeit an	7	(29)	35!
hat meine Gefühle angesprochen	5	(23)	37!

Verhältnisse und Strukturen rechtfertigen. Ausdruck dessen war eine selbstzufriedene, geschönte, problemlose Darstellung der DDR—Geschichte und ihrer Traditionen, eine unkritische Sicht auf die DDR als "Höhepunkt und Fortsetzer alles Progressiven in der deutschen Geschichte".

Diesem Zwecke wurde auch die Schule und der Geschichtsunterricht im besonderen untergeordnet. Nicht die Herausbildung eines kritischen, dialektischen Denkens war Hauptaufgabe, sondern das Bekenntnis zu nicht mehr hinterfragbaren historischen "Wahrheiten". Der Geschichtsunterricht spielte so eine höchst widersprüchliche Rolle bei der Entwicklung des Geschichtsbewußtseins Jugendlicher. Einerseits förderte er bei einem Teil das Interesse an verschiedenen Bereichen der Geschichte, andererseits verstärkte er distanzierende Haltungen gegenüber dem "offiziellen" Geschichtsbild sowie der Geschichtsvermittlung überhaupt. Mangelnde Offenheit und Toleranz in der Gesellschaft, eine unterentwickelte politische Kultur mußten sich auch auf den Geschichtsunterricht auswirken, wodurch der Spielraum für offene und ehrliche Diskussionen stark eingeengt und die Ausprägung eines kritischen Urteilsvermögens kaum möglich war.

Dem (gescheiterten) Gesellschafts- und Politikverständnis sind auch fehlerhafte Auffassungen auf dem Gebiet von Bildung und Erziehung geschuldet. So wurde z.B. Erziehung vor allem als Einwirkung und Kinder bzw. Jugendliche als Objekt dieser Einwirkungen gesehen. Das ging einher mit einer Überbetonung der Wissensvermittlung und der verbalen Vermittlung von Werten bei gleichzeitiger Vernachlässigung der konkreten Lebenserfahrungen Jugendlicher. Das wiederum resultierte vor allem aus der irrigen Annahme, daß man Menschen nach bestimmten Zielvorstellungen formen und die Entwicklung ihrer Persönlichkeit durch massive Einflußnahme auf ihr Bewußtsein in bestimmte Bahnen lenken könnte. Als diese Konzeption immer weniger griff, versuchte man, die Ziele durch stärkere Reglementierung und Administration dennoch zu erreichen. Dadurch wurde das Ansehen der Schule und des Geschichtsunterrichts schwer beschädigt. Der schwerwiegendste Schaden ist jedoch das stalinistische Erbe in den Denk- und Verhaltensgewohnheiten. Seine Überwindung stellt eine einzigartige Herausforderung an alle demokratisch gesinnten Kräfte dar.

Die geistig-moralische Erblast aus einem autoritär-repressiven Staat wird noch längere Zeit nachwirken, worauf sich alle künftige historische und politische Bildung in angemessener Weise einzustellen hat, wenn sie erfolgreich sein will. Zur Erblast gehören vor allem bestimmte Deformationen in der Persönlichkeitsentwicklung vieler junger Menschen (Denk- und Wahrnehmungsgewohnheiten nach dualen Gut-Böse-Mustern bzw. Feindbildern, Unvermögen, mit Ängsten umzugehen, Konflikte auszuhalten bzw. zu bewältigen und Toleranz zu üben, mangelnder Initiativgeist, Scheu vor Verantwortung usw.) und die von ihnen durchlebte und bewußt oder unbewußt mitgestaltete Vergangenheit. Die Frage der individuellen wie gesellschaftlichen Aufarbeitung dieses Erbes wird zu einer Schlüsselfrage zukünftiger Bildungsarbeit. Verdrängungsprozessen, Pauschalisierungen und undifferenzierten Schuldzuweisungen ist dabei in zweierlei Hinsicht entgegenzuwirverklärande Sicht auf die Existenz der DDR werden dem historischen Phänomen gerecht.
Folge der bisherigen autoritär-indoktrinären Erziehung ist auch das nicht unbeträchtliche autoritär-nationalistische und fremdenfeindliche Einstellungspotential unter Jugendlichen, daß aufgrund zunehmender Verunsicherung und Gefühle existenzielle Bedrohung weiter anwachsen kann. Um einer Verbreitung von Extremismus, Irrationalismus und Gewalt vorzubeugen, bedarf es neben einer gesicherten Zukunftsperspektive für Jugendliche vor allem einer humanistischen Bildung und Erziehung, die gegen Angebote extremistischer Ideologien immun macht, womit ein weiteres Aufgabenfeld künftiger Bildungsarbeit umrissen ist.
Zu den Ausgangsbedingungen künftiger Bildung gehören ferner die mangelnde Glaubwürdigkeit des früheren wie gegenwärtigen politischen und historischen

Unterrichts sowie größere Vertrauensdefizite Jugendlicher gegenüber Schule, gesellschaftlichen Organisationen und staatlichen Institutionen. Dem gewachsenen Kommunikationsbedarf Jugendlicher zu Fragen der Gegenwart und jüngsten Vergangenheit stehen oftmals Berührungsängste, Hilf− und Sprachlosigkeit von Lehrern und Erziehern gegenüber. Die Überwindung der Sprachlosigkeit und das Anbahnen eines vertrauensvollen Dialoges ist jedoch Grundvoraussetzung für eine wirksame Bildungsarbeit. Dies ist zugleich der erste Schritt, um das Vertrauen zu den Institutionen eines demokratischen Staates zurückzugewinnen bzw. zu stabilisieren, was ein kritisches Verhältnis ihnen gegenüber nicht ausschließt.

Zur historischen und politischen Bildung im Kontext des geeinten Deutschland muß auch gehören, sich mit dem jeweiligen anderen Teil des Landes, seiner Gegenwart und Vergangenheit vertraut zu machen. Dabei wird man möglicherweise empfinden, daß man einander noch fremd ist. Sensibilisierung für den anderen, Entwicklung von Fremdverstehen, Achtung und Toleranz werden deshalb zu wesentlichen Zielkriterien eines über Jahre andauernden geistig− mentalen Annäherungsprozesses. Zugleich muß künftige Bildung und Erziehung Tendenzen von nationaler Borniertheit entgegenwirken und den Blick für europäische und globale Dimensionen weiten.

Angesichts des gegenwärtigen großen Orientierungsbedarfes gerade junger Menschen in Ostdeutschland sowie in Anbetracht der zunehmenden globalen Bedrohungen für die Menschheit überhaupt wird politische und historische Bildung mehr denn je daran zu messen sein, welchen Beitrag sie zur Lebensbewältigung und Identitätsfindung, zur Entwicklung autonomieorientierter, sozial handlungsfähiger Persönlichkeiten mit entsprechendem Krisenbewußtsein zu leisten vermag. Da nur ein aufgeklärter Diskurs aller mündigen Bürger einer demokratischen Gesellschaft ein Überleben der Menschheit sichern kann, ist die Hauptrichtung künftiger Bildungsarbeit vor allem in der Befähigung und Motivierung der Bürger zu sehen, sich in gesellschaftliche Belange einzumischen, bestehende Zustände kritisch−konstruktiv in Frage zu stellen und insbesondere über ethische Grundwerte der modernen Industriegesellschaft zu reflektieren.

Literatur

Hager, K.: 6. Tagung des Zentralkomitees der SED 9./10.6.1988. Aus dem Bericht des Politbüros an das Zentralkomitee der SED. Berichterstatter: Genosse Kurt Hager. Berlin 1988, 79

Lehrplan der zehnklassigen allgemeinbildenden polytechnischen Oberschule. Geschichte Klassen 5 bis 10. Ministerrat der Deutschen Demokratischen Republik. Minsterium für Volksbildung. Berlin 1988, 4

Sarina Keiser

Die Familie als Faktor der politischen Sozialisation Jugendlicher in der DDR Ende der 80er Jahre

In der DDR fand lange vor der Revolution auf der Straße eine Revolution in den Köpfen der Menschen statt. Informelle Prozesse der politischen Bewußtseinsbildung traten zunehmend in Widerspruch zur einseitigen, formellen Ideologievermittlung durch staatliche und gesellschaftliche Institutionen. Insbesondere in der Familie als psycho—sozialer Rückzugsraum und "Nische" für Individualisierungsbestrebungen entwickelte sich ein nicht unerhebliches gesellschaftspolitisches Konfliktpotential, das auch die politische Sozialisation der Jugendlichen maßgeblich bestimmte.
Im vorliegenden Beitrag werden einige empirische Ergebnisse zum Einfluß der Familie auf die politische Einstellungsbildung bei Jugendlichen in der DDR ein Jahr vor der Wende dargestellt.

Im Zusammenhang mit den gesellschaftspolitischen Entwicklungsprozessen in der DDR, die sich seit Mitte der 80er Jahre zunehmend konflikthaft gestalteten und im Oktober/November 1989 ihren Höhepunkt fanden, stellt sich auch die Frage nach der Stellung und dem Einfluß der Familie im gesellschaftlichen System der politischen Sozialisation Jugendlicher.
Die politische Bildung und Erziehung der Kinder und Jugendlichen war in der DDR jahrzehntelang die Domäne formeller staatlicher und gesellschaftlicher Institutionen wie Schule, Medien und gesellschaftliche Organisationen. Dabei wurde die Entwicklung politischer Einstellungen und Aktivitätsbereitschaften weitgehend als Resultat einer gezielten gesellschaftlichen Einflußnahme, als Resultat einer einseitigen Vermittlung und Aneignung gesellschaftlich propagierter Kenntnisse, Werte, Normen und Anforderungen verstanden.
Informelle Prozesse der politischen Bewußtseinbildung fanden dagegen kaum Beachtung und wurden in ihrer Wirkung erheblich 'unterschätzt. Das betraf auch den Einfluß der Familie auf die politische Sozialisation der Jugendlichen.

Im vorliegenden Beitrag werden einige empirische Ergebnisse zum Einfluß der Familie auf die politische Einstellungsbildung bei Jugendlichen in der DDR dargestellt und diskutiert, die aus zwei Studien des Zentralinstituts für Jugendforschung von 1988 hervorgehen. Die dem Bericht zugrunde liegenden empirischen Daten wurden im Rahmen der Studien "Geschichtsbewußtsein Jugendlicher 1988" und "Familie 1988" mittels Fragebogenmethode erhoben. Es ist anzumerken, daß sich eine Vielzahl der erhobenen Variablen zu politischen Einstellungen und Aktivitätsbereitschaften auf das zu diesem Zeitpunkt herrschende sozialistische Gesellschaftssystem bezieht.

Folgende drei Fragen sind dabei von zentralem Interesse:
— Wie ist das politische Anregungspotential der Familien in der DDR Ende der 80er Jahre zu charakterisieren?
— Welchen Einfluß besaß die Familie bzw. besaßen einzelne Elemente des familiären Sozialisationsmilieus auf die politische Einstellungsbildung bei Jugendlichen?
— In welchem Verhältnis stand der familiäre Sozialisationseinfluß auf die politischen Einstellungen der Jugendlichen zu den Einflüssen formeller gesellschaftlicher Sozialisationsinstanzen?

Das politische Anregungspotential der Familie läßt sich in einer schriftlichen Befragung nur begrenzt abbilden. Als entscheidende politikrelevante Faktoren und Bedingungen des familiären Sozialisationsmilieus wurden in den Untersuchungen erfaßt:

— die politische Einstellung der Eltern (als Bekenntnis zu vs. Ablehnung der Ziele des Sozialismus),
— die Weltanschauung der Eltern,
— das Politik- und Geschichtsinteresse der Eltern,
— das gesellschaftliche Engagement der Eltern,
— die Häufigkeit politischer Diskussionen zwischen Eltern und Jugendlichen in der Familie.

Die empirischen Daten zur Ausprägung der einzelnen Aspekte des familiären politischen Anregungspotentials verdeutlichen, daß bereits 1988 im familiären Bereich ein erhebliches gesellschaftspolitisches Kritikpotential existierte. Dafür einige Beispiele. In nur 40% der Familien identifizierten sich beide Eltern, in weiteren 11% jeweils nur ein Elternteil mit den Zielen des Sozialismus. 49% der Eltern bekundeten bereits 1988 eine distanzierte bzw. ablehnende Position zu den gesellschaftlich propagierten Zielen. Dabei differiert die politische Einstellung der Eltern erheblich in Abhängigkeit von der Weltanschauung und dem Qualifikationsniveau. In nur 26% der religiösen Familien bekannten sich beide Eltern zu den Zielen des Sozialismus. In den Arbeiterfamilien (Facharbeiterabschluß) betrug dieser Anteil 28%, in den Intelligenzfamilien dagegen 53%. Jedoch ist auch diese relativ hohe Identifikation mit dem Sozialismus als Gesellschaftsmodell bei Eltern mit Hochschulabschluß gepaart mit einer kritischen Sicht auf die Ende der 80er Jahre in der DDR bestehenden gesellschaftlichen Verhältnisse sowie die herrschenden Machtstrukturen.

Für Politik und Geschichte interessierten sich ca. 55% der Eltern. Als Medienquellen für politische Informationen wurden aber nur in 11% der Familien vorwiegend Rundfunk— und Fernsehsender der DDR genutzt. 61% der Familien informierten sich über das politische Weltgeschehen in etwa gleichem Maße durch DDR— und BRD—Sender, 26% überwiegend durch BRD—Sender. Auch diese Daten sind ein Indiz für die gewachsene Unzufriedenheit mit bzw. Ablehnung der DDR—Informations— und Propagandapolitik.

Eine weitere wichtige Säule des politischen Anregungspotentials der Familie ist die familiäre Kommunikation und Interaktion im politischen Bereich. Eltern, die sich zu den Zielen des Sozialismus bekannten und in stärkerem Maße gesellschaftlich engagiert waren, diskutierten zwar häufiger (ca. 2/3) mit ihren Kindern über politische Themen, aber auch etwa die Hälfte der Eltern mit ablehnender Position zum sozialistischen Gesellschaftssystem nutzte diese aktive Form der familiären Vermittlung politischer Einstellungen.

Im Vergleich zu Forschungsergebnissen der 70er Jahre ist jedoch insgesamt eine leicht rückläufige Tendenz in der Häufigkeit von politischen Gesprächen zwischen Eltern und Jugendlichen festzustellen. Auch das elterliche Interesse für den politischen Standpunkt und die gesellschaftliche Aktivität der Jugendlichen (z.B. in der FDJ) war Ende der 80er Jahre deutlich geringer als Ende der 70er Jahre.

Demnach standen die Inhalte der familiären politischen Sozialisation einerseits und der gesellschaftlich angestrebten politischen Bildung und Erziehung der Jugendlichen in der DDR andererseits Ende der 80er Jahre zunehmend im Widerspruch zueinander, und die Familie verlor ihre Funktion als "Stützpfeiler" des gesellschaftlichen Netzes der politischen Sozialisation.

Die Frage ist nun, ob und in welchem Maße die ermittelte Differenziertheit der politischen Einstellungen der Elterngeneration, das gewachsene gesellschaftspolitische Kritikpotential in den Familien auch die politische Einstellungsbildung der Jugendlichen beeinflußte.

Zwischen allen genannten Faktoren und Bedingungen des familiären politischen Anregungspotentials und den politischen Einstellungen und Aktivitätsbereitschaften der Jugendlichen konnten signifikante Zusammenhänge ermittelt werden. Die Einstellungen der Eltern zum sozialistischen Gesellschaftssystem erwiesen sich dabei als ein primärer Faktor, der entscheidend die Richtung und den Umfang des politischen Sozialisationseinflusses der Familie auf die Einstellungen der Jugendlichen bestimmte. Die politische Einstellung der Eltern beeinflußte die politische Einstellungsbildung bei den Jugendlichen in ihrer gesamten Breite. Das zeigte sich vor allem bei solchen Einstellungen der Jugendlichen wie dem gesellschaftlichen Zukunftsoptimismus, dem politischen Verantwortungsbewußtsein, der DDR—Identifikation, der Akzeptanz politischer Machtstrukturen in der DDR, der Einstellung zur SED sowie zur FDJ. Je kritischer die Eltern das politische System der DDR bewerteten, desto kritischer waren auch die politischen Einstellungen und Haltungen der Jugendlichen ausgeprägt.

Übersicht 1 verdeutlicht den starken Einfluß der politischen Einstellung der Eltern am Beispiel der Ausprägung der politischen Wertorientierung bei Jugendlichen. (Die politische Wertorientierung der Jugendlichen wie auch der Eltern wurde über Punktsummen und Skalenbildung aus fünf Einzelindikatoren ermittelt und in den Ausprägungen 1 − starke Wertorientierung bis 5 − schwache Wertorientierung abgebildet. Auch diese Einzelindikatoren sind in ihren Formulierungen zum Teil am damaligen sozialistischen Gesellschaftsmodell der DDR orientiert.)

Übersicht 1: Einfluß der politischen Einstellung der Eltern auf die politische Wertorientierung der Jugendlichen

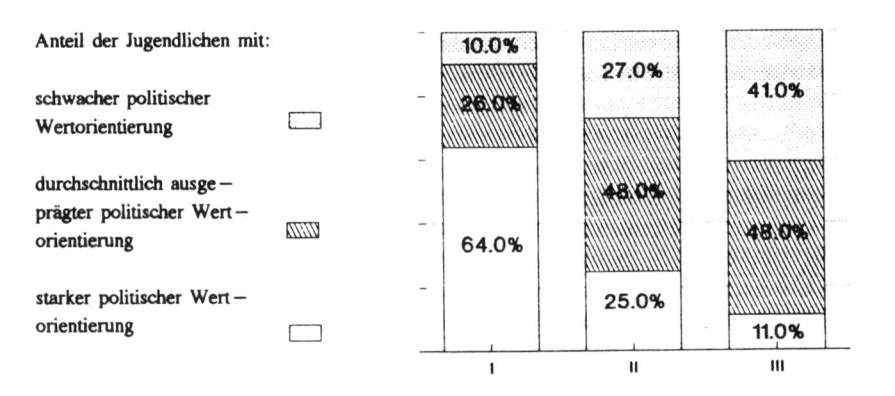

Anteil der Jugendlichen mit:

schwacher politischer Wertorientierung ☐

durchschnittlich ausgeprägter politischer Wertorientierung ▨

starker politischer Wertorientierung ☐

	I	II	III
schwache	10.0%	27.0%	41.0%
durchschnittlich	26.0%	48.0%	48.0%
stark	64.0%	25.0%	11.0%

politische Einstellung der Eltern:

I beide Eltern für die Ziele des Sozialismus

II nur ein Elternteil für die Ziele des Sozialismus

III beide Eltern ablehnend zu den Zielen des Sozialismus

Welche familiären Prozesse und Bedingungen bilden die Grundlage dieses maßgeblichen Einflusses der Eltern auf die politischen Einstellungen der Jugendlichen?

Die familiäre Vermittlung politisch–ideologischer Einstellungen erfolgt bewußt oder unbewußt, direkt oder indirekt durch die Kommunikations– und Interaktionsprozesse in der Familie.

Das gesellschaftliche Engagement der Eltern, politische Diskussionen in der Familie, Gespräche über den Arbeitsalltag und die Arbeitserfahrungen der Eltern interagieren positiv mit dem Umfang des politischen Sozialisationseinflusses der Eltern auf die Einstellungen der Jugendlichen. Über diese Formen der Kommunikation und Interaktion werden die Jugendlichen direkt mit den Auffassungen und Erfahrungen der Eltern konfrontiert, setzen sich damit auseinander und werden zugleich zu eigenen Wertungen angeregt.

Gleichzeitig wirkt indirekt die Gesamtheit der familiären Sozialisationsbedingungen auch auf die Übernahme von bzw. die Identifikation mit den politischen Einstellungen der Eltern durch die Jugendlichen. Wichtige vermittelnde Sozialisationsbedingungen sind: Aspekte der Jugendlichen–Eltern–Beziehung, die Qualität des elterlichen Erziehungsverhaltens und der Erziehungsbewußtheit, das geistig–kulturelle Anregungspotential, die Subjektposition des Jugendlichen in der Familie sowie das allgemeine Familienklima.

(Die angeführten Dimensionen des familiären Sozialisationsmilieus sind zum Teil über Punktsummen und Skalenbildung oder Kombination von Variablen ermittelt worden. Die Erziehungsbewußtheit der Eltern bildet die Intensität des elterlichen Interesses für die Belange und das Verhalten der Jugendlichen in verschiedenen Lebensbereichen (Ausbildung, soziale Beziehungen, Freizeit, politische Aktivität) ab. Die Charakterisierung des familiären Klimas ergibt sich aus der Häufigkeit von Hektik, Ärger und Streit im familiären Alltag. Die Bedeutung der Familie als emotionale Bezugsgruppe ist danach bestimmt, inwieweit die Familie den Bedürfnissen der Jugendlichen nach Geborgenheit, Sicherheit, Hilfe, Zuneigung und Liebe entspricht. Im geistig–kulturellen Anregungspotential der Familie ist die Häufigkeit verschiedener gemeinsamer geistig–kultureller Freizeitaktivitäten der Eltern und ihrer Kinder zusammengefaßt. Die Subjektposition des Jugendlichen in der Familie ergibt sich aus den Möglichkeiten der Jugendlichen, auf Familienentscheidungen Einfluß zu nehmen.)

Je "günstiger" diese Sozialisationsbedingungen ausgeprägt sind, je mehr sie den Bedürfnissen der Jugendlichen entsprechen, desto stärker ist der Einfluß der Eltern auf die politischen Einstellungen der Jugendlichen. Das ist den Korrelationsunterschieden in der Übersicht 2 zu entnehmen.

Übersicht 2: Korrelation zwischen politischer Wertorientierung des Vaters und der politischen Wertorientierung der Jugendlichen bei kontrastierenden Sozialisationsbedingungen in der Familie

(Eine Analyse des Einflusses der Eltern auf die politischen Einstellungen der Jugendlichen differenziert nach Vater und Mutter erbrachte keine signifikanten Unterschiede. Betrachtet man Vater und Mutter für sich, so sind zwar die Väter insgesamt politisch engagierter und fungieren für die Jugendlichen häufiger als Vorbild oder Berater bei politischen Fragen, in ihrer aktivierenden Wirkung auf die Jugendlichen unterscheiden sich jedoch die politisch engagierten Mütter nicht von den politisch engagierten Vätern.)

Günstiges Sozialisationsmilieu	Korrelationen (r)		Ungünstiges Sozialisationsmilieu
Hohe Beratungskompetenz des Vaters	.67	.49	Geringe Beratungskompetenz des Vaters
Vater ist Vorbild	.65	.49	Vater ist kein Vorbild
Erziehungsverhalten der Eltern ist berechenbar	.71	.55	Stark wechselhaftes Erziehungsverhalten der Eltern
Verständnisvoll—förderndes Erziehungsverhalten	.72	.61	Restriktives Erziehungsverhalten
Hohe Erziehungsbewußtheit der Eltern	.67	.48	Geringe Erziehungsbewußtheit der Eltern
Positives familiäres Klima	.77	.52	Negatives familiäres Klima
Familie ist emotionale Bezugsgruppe	.75	.47	Familie ist nicht emotionale Bezugsgruppe
Starke Subjektposition des Jugendlichen in der Familie	.70	.49	Geringe Subjektposition des Jugendlichen in der Familie
Hohes geistig—kulturelles Anregungspotential	.85	.33	Geringes geistig—kulturelles Anregungspotential
Hohe Kommunikationshäufigkeit	.71	.31	Geringe Kommunikationshäufigkeit

Der Korrelationsvergleich erfolgt jeweils zwischen den Extremgruppen: Jugendliche mit besonders günstiger und besonders ungünstiger Ausprägung der angeführten Dimensionen des Sozialisationsmilieus.

Den hier betrachteten Dimensionen des allgemeinen familiären Sozialisationsmilieus kommt jedoch nicht nur eine vermittelnde Funktion im Rahmen des politischen Sozialisationseinflusses der Eltern auf die Einstellungen der Jugendlichen zu. Sie wirken gleichzeitig als eigenständige Faktoren auf die Ausprägung politischer Einstellungen bei den Jugendlichen. Es sind familiäre Faktoren und Bedingungen, die die Persönlichkeitsentwicklung der Jugendlichen insgesamt fördern oder hemmen. Diese Ergebnisse (Übersicht 3 bringt einige Beispiele dafür) sprechen für die These, daß im Jugendalter aufgrund verschiedener Besonderheiten der Persönlichkeitsentwicklung in dieser Lebensphase ein besonders markanter Einschnitt in der Ausprägung politischer Einstellungen und Aktivitätsbereitschaften erfolgt. Ein günstiges familiäres Sozialisationsmilieu bildet einen positiven und stimulierenden Hintergrund für solche Prozesse der Persönlichkeitsentwicklung im Jugendalter, die auch für die politische Sozialisation, für die selbständige Orientierung der Jugendlichen im

Übersicht 3: Einfluß allgemeiner familiärer Sozialisationsbedingungen auf die Ausprägung der politischen Wertorientierung der Jugendlichen, dargestellt anhand der Mittelwerte bei Jugendlichen mit kontrastierenden familiären Sozialisationsbedingungen (Bei fünfstufiger Aufteilung der abhängigen Variablen: 1 stark ausgeprägte ... 5 schwach ausgeprägte politische Wertorientierung)

Günstiges Sozialisationsmilieu	Mittelwerte der polit. Wertorientierung d. Jugendl.		Ungünstiges Sozialisationsmilieu
Verständnisvollförderndes Erziehungsverhalten	2,79	3,45	Restriktives Erziehungsverhalten
Hohe Erziehungsbewußtheit der Eltern	2,35	3,48	Geringe Erziehungsbewußtheit der Eltern
Positives familiäres Klima	2,73	3,51	Negatives familiäres Klima
Hohes geistig–kulturelles Anregungspotential	2,44	3,29	Geringes geistig–kulturelles Anregungspotential
Hohe Kommunikationshäufigkeit	2,44	3,51	Geringe Kommunikationshäufigkeit
Starke Subjektposition des Jugendlichen in der Familie	2,94	3,25	Geringe Subjektposition des Jugendlichen in der Familie

politischen Raum als wesentlich erachtet werden: Ausweitung der Handlungsspielräume und Handlungsmöglichkeiten, Sammeln eigener sozialer Erfahrungen, zunehmende kognitive Kompetenz und selbständige Entscheidungsfindung, Identitätssuche und Bestimmung der eigenen Subjektposition, Herausbildung eigener Wertungsmaßstäbe u.a.m.

G. Schulze (1977) bezeichnet diesen Aspekt des familiären Sozialisationseinflusses als "latente politische Aktivierung": Familiäre Bedingungen, die ihrem Inhalt nach nichts mit Politik zu tun haben, wirken sich trotzdem auf die politischen Einstellungen und Aktivitätsbereitschaften der Jugendlichen aus, indem sie die Ausprägung allgemeiner Persönlichkeitsmerkmale und Fähigkeiten beeinflussen (Selbsteinschätzung, Fähigkeit zur kontroversen Kommunikation, Toleranz, Urteilsvermögen u.a.m.), die wiederum die Orientierung der Jugendlichen im politischen Raum mitbestimmen.

Über diese allgemeinen Dimensionen der Persönlichkeitsentwicklung wirkt das familiäre Sozialisationsmilieu indirekt auch auf die politische Bewußtseinsentwicklung und Aktivitätsbereitschaft bei den Jugendlichen.

Der Einfluß der Eltern auf die Persönlichkeitsentwicklung der Jugendlichen, einschließlich ihrer politisch–ideologischen Einstellungen, ist jedoch nicht nur in den direkten und indirekten Impulsen spürbar, die von den Eltern selbst ausgehen. Auch die Wirkungen aller anderen gesellschaftlichen Sozialisationsinstanzen wie Schule, gesellschaftliche Organisationen, Medien werden zum Teil über die Familie vermittelt und gebrochen.

Die außerfamiliären gesellschaftlichen Bedingungen, Anforderungen und Impulse erfahren in der Familie über verschiedene Äußerungen, Gespräche, Diskussionen und Verhaltensweisen eine familienspezifische Interpretation und Wertung. Der tatsächliche Einfluß verschiedener Sozialisationsinstanzen auf die politisch–ideologische Einstellungsbildung bei Jugendlichen zeigt sich unter anderem im Grad der Übereinstimmung in politischen Auffassungen zwischen den Jugendlichen und ihren Eltern sowie anderen gesellschaftlichen Erziehungsträgern. Unsere empirischen Daten zeigten durchgängig eine signifikant höhere Übereinstimmung der Jugendlichen in politischen Fragen mit ihren Eltern als mit gesellschaftlichen Erziehungsträgern (Lehrer/ Ausbilder und FDJ–Gruppe). Auch bei geringem politischen Anregungspotential der Familie gingen weit mehr Jugendliche mit ihren Eltern in politischen Auffassungen konform als mit gesellschaftlichen Erziehungskräften. Übersicht 4 verdeutlicht zugleich die vermittelnde Funktion, die die Eltern gegenüber anderen Sozialisationsinstanzen besitzen.

Übersicht 4: Grad der Übereinstimmung zwischen Jugendlichen und verschiedenen Erziehungsträgern in politisch-ideologischen Auffassungen; Einfluß der Weltanschauung und der politischen Einstellung der Eltern auf den Grad der Übereinstimmung
(Angaben in %)

Übereinstimmung in politisch-ideologischen Auffassungen zwischen Jugendlichen und ...

	ihren Eltern			ihren Lehrern			ihrer FDJ–Gruppe		
	Überwiegend ja	teilweise	nein	überwiegend ja	teilweise	nein	überwiegend ja	teilweise	nein
Gesamt	74	20	6	42	42	16	44	38	18
Weltanschauung der Eltern:									
atheistisch	74	21	5	47	40	13	48	38	14
religiös	77	17	6	25	52!	23!	27	39	34!
Polit. Einstellung der Eltern:									
beide für Sozialismus	86	12	2	67	26	7	68	26	6
beide ablehnend zum Sozialismus	69	22!	9	24	53!	23!	31	42!	27!

Die empirischen Daten verweisen auf zwei Tendenzen der familiären Vermittlung außerfamiliärer politischer Sozialisationseinflüsse: Einerseits zeigte sich ein positiver Zusammenhang zwischen der Aufgeschlossenheit der Eltern gegenüber dem politischen System der DDR und der Aufgeschlossenheit ihrer jugendlichen Kinder gegenüber formellen gesellschaftlichen Erziehungseinflüssen.

Andererseits wurde mit zunehmender Distanzierung der Eltern von dem politischen System der DDR auch eine wachsende Verschlossenheit der Jugendlichen gegenüber den formellen gesellschaftlichen Erziehungsträgern bzw. eine deutliche Ablehnung dieser ersichtlich. Zugleich zeigte sich aber auch eine gewisse Individualisierung im politischen Bereich bei Jugendlichen aus solchen Familien.

Darauf deutet der hier größere Anteil der Jugendlichen, die in ihren politischen Auffassungen weder mit den Eltern noch mit den angeführten gesellschaftlichen Sozialisationsinstanzen konform gehen. Für viele Jugendliche ergab sich also ein großes Widerspruchspotential zwischen einerseits den politischen Erfahrungen im Alltag und in der Familie und andererseits der durch die gesellschaftlichen Erziehungsinstitutionen vermittelten Ideologie. Hier standen informelle und formelle Ideologie−Vermittlung im Widerspruch zueinander.

Seit dem gesellschaftspolitischen Umbruch Ende 1989 haben sich auf dem Gebiet der ehemaligen DDR in − historisch gesehen − kürzester Zeit gravierende Veränderungen in allen gesellschaftlichen Bereichen vollzogen, die faktisch bis in den Lebensalltag jeder Familie reichen und für die politische Sozialisation gerade der jungen Generation als prägend angesehen werden können. Innerhalb eines Jahres haben die Jugendlichen wie auch die Eltern Straßenöffentlichkeit, politischen Machtwechsel, basisdemokratische Mitbestimmung und den Verfall staatlicher Autoritäten miterlebt. Das gesellschaftliche Netz der formellen politischen Sozialisationsinstanzen hat sich de facto aufgelöst. Das Bildungssystem wurde weitestgehend "entpolitisiert". Die alten gesellschaftlichen Kinder− und Jugendorganisationen wurden z. T. aufgelöst bzw. umfassen nur noch eine Minderheit von Jugendlichen. Auch neu gegründete politische Jugendverbände erreichen bisher nur einen geringen Teil von etwa 7% der Jugendlichen. Die Medienlandschaft ist inzwischen sowohl politisch als auch in der Angebotsvielfalt durch Pluralismus charakterisiert. Der politische Raum ist vielschichtig geworden, nicht mehr so leicht zu überschauen und zu bewerten. Für die DDR−Jugendlichen, die durch ihre bisherige Einbindung in die gesellschaftlich−politischen Organisationen und Institutionen in ihrem politischen Denken weitestgehend "kanalisiert" waren, dürfte der Umgang mit dieser neuen politischen Angebotsvielfalt zunächst gewisse Orientierungsprobleme mit sich bringen.

Demzufolge wird auch künftig die Suche nach neuen politischen Orientierungsmustern bei den Jugendlichen in breitem Umfang durch die politischen Auffassungen der Eltern geprägt sein. Aber auch die familiäre politische Sozialisation ist zunehmend durch einschneidende Veränderungen in den familiären Lebenslagen und −situationen bestimmt, die sich u. a. aus folgenden Aspekten ergeben können:

−berufliche Dequalifizierung und/oder Arbeitslosigkeit der Eltern,
−Veränderungen des sozialen Status' der Eltern, − Differenzierung des materiellen Lebensniveaus,

— soziale Verunsicherung,
— Zusammenbruch von bisherigen politischen Orientierungen und Idealen bei Eltern und Jugendlichen u.a.m.

Aufgrund der objektiven gesellschaftlichen Entwicklungen und der unterschiedlichen subjektiven Betroffenheit der Familien davon ist zu erwarten, daß das politische Verständnis der Eltern wie der Jugendlichen künftig in stärkerem Maße durch die individuelle Lebenslage beeinflußt sein wird. Das heißt, die konkreten Auswirkungen der gesellschaftlichen Entwicklungen auf die persönliche Lebenssituation und Lebenspläne der Eltern wie der Jugendlichen werden nicht ohne Einfluß auf die politische Meinungsbildung sein. Das wiederum dürfte zu einer weiteren Pluralisierung aber auch Polarisierung in den politischen Orientierungsmustern führen. Darüber hinaus ist in den nächsten Jahren eine fortschreitende Auflösung der in diesem Beitrag dargestellten politischen Konformität zwischen den Generationen zu erwarten. Dieses politische Auseinanderdriften der Generationen läßt sich ableiten aus dem Abbau generationsübergreifender, solidarisierender Elemente und Probleme mit der Zerschlagung des totalitären Staates einerseits sowie aus der unterschiedlichen Betroffenheit der Eltern— und Jugendgeneration durch die gegenwärtigen gesellschaftlichen Entwicklungen andererseits.

Weitere Probleme im Bereich der politischen Sozialisation Jugendlicher ergeben sich aus dem Wegfall bisheriger staatlich gesetzter politischer Orientierungsmuster und Ideale. Offizielle Zwänge, sich mit der Staatspolitik zu beschäftigen und auseinanderzusetzen, entfallen. Als Folge davon ist mit einer gewissen "Entpolitisierung" des Alltags und einem allgemeinen Rückgang der politischen Partizipation sowohl bei Eltern als auch Jugendlichen zu rechnen. Ein Indiz für diese Annahme ist u. a. die rückläufige Wahlbeteiligung 1990.
Auf der anderen Seite sind bei der Suche nach neuen politischen Orientierungsmustern insbesondere Jugendliche ansprechbar für extremistische politische Einflüsse wie Links— und Rechtsradikalismus.

Obwohl die Familie als Faktor der politischen Sozialisation Jugendlicher von nicht zu unterschätzender Bedeutung ist, läßt sich jedoch die politische Verantwortung für Jugend nicht nur auf den familiären Raum reduzieren. Hier sind vor allem gesellschaftspolitische Überlegungen und eine offensive Jugendpolitik notwendig, die darauf abzielen, Orientierungsverluste zu reduzieren und neue politische Orientierungen zu entwickeln sowie den Jugendlichen selbst neue Einfluß— und Gestaltungsmöglichkeiten auf ihre sozialen und politischen Lebensverhältnisse zu eröffnen.

Insgesamt belegen alle hier dargestellten Untersuchungsergebnisse, daß die Familie in der DDR Ende der 80er Jahre die primäre politische Sozialisationsinstanz war. Ausgehend von dem nicht unbeträchtlichen politischen Kritikpotential in den Familien, ließ sich bereits 1988 auch für die Jugendlichen eine Zunahme kritisch−distanzierter Einstellungen zum politischen System der DDR prognostizieren.

Das gesellschaftliche Netz der formellen politischen Sozialisationsinstanzen war in den 80er Jahren aufgrund seiner Einseitigkeit, Starrheit und Lebensfremdheit zunehmend weniger in der Lage, seine propagierten Ziele der politischen Bildung und Erziehung durchzusetzen sowie familiäre politische Sozialisationseinflüsse zu komplementieren, zu kompensieren oder zu korrigieren. Zu prüfen wäre in den nächsten Jahren, ob die hier ermittelte primäre Bedeutung der Familie als politische Sozialisationsinstanz nicht zum Teil auf die bisherige Einseitigkeit und Begrenztheit der formellen gesellschaftlichen Sozialisationsinstanzen (Schule, gesellschaftliche Organisationen, Medien) in der DDR zurückzuführen ist. Ist das der Fall, so müßte sich der politische Sozialisationseinfluß der Familie künftig zumindest in einigen Dimensionen zugunsten anderer Sozialisationsinstanzen relativieren.

Literatur

Conen, G.: Politisches Lernen in der Familienarbeit: ein vernachlässigtes Feld politischer Sozialisation. Köln 1983

Keiser, S.: Zum Einfluß der Herkunftsfamilie auf die Entwicklung ideologischer Positionen bei Jugendlichen. Forschungsbericht. Zentralinstitut für Jugendforschung. Leipzig 1989 (unveröff.)

Keiser, S.: Zum Einfluß der Herkunftsfamilie auf die Ausprägung von Wertorientierungen bei Jugendlichen. Erkenntnisbericht. Zentralinstitut für Jugendforschung. Leipzig 1990 (unveröff.)

Schulze, G.: Die Familie als politischer Sozialisationsfaktor. In: Wurzbacher, G.: Die Familie als Sozialisationsfaktor. Stuttgart

Zängle, M.: Einführung in die politische Sozialisationsforschung. Paderborn 1978

Leonhard Kasek

Junge Werktätige und Computertechnik

In den letzten 10 Jahren wurde mit großem wirtschaftlichen und propagandistischen Aufwand versucht, Spitzentechnik zur Sanierung der zunehmend von Krisenerscheinungen geprägten Volkswirtschaft zu nutzen, ohne das administrative Kommandosystem der Leitung zu verändern. Der Versuch scheiterte so gründlich, daß am Ende der vollständige Zusammenbruch stand. Durch diesen Ausgang wird es besonders interessant, Untersuchungsergebnisse zum Verhältnis von Jugend und Computertechnik noch einmal durchzusehen. Grundlage dafür waren vor allem Ergebnisse der Studie "Werktätige Jugend und wissenschaftlich–technische Revolution", die vom ZIJ im Frühjahr 1987 in Betrieben der früheren Ministerbereiche Werkzeugmaschinenbau, Elektrotechnik/Elektronik und Leichtindustrie bei etwa 1500 Werktätigen durchgeführt wurde (Näheres zu Methodik und Population siehe Kasek 1988).
Der Schwerpunkt der Untersuchung lag auf dem Leistungsverhalten der an neuer Technik eingesetzten jungen Werktätigen. Nach einer Vielzahl von internationalen Untersuchungen kommt dem Engagement und den Fähigkeiten der Werktätigen mit zunehmender Leistungspotenz der Technik insgesamt wachsende Bedeutung zu. Nach Analysen, die im Auftrag der Internationalen Arbeitsorganisation (ILO) in verschiedenen sozialistischen und kapitalistischen Ländern durchgeführt wurden, folgert Ebel (1985, 133ff.), daß z.B. bei flexiblen Fertigungssystemen die Leistung nur zu 40% von der Hardware abhängt und zu 60% von der Arbeitsorganisation. Mit anderen Worten: Der Leistungsgewinn durch neue Technik ist gering, kann teilweise nicht einmal die notwendigen Investitionen zur Entwicklung und Einführung ausgleichen, wenn diese Technik einfach in die vorhandene Arbeitsorganisation eingepflanzt und auf traditionelle Weise genutzt wird, wie das in der DDR bisher typisch war. Dabei kommt es in entscheidendem Maße darauf an, Raum zu schaffen, damit sich das Engagement der Werktätigen voll entfalten kann, und Leistungsstimuli so einzusetzen, daß dieser Handlungsspielraum auch im Sinne optimaler Leistung genutzt wird. Dazu ist es auch erforderlich, daß wirtschaftliches Wachstum nicht auf Kosten der Natur und der Dritten Welt betrieben wird. Schon bei der Entwicklung der Anlagen muß bedacht werden, wie die Vorzüge des Menschen gegenüber der Technik voll zum Tragen kommen können, daß die Technik dem Werktätigen hilft, seine Aufgaben schneller und leichter zu

erfüllen, mehr Möglichkeiten für geistig anspruchsvolle, schöpferische Tätigkeiten entstehen und mehr Selbstverwirklichung in der Arbeit möglich wird. Solche sozialwissenschaftlich fundierte Technikgestaltung wirkt sich auch unmittelbar ökonomisch aus: Engagement und Weiterbildungsbereitschaft steigen, es gibt weniger Unfälle und Havarien, Fluktuation und Krankenstand verringern sich und die Werktätigen legen mehr und ökonomisch gewinnbringendere Verbesserungsvorschläge vor. In diesem Sinne ist die sozial günstigste Variante der Technikentwicklung häufig auch die ökonomischste.

Die Haltung junger Werktätiger zur wissenschaftlich–technischen Revolution und besonders zur Computertechnik ist eindeutig positiv (vgl. Gerth 1987, 9ff.). 37% der jungen Facharbeiter und 71% der Hochschulkader waren 1987 sehr stark an der Einführung dieser Technik in ihrem Arbeitsbereich interessiert; kaum oder gar nichts mit ihr zu tun haben wollten nur 12% der Facharbeiter und 2% der Hochschulkader. Facharbeiter (58% stark bzw. sehr stark) und Hochschulkader (89%) waren überzeugt, den sich daraus ergebenden neuen Anforderungen gerecht zu werden. Dabei gilt, daß sowohl Interesse als auch Erfolgszuversicht bei denen am größten waren, die bereits eigene Erfahrungen sammeln konnten. Vorbehalte äußerten häufiger junge Werktätige bzw. Lehrlinge, die die neue Technik nicht aus eigenem Erleben kannten.

Jugendliche waren gegenüber der Computertechnik am aufgeschlossensten, allerdings sind die Altersunterschiede nicht allzu groß. Entscheidend ist offensichtlich nicht das Alter, sondern die Haltung zur Arbeit, zum Weiterlernen und zum Neuen insgesamt. Junge Werktätige erwarteten von der Einführung neuer Technik stärker als ältere höheren Verdienst, eine Abnahme körperlicher Arbeit und bessere Qualifikations– und Entwicklungsmöglichkeiten. Ältere dagegen erhofften stärker, ihr vorhandenes Wissen besser anwenden zu können, mehr Verantwortung zu übernehmen und bessere Möglichkeiten für schöpferische Arbeit zu haben. Insgesamt arbeiteten an neuer Technik – unabhängig vom Alter – vor allem Arbeiter und Ingenieure, die in starkem Maße an Technik und Wissenschaft interessiert sind, die jedem Neuen sehr aufgeschlossen gegenüberstanden und die schon an alter Technik schöpferisch sehr aktiv waren. Zum Teil spielten auch Bestrebungen eine Rolle, verbesserte Arbeitsbedingungen zu erhalten. Die Werktätigen, die mit Computertechnik arbeiteten, waren im Durchschnitt jünger als die, die an konventioneller Technik tätig sind.

Jüngere Werktätige befürchten stärker als ältere, an neuer Technik der großen Verantwortung nicht gerecht zu werden und Anfangsschwierigkeiten im neuen Kollektiv zu haben. Skeptizismus älterer Werktätiger artikulierte sich meist dann, wenn im Zuge der Einführung neuer Technik der berufliche Status bedroht war und der erfahrene Facharbeiter, der kraft seiner umfangreichen

Erfahrungen konstant hohe Leistungen erreichte, sich plötzlich in der Situation eines Jungfacharbeiters sah. Aber das war eher die Ausnahme als die Regel. Ältere hatten stärkere Vorbehalte gegenüber Schichtarbeit und fürchteten häufiger, den neuen Qualifikationsanforderungen nicht gerecht werden zu können. Vor allem dort, wo computergestützte Technik zur Erweiterung der Möglichkeiten für schöpferische Arbeit führte, wuchs die Bedeutung von Berufserfahrung und guter Kenntnis des Betriebes für die Leistung eher noch, so daß Ältere in der Regel den neuen Anforderungen ebenso gut gerecht wurden wie Jüngere und die befürchteten Schwierigkeiten meist gut gemeistert wurden.

Diese insgesamt positive Haltung spiegelte sich in sehr hohen Erwartungen (vgl. auch Kühnel 1989, 37) an die Folgen der wissenschaftlich−technischen Revolution wider.

Erwartungen an die Einführung von Spitzentechnologien und Einschätzung realer Veränderungen (Angaben in %)

	Die Arbeitstätigkeit wird durch Einfluß von Wissenschaft und Technik ...	Meine Tätigkeit wurde durch Einführung computergesteuerter Technik ... x)
	erwarte ich stark bzw. sehr stark (Pos. 1 + 2)	... viel bzw. sehr viel (Pos. 1 + 2)
anspruchsvoller an fachliches Wissen und Können	91	72
körperlich leichter	89	26
abwechslungsreicher bzw. interessanter	77	41
zum schöpferischen Denken anregender	71	66

x) nur diejenigen, die bereits Erfahrungen mit computergesteuerter Technik sammeln konnten (vgl. auch Tab. 1 im Anhang)

Die Bewertung der eingetretenen Veränderungen reichte zwar nicht an das Niveau der Erwartungen heran, aber sie lag weit über den realen Veränderungen. Es gab eine deutliche Abnahme von erwarteter über subjektiv empfundener zu realer Veränderung der Arbeitsbedingungen bei Einführung der Computertechnik. Vor dem Hintergrund der außerordentlich positiven Haltung zur Technik wurden teilweise negative eigene Erfahrungen (z.B. erhöhte psycho-physische Belastungen, teiweise Monotonie) verdrängt und positive im Bewußtsein stark überbewertet. Das wirkte sich günstig auf die Einsatzbereitschaft aus und half, Startschwierigkeiten zu überwinden. Halbwegs real wurde wohl nur die Zunahme psycho-nervaler Belastungen gesehen. Damit ging ein großes Bedürfnis nach Kenntnissen über Streß, seine Vermeidung und Möglichkeiten zur Psychohygiene einher.

Aber diese insgesamt überhöhten Erwartungen führten auch zu sehr kritischen Urteilen über die Effektivität der Arbeitsorganisation bis hin zu Zweifeln, ob das Wirtschaftssystem der DDR überhaupt in der Lage sei, die Spitzentechnologien ebenso effektiv zu nutzen wie die führenden kapitalistischen Länder. Auch unter dem Eindruck massiver Propaganda über reale und erfundene Erfolge wurde die Kluft zwischem dem technischen Niveau der Konsumgüter (vor allem der PKW), deren Verfügbarkeit und auch dem technischen Niveau der Ausrüstungen bei 9 von 10 Werktätigen, die mit konventioneller Technik arbeiteten, immer größer. Zunehmend kamen Sorgen über den Zustand der Umwelt hinzu, und es wurde hartnäckiger gefragt, wieso die wachsende Arbeitsproduktivität keine Arbeitszeitverkürzungen zulasse. Darüber hinaus gab es Tendenzen einer naiven Technikgläubigkeit; die Technik wurde als Mittel zur Lösung aller Probleme betrachtet (durchaus in Übereinstimmung mit der offiziellen Propaganda), von der Umweltverschmutzung über effektivere Produktion bis zur Versorgung mit Konsumgütern und Dienstleistungen. Teilweise wurde der Hinweis auf veraltete Technik auch zum Alibi für eigene Mängel und für mangelnde Leistungsbereitschaft. Indem die Erfolgspropaganda immer mehr angekurbelt wurde, wuchs bei den Werktätigen angesichts mäßig gefüllter Geschäfte, der fehlenden Möglichkeiten, im Urlaub ins Ausland zu reisen, der Luft, die zu sehen und zu riechen war, die Überzeugung, daß die DDR-Gesellschaft unfähig ist, mittels moderner Technik die Lebensqualität kontinuierlich zu verbessern. Als dann noch verschärfte Abgrenzung gegenüber sowjetischen Reformversuchen und auch deren ausbleibende wirtschaftliche Erfolge dazu führten, daß die Hoffnungen auf eine Umgestaltung der DDR bei vielen Arbeitern zerronnen, machten sich verstärkt ab 1988 Stimmungen breit, die im Muster der BRD die einzige Möglichkeit sahen, die verkrustete Bürokratie zu effektiverer Arbeit zu zwingen.

Insgesamt arbeiteten 30% der von uns Untersuchten in irgendeiner Form mit Computertechnik. Dabei muß beachtet werden, daß wir uns vor allem auf die modernsten Bereiche der Betriebe konzentrierten. Die Unterschiede zwischen einzelnen Berufen und Tätigkeitsgruppen sind dabei naturgemäß erheblich. Insgesamt hatten z.B. 19% der Facharbeiter und 82% der Hochschulkader in ihrer Arbeit mit Computertechnik zu tun. Aber diese Zahlen verbergen mehr als sie enthüllen. Zwischen den Facharbeitern für EDV, die fast alle mit Computertechnik zu tun hatten, und Schlossern, bei denen diese Technik noch die seltene Ausnahme war, liegen alle möglichen Abstufungen. So große Unterschiede gab es bei den Hoch- und Fachschulkadern nicht, aber immerhin dürfen die Differenzen zwischen Forschung und Entwicklung sowie Produktion nicht unterschätzt werden. Diese Ergebnisse können verallgemeinert werden: Bei fast allen untersuchten Merkmalen bestanden hinsichtlich der Folgen der Computertechnik große Unterschiede zwischen den einzelnen Tätigkeitsgruppen. Insgesamt nimmt anscheinend im Zuge der wissenschaftlich-technischen Revolution die soziale Differenziertheit sowohl der Facharbeiter als auch der Hochschulkader zu.

Mit der erwähnten Studie liegen uns nun u.a. erste Ergebnisse zum Arbeitsinhalt bei unterschiedlichem Technikniveau wie auch zu erlebten Auswirkungen nach Einführung neuer Technik vor (ausführlich dazu siehe Fischer 1987, 52ff.). Ein Grundmerkmal des Arbeitsinhaltes stellt die Anforderungsvielfalt dar. Vergleichen wir Facharbeiter an Computerarbeitsplätzen mit anderen an herkömmlicher Technik, so finden wir generell keine vielfältigeren Anforderungen. Im Gegenteil: An Computerarbeitsplätzen erlebten die jungen Arbeiter ihre Tätigkeit häufig als gleichförmig. Anders bei Angehörigen der jungen Intelligenz. Hier führte sowohl die Arbeit an Computerarbeitsplätzen als auch die Beteiligung an der Herstellung von Hard- bzw. Software zu einer wesentlich größeren Vielfalt der Anforderungen. Die Ursache für diese Populationsdivergenz ist klar: Es sind andere Tätigkeiten, die an/mit den Computern ausgeführt werden — bei Facharbeitern dominiert das streng algorithmisierte, nach Menühierarchien aufgebaute "Abarbeiten", Hochschulkader nutzen den Computer eher als Hilfsmittel im Denk- und Entwicklungsprozeß.
Ganz analog sah es bezüglich des Handlungsspielraumes aus. Arbeit an Computerarbeitsplätzen führte bei Facharbeitern eher zu einem kleineren Handlungsspielraum als bei herkömmlicher Technik. Anders bei Hochschulkadern, wobei hier die Möglichkeiten für selbständiges Handeln und Entscheiden generell größer waren. Facharbeiter an Computerarbeitsplätzen übten nach eigenen Aussagen zu 32% eine vollständige Tätigkeit aus, die planende,

ausführende und kontrollierende Elemente beinhaltet. An herkömmlicher Technik waren es 51%. Bei Hochschulkadern zeigt sich eine entgegengesetzte Tendenz: 64% mit vollständigen Tätigkeiten an Computer−, 50% an herkömmlicher Technik.
Die neue Technik hat Auswirkungen auf alle Bereiche der Arbeitstätigkeit, die Arbeitsaufgabe wie auch sämtliche innere wie äußere Arbeitsbedingungen. Natürlich wird die Arbeit körperlich leichter, darüber hinaus weniger durch toxische Stoffe, Stäube, Lärm, Hitze begleitet. (Inwiefern psycho−physische Belastungen solche positiven Entwicklungen eventuell zu kompensieren vermögen, muß an dieser Stelle noch offen bleiben und Gegenstand weiterer Untersuchungen sein.)
Die Arbeit an und mit neuer Technik wird abwechslungsreicher empfunden (auch hier bleibt zu fragen, inwieweit dies ein stabiler Prozeß ist, zu welchem Anteil dieser Abwechslungsreichtum nur ein Neuigkeitseffekt war), sie ist befriedigender. Insbesondere Facharbeiter, tendenziell aber auch Fach− und Hochschulkader empfanden die Tätigkeit an Computerarbeitsplätzen als leistungsgerechter abrechenbar. Für 74% der Facharbeiter an Computerarbeitsplätzen war die Arbeit wesentlich verantwortungsvoller geworden, ebenso für 72% der Fach− und 57% der Hochschulkader.
Nahezu alle jungen Werktätigen, die mit der neuen Technik zu tun haben, schätzten deren Anspruch an fachliches Wissen und Können. 80% der Facharbeiter, 87% der Fach− und 77% der Hochschulkader, die mit Computertechnik umgingen, fühlten sich stärker in ihrem Wissen und Können gefordert. Hier liegen zweifelsfrei große persönlichkeitsfördernde Potenzen. Differenzieren muß man bei der Art erforderlichen neuen Wissens und Könnens. Während Werktätige aller Qualifikationsniveaus in etwa gleichem Ausmaß angaben, mehr Wissen zu benötigen, sieht es bei Anregungen zu schöpferischem Denken anders aus. Hier erhielten Angehörige der Intelligenz in stärkerem Maße Impulse als junge Facharbeiter. Sie hatten andere, mehr planende, konzipierende, auch ausprobierende Aufgaben mit/an dem Computer zu lösen als junge Facharbeiter.
Bei vielen Tätigkeiten nahmen die Kommunikations− und Kooperationsmöglichkeiten als Folge moderner Technik innerhalb der Kollektive ab. Das wurde vor allem bei Hochschulkadern durch die Notwendigkeit kompensiert, stärker mit Kollegen aus anderen Bereichen oder Kollektiven zusammenzuarbeiten. Bedingt durch Versorgungsmängel, überlange Lieferfristen, irrationale Preise (u.a. für Software) und eine schwerfällige Bürokratie entwickelten sich bei der wissenschaftlich−technischen Intelligenz Betriebsgrenzen überschreitende Kommunikationsnetze, über die für die Arbeit wichtige Dinge sowie Erfahrungen bzw. Know−how getauscht oder anderweitig besorgt wurden. Die Leitungsbürokratie geriet zunehmend in Abhängigkeit von diesen

Extraleistungen, die nicht angeordnet werden konnten und sich zum Teil hart an der Grenze der Legalität bewegten. Neben Spezialkenntnissen wurden solche Beziehungen zum Mittel der technischen Intelligenz, Sonderinteressen im Betrieb durchzusetzen.

In diesem Zusammenhang soll noch auf einen anderen Aspekt eingegangen werden. Die neue Technik schafft veränderte Möglichkeiten zur Leistungsabrechnung und −kontrolle. Zum Teil, z.B. in der Leichtindustrie, wurde Leistung schneller und objektiver einschätzbar. Die Maschine meldet die Arbeitsergebnisse sofort zurück. Allerdings hatte das in vielen Bereichen keine größeren Konsequenzen, offensichtlich auch, weil viele Leiter mit der Informationsflut nur schwer zurecht kamen. In vielen anderen Bereichen, vor allem bei der jungen Intelligenz, nahmen aber mit zunehmender schöpferischer Arbeit die Möglichkeiten quantitativer objektivierter Leistungseinschätzung eher ab. Es wurde hier zunehmend schwerer, den Aufwand z.B. für die Erarbeitung eines neuen Computerprogrammes einzuschätzen und Leistungen verschiedener Kollegen zu vergleichen.

Auch für die Werktätigen, die an flexiblen Fertigungssystemen arbeiten, war es kaum noch möglich, Leistung individuell exakt zu bestimmen. Das alles erhöhte die Notwendigkeit, der Entwicklung des Verantwortungsbewußtseins als Leistungsmotiv größere Aufmerksamkeit zuzuwenden. Die Hauptreserve zur Entwicklung von Leistungsmotivation an Schlüsseltechnologien (aber nicht nur dort) hätte darin bestanden, den Werktätigen zu helfen, stärker zum Subjekt ihrer Tätigkeit zu werden, ihre Möglichkeiten, im Betrieb mitzureden, ebenso zu erweitern wie Spielräume für selbständiges Handeln. Solche erweiterten Aktionsfelder wirken nicht spontan, sondern bedürfen entsprechender Qualifikation mit dem Ziel zu befähigen, vorhandene Handlungsmöglichkeiten zu erkennen und zu nutzen. Die Wirtschaftsbürokratie tat das Gegenteil. In der Regel wurde versucht, die neuen Anforderungen mit verstärkter Administration und den hergebrachten Stimuli zu nutzen.

Mit Hilfe einer Intervallstudie (siehe dazu Kasek u.a. 1988 und Rochlitz/ Kasek 1989, 35ff.) konnten wir analysieren, wie sich Arbeitseinstellungen bei denen, die an Computertechnik arbeiten, im Vergleich zu denen entwickeln, die an konventioneller Technik tätig sind. Die beiden Teiluntersuchungen, auf die sich die folgenden Aussagen beziehen, wurden Anfang 1986 und Ende 1987/Anfang 1988 durchgeführt, eine individuelle Zuordbarkeit der Daten war gesichert.

Allgemein zeigt sich, daß die Veränderung durchweg auf der Ebene konkreter Beziehungen zu Arbeitsinhalten und −bedingungen liegt. Allgemeine Wertorientierungen entwickelten sich bei denen, die an Computertechnik arbeiten, nicht anders als bei den übrigen Werktätigen. Die stärksten Veränderungen

zeigten sich bezüglich der sozial orientierten Motive. So hat das Streben, von den Kollegen geachtet und anerkannt zu werden, bei 17% derjenigen Facharbeiter, die an konventioneller Technik arbeiten, zugenommen – bei 30% abgenommen. Von denjenigen, die mit Computertechnik arbeiten, waren es 32% Zunahme und 19% Abnahme. Noch deutlicher ist dieser Trend bei Hochschulkadern: ohne Computertechnik: 6% Zunahme und 56% Abnahme, mit: 20% Zunahme und 24% Abnahme. Hier wirken verschiedene Faktoren:
1. Individuelle Leistung ist an moderner Technik zum Teil weniger eindeutig zu ermitteln. Arbeitsleistung und damit Kooperation bedingen, daß sich im Gesamtergebnis die Tätigkeit mehrerer Werktätiger bündelt und die konkreten Beiträge am Ende kaum noch zu trennen sind. Auf diesem Hintergrund wird die Anerkennung durch die Kollegen stärker zum sekundären Leistungskriterium. Allerdings gibt es Gegentendenzen: Vor allem an Robotertechnik, die nur von einem Werktätigen bedient wird, läßt sich individuelle Leistung mikrorechnergestützt zum Teil genauer und objektiver ermitteln.
2. Fehlende Erfahrungen bei der optimalen Nutzung der Computer, aber auch Mangel an geeigneter Software u.a. führen dazu, daß verstärkt Kontakte zu Experten bzw. Kollegen, die helfen können, aufgebaut werden. Es entwickelten sich zum Teil die erwähnten betriebsübergreifenden Netze von sozialen Kontakten. Sehr prägnant bringt Völz (zitiert nach Gutzer 1989, 8) diese, informelle Kontakte induzierende, Ausgangssituation zum Ausdruck: "Der Rechner bringt meist nicht den Nutzen, der erwartet wird, aber wer sich mit ihm auseinandersetzt, kommt zu großem Nutzen, wo er ihn nicht erwartet. Und in jedem Fall hat er dabei viel gelernt."
3. Mitsprache läßt sich bei Entscheidungen über den Technikeinsatz, Veränderungen im Arbeitszeitregime (Schichtarbeit) u.a. nur gemeinsam mit den Kollegen verwirklichen.

Ähnliche Tendenzen, wenn auch schwächer ausgeprägt, zeigten sich bei Facharbeitern (nicht bei Hochschulabsolventen) bezüglich des Strebens, vom Leiter geachtet und anerkannt zu werden. Deutliche Veränderungen vollzogen sich naturgemäß auch bei Bestrebungen, sich neues Wissen anzueignen und dieses entsprechend anzuwenden. Bei Facharbeitern an konventionellen Arbeitsplätzen hat es bei 12% zu- und bei 27% abgenommen. Bei Facharbeitern an Computertechnik dagegen erfolgte bei 21% eine Zunahme und bei 16% eine Abnahme.
Veränderungen zeigen sich bei Facharbeitern auch in den Einstellungen zur Leistung. Bei den an Computertechnik Tätigen verändert sich das Streben, mehr zu leisten als gefordert, insgesamt nicht; bei den anderen nimmt es bei netto 15% ab. Das Streben, ein geachteter Fachmann zu werden, verstärkt sich bei der Arbeit an Computertechnik. Allerdings nimmt hier auch der

Anteil derjenigen zu, die sagen, es genüge, die Aufgaben zu erfüllen. Dagegen verringerte sich an Computertechnik der Anteil derjenigen, die ohne Anstrengung ein angenehmes Leben führen wollen. Diese scheinbar widersprüchlichen Tendenzen werden verständlich, wenn man berücksichtigt, daß an einem Teil der Arbeitsplätze an moderner Technik Leistung einfach darin besteht, die vorhandenen Aufgaben mit höchster Zuverlässigkeit zeit- und qualitätsgerecht zu erfüllen; jede Abweichung vom vorgegebenen Arbeitsrhythmus könnte Störungen auslösen. Insgesamt lassen die Ergebnisse den Schluß zu, daß sich die Arbeit an Computertechnik bei Facharbeitern positiv auf die Leistungsbereitschaft auswirkt. Anders bei Hochschulkadern. Hier heben sich fördernde (z.b. mehr vollständige Arbeitsinhalte, höhere Bedeutung der Aufgaben für den Betrieb) und hemmende Tendenzen (z.B. Diskrepanz zwischen idealem und realem Nutzen der Computer, mehr Bürokratie, um Leistungssteigerung abzurechnen, ungünstigerer Arbeitszeitrhythmus, Effektivitätsverluste infolge unzweckmäßiger Arbeitsorganisation und Entscheidungsstrukturen) insgesamt auf.

Die Ergebnisse zeigen, daß es weniger die Technik an sich ist, die die Veränderungen auslöst, sondern die Art und Weise ihrer Nutzung und Gestaltung sowie die Funktion, die ihr in der öffentlichen Meinung der Gesellschaft zugeschrieben wird (Spitzentechnologien als entscheidendes Mittel zur Entwicklung des Lebensniveaus).

Erschwert wurden ausgewogene Lösungen von ökonomischen und sozialen Erfordernissen, weil ein enger Technikdeterminismus weit verbreitet ist. Von Leitern und Werktätigen werden Monotonie, Streß, einseitige Belastungen usw. häufig fälschlich als unvermeidbare Folge moderner Technik angesehen, die um der weiteren Produktivitätssteigerung in Kauf genommen werden müssen. Damit im Zusammenhang steht, daß arbeitspsychologische, −medizinische, −soziologische und ergonomische Kenntnisse oft nur rudimentär oder gar nicht vorhanden sind. Dieser naive Glaube an einen allmächtigen Technikdeterminismus verhindert, daß sozial wünschenswerte und wirtschaftlich vertretbare Projektvarianten oft nicht gesucht, erkannt und angewandt werden.

Für die künftige Entwicklung der Einstellung zu neuen Technologien ist auch heute wichtig, wie sich der wissenschaftlich−technische Fortschritt auf Qualität und Umfang der Konsumgüterversorgung auswirkt, in welchem Umfang es gelingt, die Freizeit zu vergrößern und die Möglichkeiten zu sinnvoller Freizeitgestaltung zu erweitern. Zunehmend kritischer werden auch die Stimmen Jugendlicher zur Umweltverschmutzung.

Die gegenwärtige, ausgesprochen positive Haltung vor allem junger Werktätiger zur wissenschaftlich−technischen Revolution schafft günstige Voraussetzungen und Zeit, Startprobleme zu lösen. Aber von diesem großen Kredit kann nicht unaufhörlich nur abgehoben werden, er muß künftig durch bessere und umfassendere Möglichkeiten zur Entwicklung der Individualität und zur Befriedigung der Bedürfnisse auch in der Arbeit eingelöst werden.
Insgesamt zeigte sich vor allem bei der jungen Intelligenz, daß die Leistungsdifferenziertheit wuchs. Hochmotivierte und Befähigte konnten ihre Leistungen verbessern, weniger Befähigte wurden eher noch schwächer.
Gleichzeitig entstand noch ein weiteres Problem: Einsatz an Schlüsseltechnologien war für Facharbeiter häufig mit erheblichen Gehaltszulagen verbunden (teilweise in Zusammenhang mit Schichtarbeit). Dadurch veränderten sich die Lohnstrukturen weiter zugunsten der Facharbeiter, und die Unzufriedenheit der Hochschulkader über Einkommensgerechtigkeit nahm zu. Zu Diskussionen kam es auch wegen der zunehmenden Ungereimtheiten im Einkommen zwischen verschiedenen Industriezweigen.
Die Arbeitsinhalte und −bedingungen hängen nur teilweise von gegenwärtig nicht beeinflußbaren technischen und ökonomischen Parametern ab. Im Gegenteil. Es wachsen vor allem bei Computer− bzw. computergesteuerter Technik in der Regel die vorhandenen Gestaltungsmöglichkeiten. Damit erhöhen sich auch die potentiellen Möglichkeiten, die Werktätigen langfristig in die Vorbereitung des Einsatzes neuer Technik einzubeziehen, die Mitbestimmung der Werktätigen im Betrieb zu erweitern. In Verbindung damit, daß die neuen Techniken im Mittelpunkt des öffentlichen Interesses standen, wendeten viele Betriebsleitungen den Werktätigen, die an neuer Technik arbeiten sollten bzw. bereits daran arbeiteten oder sie herstellten, besondere Aufmerksamkeit zu, so daß ihr Einfluß auf Leitungsentscheidungen tatsächlich anwuchs. Sie wurden z.B. intensiver in die Plandiskussion einbezogen, ihre Vorschläge wurden ernster geprüft und eher berücksichtigt. Jedoch weisen gerade die Ergebnisse zur Plandiskussion darauf hin, daß die Möglichkeiten, demokratisch mitzubestimmen, sehr beschränkt waren. Nur etwa 20% der jungen Werktätigen unterbreiteten Vorschläge, die sich meist auf soziale Bedingungen bezogen (z.B. Pausenversorgung, Sanitäranlagen), wenigstens teilweise realisiert wurde davon höchstens die Hälfte.
Immerhin reichten aber die vorhandenen Ansätze zu einer stärkeren Einbeziehung junger Werktätiger in die Vorbereitung und den Einsatz der Computertechnik schon aus, um die teilweise Vergrößerung psycho−physischer Belastungen und eine partielle Einschränkung des Handlungsspielraumes zu kompensieren, und mehr noch, bei vielen Betroffenen ein überdurchschnittliches Engagement zu entwickeln. Dieses höhere Niveau der Einbeziehung der

Werktätigen in betriebliche Entscheidungen zeigte sich vor allem bei der Vorbereitung des Einsatzes der Technik und in der ersten Zeit danach. Dabei darf aber nicht übersehen werden, daß zwischen den einzelnen untersuchten Betrieben große Niveauunterschiede bestehen. Eine Ursache für diese erhöhte Mitbestimmung in der Einführungsphase liegt darin, daß viele neuartige Aufgaben und Probleme gelöst werden müssen, für deren Bewältigung meist kaum Erfahrungen vorliegen, unvorhergesehene Startschwierigkeiten gilt es zu überwinden. Als Folge belebten sich Initiative und demokratische Einflußnahme der Werktätigen auf Leitungsentscheidungen; es gibt viele Möglichkeiten für geistig—schöpferische Arbeiten. Im Laufe der Zeit fiel davon verbreitet ein großer Teil leider wieder Routine und Gewohnheit zum Opfer. Auch viele Kooperationsbeziehungen, die sich in der Einführungsphase entwickelt hatten und über die viele Anregungen und Erfahrungen ausgetauscht wurden, schliefen wieder ein.

Desweiteren hingen ökonomischer Nutzen und soziale Wirkungen der Technik entscheidend von ihrer Einbindung in die Arbeitsorganisation ab.

Traurige Realität im Betrieb war, daß viele Leiter sich erst dann für die Auswirkungen der Arbeit auf die Werktätigen zu interessieren begannen, wenn Probleme auftraten (in der Regel waren das erhöhte Fluktuation, mangelnde Bereitschaft zu Schichtarbeit oder zur Ausübung einer Leitungsfunktion).

Nachhaltigen Einfluß übt die Einführung der Computertechnik auf die Möglichkeiten zu schöpferischer Arbeit aus (vgl. dazu Spitzky 1987, 5).

Interessant wird es, die Entwicklung des Verhältnisses zu Spitzentechniken weiterzuverfolgen, wenn durch Marktwirtschaft Arbeitslosigkeit entsteht und ein sicherer Arbeitsplatz nicht mehr selbstverständlich ist. Auch ein möglicher Schub in der Lebensqualität wird den Blick verändern. Haltung zu Technik war bisher immer auch Haltung zum Lebensniveau der BRD, von der wissenschaftlich—technischen Revolution wurden nicht nur von der Bürokratie, sondern auch von den Werktätigen Möglichkeiten erhofft, die Lücke allmählich zu schließen. Problembewußtsein hatte hier wenig Raum, Kernkraft und Gentechnologie bewegen auch heute (Mai 1990) noch relativ wenige.

Schließlich ist auch von dem relativ stark entwickelten Umweltbewußtsein ein nachhaltiger Einfluß auf die Technikeinstellungen zu erwarten. In der BRD hat sich eine starke Umweltbewegung erst entwickelt, als bestimmte schwer wieder rückgängig zu machende Zerstörungen bereits vorhanden waren (z.B. Flächenversiegelung durch extensiven Straßenbau, einseitige Entwicklung des PKW—Verkehrs, Landschaftszersiedlung, Zerstörung von Feuchtbiotopen durch Melioration), in der DDR gibt es ein Umweltbewußtsein, bevor solche

Entwicklungen intensiv anlaufen. Allerdings gibt es auch ein starkes Streben nach höherem Lebensniveau und Ängste, daß durch konsequenten Umweltschutz entsprechende Entwicklungen gebremst oder verhindert werden. Schließlich haben sich die Werktätigen bisher vor allem als Objekte von kaum zu beeinflussenden Entscheidungen einer undurchschaubaren Bürokratie verstanden (vgl. Kasek 1989, 88f.). Verantwortlich für alles war der Staat, nicht der handelnde Werktätige. Die Marktwirtschaft wird diese Mentalität des Für – nichts – verantwortlich – seins erschüttern und damit auch die Technik und ihre Nutzung in neuem Licht erscheinen lassen.

Literatur

Ebel, K.H.: Social and labour implications of flexible manufacturing systems. In: International Labour Review, Vol. 124, 2, 1985, 133–145

Fischer, E.: Wissenschaftlich–technische Revolution und ihre Folgen für Arbeitsinhalt und Persönlichkeit. In: Wissenschaftlich–technische Revolution – Arbeit – Persönlichkeit. Sonderheft 37 der WZ der HfV Dresden. Dresden 1987, 52–65

Gerth, W.: Junge Werktätige und ihre Haltung zu Wissenschaft und Technik. In: Wissenschaftlich–technische Revolution – Arbeit – Persönlichkeit. Dresden 1987, 6–13

Gutzer, H.: Spiel und Spaß mit dem Computer. Leipzig/Jena/Berlin 1989

Kasek, L./Fischer, E./Spitzky, N./Thiele, G./Ulrich, G.: Die Entwicklung der Leistungsbereitschaft junger Werktätiger von 1986 bis 1988. Forschungsbericht, ZIJ. Leipzig 1988

Kasek. L.: Wissenschaftlich–technische Revolution und Persönlichkeitsentwicklung. Forschungsbericht, ZIJ. Leipzig 1988

Kasek, L.: Tendenzen in der Entwicklung der Leistungsbereitschaft junger Werktätiger. In: Wissenschaftlich–technische Revolution und Persönlichkeit. Leipzig 1989, 79–90

Kühnel, W.: Technikakzeptanz Jugendlicher. In: Wissenschaftlich–technische Revolution und Persönlichkeit. Leipzig 1989, 35–40

Rochlitz, M./Kasek, L.: 15 Jahre Studenten–Intervallstudie (SIS). In: WZ der HfV 36, 1, 1989, 35–43

Spitzky, N.: Wissenschaftlich–technische Revolution und Schöpfertum. In: Wissenschaftlich–technische Revolution – Arbeit – Persönlichkeit. Sonderheft 37 der WZ der HfV Dresden. Dresden 1987, 40–48

Anhang

Tab. 1: Erwartungen an Wissenschaft und Technik (nach Tätigkeitsgruppen) (Angaben in %)

Die Arbeitstätigkeit wird sich allgemein durch moderne Technik verändern. Pos. 1+2 = sehr stark bzw. stark und in Klammern die Einschätzung realer Veränderungen derer, bei denen neue Technik eingeführt wurde (Pos. 1+2)

	körperlich leichter	mehr neue Kentnisse erfordern	produk- tiver	interes- santer	schöpfe- rischer	nervlich beanspru- chender
gesamt	89 (26)	91 (72)	87	77 (41)	71 (66)	61
Mechaniker	88 (27)	88 (59)	91	77 (32)	69 (41)	51
Elektriker Elektronik–Facharb.	92 (30)	97 (75)	86	76 (57)	66 (69)	58
EDV–Facharbeiter	93 (57)	100 (81)	84	87 (58)	80 (70)	63
NC–Bediener	91 (67)	96 (94)	85	82 (58)	69 (67)	68
Technologen	87 (10)	93 (65)	91	76 (56)	78 (60)	59
Produktions– ingenieure	95 (12)	98 (71)	87	81 (45)	85 (75)	79
F/E–Ingenieure	91 (9)	95 (77)	92	69 (53)	76 (76)	71
Metallbearbeiter	95 (40)	91 (58)	86	75 (56)	68 (48)	55

Freizeit

Hans—Jörg Stiehler

Blicke in den Medienalltag Jugendlicher

Ein umfangreicher und frühzeitig selbstbestimmter Umgang mit den Massenmedien gehört seit Jahren zu den Normalitäten in den Lebens— und Entwicklungsbedingungen. Medien sind in den Alltag eingegangen, werden alltäglich genutzt. Damit verändern sich auch kulturelle "Modelle". Dieser epochale Trend läßt sich auch für die DDR—Jugend nachweisen, hatte aber in den 80er Jahren spezifische Züge. Diese resultieren aus den Konkurrenzsituationen, die die Medienkommunikation in der DDR vor allem beim Rundfunk (Hörfunk und Fernsehen) bestimmte.

In den letzten Jahrzehnten ist der Gebrauch der Massenmedien sowohl weltweit als auch in der DDR zur kulturellen Normalität, zu einer — zumindest quantitativ — bestimmenden Verhaltensweise geworden. Das berechtigt, diese Erscheinung als ein integratives Moment des gesetzmäßigen Vergesellschaftungsprozesses zu interpretieren.
Die "Mediatisierung" der Diskursformen und Kommunikationsweisen, wie von Lebensbedingungen und —tätigkeiten überhaupt, ihr Verflochtensein mit und Durchdringung von medienvermittelter Kommunikation, ist — wenngleich historisch älteren Datums — als ein in der Gegenwart sich vehement vollziehender Prozeß hervorzuheben. Die Medienentwicklung der letzten Jahrzehnte selbst — Pendant und notwendige Bedingung zeitgeschichtlicher Individualisierungs— und Zivilisationsschübe (Elias 1976) — hat daran ebenso Anteil wie die wissenschaftlich—technische Revolution mit ihren Umwälzungen in den Mitteln und Wegen der Informationsverarbeitung.
Medien werden so untrennbarer Bestandteil der Realität bis in die unmittelbaren Lebensbedingungen hinein. Und sie werden zunehmend Produzenten von Realität, nicht nur von "symbolischen Medienwelten".
Information, Bildung, Unterhaltung als geläufige Bezeichnungen für Medienfunktionen und individuelle Bedürfnisse zugleich sind unter den heutigen gesellschaftlichen Bedingungen nicht mehr nur durch die Individuen allein, quasi in "do—it—yourself"—Methode zu produzieren oder aus dem eigenen raum—zeitlich begrenzten Lebenshorizont und Erfahrungsraum zu gewinnen. Hier bedarf es, dem tatsächlichen Vergesellschaftungsgrad entsprechend, gesellschaftlicher, institutionalisierter, dem Massencharakter und dem zyklischen

Auftreten der jeweiligen kulturell – kommunikativen Ansprüche gemäß geradezu industrieller Lösungen. Dieses mediale Spannungsfeld − Universalisierung *und* Individualisierung von sozialen Beziehungen, Fähigkeiten und Bedürfnissen einerseits, Abhängigkeit der Weltbilder, Lebensstrategien, Sinnfindungen und Realitätsbilder andererseits − prägt heranwachsende Generationen heute. Das ist um so zwingender, als sich Kinder und Jugendliche vornehmlich in den kulturellen Formen und kommunikativen Verhältnissen der Gesellschaft bewegen.

Zu Beginn der 80er Jahre hatten Jugendliche wöchentlich zwischen 30 und 40 Stunden Freizeit (im Sinne frei verfügbarer Zeit − Ullrich 1981, S. 85) − Werte, die sich mittlerweile nur geringfügig verändert haben. Schüler auf der einen, junge Arbeiter auf der anderen Seite markieren die Unterschiede innerhalb der Jugend, verweisen auf die Bedingtheit von Lage und Umfeld der Freizeit durch die Haupttätigkeiten Lernen und Arbeiten (vgl. Hanke 1987, 1064f.).

Wollen wir den Mediengebrauch, hauptsächlich als Freizeittätigkeit bestimmt, hier einordnen, so fallen Besonderheiten auf. Als Primärtätigkeit (Haupttätigkeit) nehmen die verschiedenen Formen des Mediengebrauchs ca. 30−40% der Freizeit ein. Sie stehen also im Kontext einer überwiegend vielseitigen Freizeitgestaltung Jugendlicher (vgl. Wiedemann 1988).
Rechnen wir − aufgrund von Schätzwerten (ZIJ 1985; 1987) − den gesamten Mediengebrauch zusammen, so werden Werte erreicht, die denen der Freizeit insgesamt entsprechen. Ein Vergleich der in Zeitbudgeterhebungen ermittelten Zeitumfänge für den Mediengebrauch als Primärtätigkeit und den Schätzungen für den Gesamtaufwand macht − weniger im Sinne exakter Berechnungen denn von Anhaltspunkten − deutlich: Ca. 75% der Fernsehzeit, 50−60% der Zeit für Lesen und 10−15% der mit dem Hören von Rundfunk/Tonträgern verbrachten Zeit entfallen ausschließlich bzw. vorrangig auf den Mediengebrauch als Primärtätigkeit in der Freizeit. Der "Rest" betrifft Mediengebrauch, der parallel bzw. untergeordnet unter andere(n) Tätigkeiten der frei verfügbaren Zeit, der der Arbeitszeit und ihrer "Vorläufer" sowie der notwendigen Verrichtungen stattfindet. Diese vielfältigen Tätigkeitsbezüge wurden möglich mit zeit− und ortsflexiblen Medien. Zum Buch und der Zeitung sind hier Kofferradio, Recorder, Walkman getreten. Umgangsweisen haben sich entwickelt, die Medienrezeption auch ohne volle Konzentration ermöglichen oder die Programmangebote als "Hintergrund" nutzen, den man freilich rasch wieder zum "Vordergrund" werden lassen kann.

Diese Möglichkeiten machen indes den Arbeitsweg, die Hausaufgaben oder den Abwasch keineswegs zur Freizeit — ebensowenig, wie die Arbeit der Verkäuferin im beschallten Kaufhaus oder die des Betriebsschlossers in der (auch) mit Radio und Recorder bestückten Werkstatt. Aber sie bedeuten offensichtlich eine Art "Ökonomisierung" und "Dynamisierung" der Lebenszeit, die Freizeit eingeschlossen. Die hier deutlich werdende "Vernetzung" vieler Lebensprozesse mit dem Mediengebrauch hebt zwar dessen Charakter als Freizeittätigkeit (zunächst) nicht auf. Doch kann die Durchdringung verschiedenster Lebenssphären mit Mediengebrauch, den wir als Aneignung von Medienangeboten ohnehin nicht auf die zeitlichen Dimensionen des unmittelbaren Rezeptionsaktes begrenzen können, als eine seiner Entwicklungsrichtungen angesehen werden. In qualitativer Hinsicht ist ein erster "Umbruch" festzustellen: Es wachsen Kinder und Jugendliche in allen Klassen und Schichten unserer Gesellschaft heran, die frühzeitig mit den Medien in Kontakt kommen, früher eigenständige Strategien des Mediengebrauchs entwickeln (können und müssen). Ein Vergleich aktueller Forschungsergebnisse aus den 80er Jahren mit denen vom Ende der 60er/Anfang der 70er Jahre (s. Bisky 1984) läßt erkennen: Der auf das Gesamtangebot bezogene Mediengebrauch ist frühzeitig relativ stabil (lange vor dem 'offiziellen' Eintritt in das Jugendalter!), bestimmt und legitimiert kulturelle Ansprüche und Standards. Relativ ungerichtetes Ausprobieren und langsame, variierende Stabilisierung kultureller Verhaltensweisen im Jugendalter bezieht sich hingegen nun auf die nichtmedialen kulturellen Verhaltensweisen. Im Mediengebrauch ist nicht nur eine "Akzeleration" sichtbar, sondern auch eine "Umwertung": Radio und Recorder (und nicht Konzert), Fernsehen (und nicht Kino oder Theater), das Programm (und nicht das "Werk") sind die bestimmenden Modelle des rezeptiven Kulturgebrauchs, zentrale Bestandteile der Kultur im Alltag und des alltäglichen Kulturgebrauchs geworden. "Alltäglichkeit" des Mediengebrauchs — das also ist zum einen die regelmäßige und dominierende Verwendung der Medienangebote zur individuellen Reproduktion, ablesbar am Zeitaufwand, an Erwartungsstrukturen, an bevorzugten Inhalten.

Kommunikative Ansprüche an die Medien (und nicht nur an sie) ergeben sich wesentlich aus den Lebensbedingungen, auf deren globale, nationale und territoriale Dimensionen hier nur verwiesen werden kann. Weiterhin sind hierfür jene Erfordernisse, die zutreffend als "Entwicklungsaufgaben" bezeichnet worden sind und durch deren Realisierung Jugendliche Handlungsfähigkeit und Identität gewinnen, von besonderer Bedeutung.

Im Mediengebrauch Jugendlicher ist eine Suche nach Angeboten zu erkennen, die für die Bewältigung dieser "Entwicklungsaufgaben" nutzbar sind. Dazu

gehören vor allem solche gesellschaftlichen und individuellen, selbst organisierten kulturellen Kommunikationsmöglichkeiten, die
a) "Lebenshilfe" darstellen, indem sie das risikofreie Suchen, Prüfen und Annehmen von Verhaltensmodellen und −orientierungen gestatten, auf neue Lebensmöglichkeiten aufmerksam machen;
b) "zeitlich" von Lebensproblemen entpflichten (Entspannung, "Abschalten");
c) soziale Unterstützung und Absicherung versprechen;
d) den aktiven Ausdruck, die öffentliche Darstellung des Lebensgefühls und der errungenen Individualität gestatten.

"Alltäglichkeit" des Mediengebrauchs ist zum anderen eine bestimmte Art und Weise des Umgangs mit den Medien. Selbstverständlichkeit und Normalität des Mediengebrauchs, souveräner Umgang und hohe Medienerfahrung, hoher Grad an (psychischer) Automatisierung und Gewohnheitsmäßigem, Integration in vielfältige Situationen und Tätigkeiten, beiläufige und partielle Rezeption, vielfältige Aufmerksamkeitswechsel sind Merkmale, die diese Art und Weise näher beschreiben. Jedoch beschreiben diese Merkmale die Art und Weise des Mediengebrauchs allein noch nicht hinreichend, hier gibt es große individuelle Streuungen in Abhängigkeit von den Gebrauchszusammenhängen und −situationen, von Interessen und den Medienangeboten selbst. Es scheint deshalb angemessener, den im Mediengebrauch sich herausbildenden Rezeptionstyp als variierende Mischform von Konzentration und Beiläufigkeit, Versenkung und Distanz, Anstrengungen und Nichtanstrengungen zu interpretieren. Gerade die verschiedenen Formen des "recording" (Musik oder Video) deuten hier nicht nur auf Flexibilisierung und eigene Programmgestaltung hin, sondern auch auf eine Art Widerstand gegen "vorbeirauschende" Angebote. Zugleich können wir davon ausgehen, daß die Eingliederung des Mediengebrauchs in Alltagstätigkeiten diese selbst (um−)strukturiert, und zwar um so mehr, je weniger flexibel die Angebote genutzt werden können, je stärker die Abhängigkeit vom Programm gegeben ist.
Der Medienalltag produziert so vielfältige, z.T. fast nahtlos ineinander übergehende mediale Gebrauchsweisen. Hinzu kommt der multimediale Charakter der Medienwelten und Medienalltage. Deshalb muß zunächst der Medienalltag in seiner Vielgestaltigkeit erkundet werden. Wir wissen ziemlich genau, daß er sich in großen Teilen nicht nach dem Modell des "Lektionssaals" vollzieht (Dreßler/Wiedemann 1986). Versuchsweise könnte man solch ein anderes Modell mit dem Terminus "Supermarkt" abdecken. Gibt es weitere, andere Kommunikationsmodelle? Nötig wäre m.E. eine Typologie alltäglicher Kommunikationssituationen und −weisen.

Diese Typologie ließe auch Zeitverhältnisse im Mediengebrauch besser einschätzen. Verschiedene Untersuchungsergebnisse zusammengefaßt, läßt sich für 14— bis 25—jährige ein täglicher Medienkontakt von ca. 5 Stunden hochrechnen, der zu ca. 60% durch das Hören von Rundfunkprogrammen (ca. 2 Stunden) und Tonträgern (ca. eine Stunde), zu ca. 25% durch Fernsehen (ca. 1,2 — 1,5 Std.) und zu ca. 15% durch das Lesen von Zeitungen und Zeitschriften bzw. Büchern (ca. 0,4 — 0,5 Stunden) entsteht (ZIJ 1987). Dabei handelt es sich offenkundig um einen kulturellen Stereotyp, der auch den Rahmen für Veränderungen im Mediengebrauch in einer neuen Medienlandschaft abgibt.

Tab. 1: Zeitaufwand für Grundformen des Mediengebrauchs
(in Stunden nach Stichtagprotokollen)

	gesamt	Hören Rundfunk	Tonträger	Fernsehen	Lesen Zeitungen	Bücher
Schüler (7./8. Klasse in einer Großstadt)	6,0	1,9	1,7	1,5	0,4	0,5
Lehrlinge	5,0	1,8	1,4	1,1	0,4	0,4
Studenten	4,1	1,6	0,9	0,4	0,5	0,7
jg. Arbeiter	4,5	1,9	0,7	1,3	0,4	0,3
jg. Angestellte	5,3	2,3	0,8	1,1	0,5	0,6

Die dargestellten Werte sind Durchschnittswerte, auf alle Jugendliche bezogen. Da die tägliche Reichweite der Medien unterschiedlich ist (am Stichtag hatten zwischen 70% und 80% Radio gehört, zwischen 55% und 65% Tonträger genutzt, 60% bis 70% ferngesehen, 75% bis 85% Zeitungen/ Zeitschriften und 30—40% Bücher gelesen), liegt der Zeitaufwand der tatsächlichen Nutzer pro Tag allerdings höher.

Im internationalen Vergleich, z.B. mit unseren Nachbarländern zeigen sich auf der Ebene von Zeitstrukturen und —umfängen im Mediengebrauch Übereinstimmungen. Diese beruhen auf verschiedenen Faktoren, vor allem auf analogen Zeitrhythmen des Alltags werktätiger Klassen und Schichten (und ihrer Jugend) (vgl. Herold 1987).

Auch wenn exakte Vergleiche fehlen, gibt es — u.a. aus internationalen Erfahrungen heraus — berechtigten Anlaß zu vermuten, daß in den letzten 10 Jahren die zeitlichen Dimensionen des Mediengebrauchs keine grundlegenden

Veränderungen erfuhren und auf hohem Niveau stagnieren. Für die weitere Entwicklung kann angenommen werden, daß neue, erweiterte Angebote in den Medien eher zur Umstrukturierung der bisher schon den Medien gewidmeten Zeit und zur verstärkten Zuwendung zu nutzungsflexiblen Medienangeboten denn zur zeitlichen Ausdehnung des Mediengebrauchs führen können (Warnecke 1988/Stiehler 1984).

Wichtiger sind (natürlich?) inhaltliche Tendenzen, denen diese Veränderungen auch heute folgen. Übergreifend lassen sich folgende inhaltlichen Tendenzen ableiten:

Erstens: Der Mediengebrauch ist hochgradig internationalisiert. Das ist zunächst ein Resultat des hohen Importanteils in unseren Medien und – bezogen auf die Schwerpunkte des Mediengebrauchs – seiner überproportionalen Plazierung auf besten Programmplätzen, z.B. im Fernsehen (Jakab 1985). Das ist weiterhin Resultat der in den 80er Jahren vermehrt registrierten Verschiebung des Mediengebrauchs zugunsten der – vor allem aus der BRD – einstrahlenden Medien (s. Tab. 2).

Tab. 2: Mehrmals wöchentliche Nutzung von Rundfunk und Fernsehen der DDR und der BRD (in Klammern: tägliche Nutzung); 1988/89 meint Winter, 1989 meint Okt./Nov.
(Angaben in %)

		DDR – Rundfunk	Fernsehen	BRD – Rundfunk	Fernsehen
Lehrlinge	1983	84 (48)	89 (42)	nicht erhoben	
(16–19)	1985	58 (23)	74 (34)	82 (47)	67 (39)
	1988	38 (13)	70 (29)	90 (60)	73 (39)
	1988/89	45 (23)	68 (34)	87 (66)	79 (57)
	1989	50 (20)	73 (27)	86 (64)	93 (65)
junge	1983	80 (41)	87 (41)	nicht erhoben	
Arbeiter	1985	76 (35)	89 (47)	80 (47)	77 (41)
(18–25)	1988	43 (25)	74 (51)	87 (45)	78 (39)
	1988/89	54 (34)	73 (42)	85 (62)	77 (55)
Schüler	1988	40 (17)	67 (21)	88 (66)	96 (74)
	1989	42 (18)	70 (26)	81 (57)	98 (74)

Unter den Konsequenzen dieser Form der Internationalisierung sind vor allem die folgenden von Bedeutung:
- die Bestimmung der kommunikativen Wertmaßstäbe, vor allem hinsichtlich medienästhetischer Standards durch internationale Produkte (in erster Linie von transnationalen Medienkonzernen);
- die beständige Konfrontation mit "anderen" Lebensweisen, Haltungen sowie mit gesellschaftlich "entspezifizierten" inhaltlichen Angeboten, die Medienkonzerne weltmarktgerecht produzieren und die zu konkretisieren, in bezug auf den eigenen Lebenszusammenhang anzueignen, (jugendlichen) Rezipienten aufgegeben ist;
- eine – im konkreten Fall der DDR als Verlust zu betrachtende – Veränderung der massenmedial vermittelten Auseinandersetzung mit den Lebensproblemen und –perspektiven des Landes.

Internationalisierung des Mediengebrauchs bedeutete so zunehmend eine Herausforderung an die Qualität, den ideellen Gehalt und die künstlerische bzw. publizistische Meisterschaft der DDR–Medienangebote. Diese Herausforderung wurde deutlich nicht bestanden.

Zweitens: Innerhalb des Mediengebrauchs dominieren eindeutig die populären Gattungen und Genres der darstellenden Künste (einschließlich ihrer Misch- und Nebenformen: Mediensport, Videoclips usw.) und der Musik. Daß auch in diesen Formen Werte und Sinnansprüche zur Diskussion stehen, wird kaum noch bezweifelt (Franz 1986, 197ff.). Dieser Diskurs verläuft allerdings unter der Dominanz des "Sinnlichen" (des Visuellen, des Klanglichen), des Spielerischen und Fiktionalen, bestimmter dramaturgischer Gestaltungsmodelle (der Serie, des Westerns usw.). Die Diskussion über deren Wert dieses im Kern "unterhaltsamen Verkehrs" ist noch nicht abgeschlossen.
Neben "Geschmäcklerischem" und dem Beharren auf abstrakten Standards ('das' Buch, 'klassische' Kulturmodelle usw.) kommt dabei auch sehr bzw. eher Bedenkenswertes zum Tragen (z.B. die nicht unbegründete Warnung vor Surrogatfunktionen von Unterhaltung).

Drittens: Die politische Instrumentalisierung des DDR–Mediensystems in Gestalt eines "Überzeugungs"–Modells gesellschaftlicher Kommunikation von oben nach unten wurde dysfunktional gegenüber vielfältigeren, widersprüchlicheren und komplexeren gesellschaftlichen und individuellen Problemlagen, Interessen und Erfahrungen der 70er und 80er Jahre. Konjunkturen problemorientierter und auch selbstbewußter Realitätsauseinandersetzungen (z.B. in den eigenen Film- und Rockmusikproduktionen zu Mitte/Ende der 70er Jahre) fanden ihr rasches Ende oder wurden verdrängt in Rand— und Subzonen der territorialen Kultur und Kunst, in "insider"—Kulturen mit z.T. beträchtlicher Massenwirkung. Lediglich in Teilbereichen hielten sich oder re—vitalisierten sich "Teilöffentlichkeiten", allerdings in einer von Jugendlichen mehrheitlich nicht getragenen Subtilität. Die Schere zwischen den interessanterweise fortbestehenden Erwartungen an die DDR—Medien nach Realitätserkundung und —verarbeitung einerseits und deren nur teilweisen Befriedigung durch die Medien (immer schon Konfliktfeld, aber lange Jahre als alltägliches Ärgernis verarbeitet) andererseits wurde spätestens mit "Glasnost"—Signalen aus dem Osten zum vorrangigen Problem.

Es ist als Zusammenfassung vielfältiger Untersuchungsergebnisse festzustellen, daß im Verlauf der 80er Jahre die Medien zunehmend als eines der zentralen geistigen Vermittlungsglieder zwischen Gesellschaft und Individuum (bzw. Partei, Staat und Gesellschaft) wegfielen und hinsichtlich ihrer Leistungen für Individuum und Gesellschaft zunehmend ignoriert wurden. Das erzwang "spontane" Ersatzleistungen, die — eben aufgrund der Unersetzbarkeit der Medienkommunikation — nur begrenzt wirksam wurden und das Kommunikationssystem der DDR erst recht erodieren ließen. Dazu zählen u.a.:

— der Ausstieg bzw. Nicht—Einstieg aus dem/in das DDR—Mediensystem (zumindest deren explizit politischen Dimensionen);
— die funktionale "Überlastung" von Formen bzw. institutionellen Trägern mündlicher Kommunikation wie Lehrer, Funktionäre, Leiter sowie von Kunst (da z.T. in diese medialen Zusammenhänge eingebettet), aber auch der Kirche usw.;
— die massenhaft im Mediengebrauch nachvollzogene Abgabe von Informationsfunktionen an die BRD—Medien;
— die Entstehung von "Gegenöffentlichkeiten" in organisierter und spontaner Form (z.B. Gerüchte, Kaffeesatzdeutendes, Zwischen—den—Zeilen—Lesen);
— Entmutigung gesellschaftlichen Engagements.

In gewisser Hinsicht vollzogen sowohl die Medien als auch das Publikum eine Entkoppelung von Lebensalltag und "Medienrealität". Integrative Leistungen konnte die DDR—Mediensphäre damit nicht mehr bringen.

Viertens: Mediengebrauch ist unter DDR—Jugendlichen mehrheitlich nicht nur ein aktiver Prozeß schlechthin, sondern durch relativ hohe Selektivität und Souveränität als Entwicklungstendenz gekennzeichnet. Zu hoher Selektivität zwingt bereits der relativ stabile Zeitfonds für (konzentrierten) Medien-

gebrauch angesichts wachsender Angebote. So läßt sich im Vergleich mit der seit Beginn der 80er Jahre deutlich gewachsenen Anzahl der in den in der DDR empfangbaren Fernsehprogrammen eingesetzten Spielfilme keine Steigerung der Zahl der gesehenen Spielfilme, sondern eher eine rückläufige Tendenz nachweisen (ZIJ 1985). "Zeitnot" (Neumann−Bechstein 1988) ist eine, unter den angespannten zeitlichen Bedingungen des DDR−Alltags erst recht normale Lebensform, die den Mediengebrauch sowohl begünstigt als auch hemmt. In den "Wendezeiten" ist sie Erfahrung von Allgemeingut geworden.
Ein großer Teil des sekundären Mediengebrauchs 'nebenbei' oder der Erscheinungen des Durchschaltens, raschen Programmwechsels usw. lassen sich jedoch als Strategien deuten, dem Selektionsdruck und der Gefahr, etwas Wichtiges zu verpassen, zu begegnen. Die verschiedenen Formen der Recordernutzung sind auch eine Art von Widerstand gegen "vorbeirauschende" Angebote.
Souveränität ist in den (biographisch zunehmenden) Momenten des Ausprägens eigenständiger Medienerfahrungen und Gebrauchsstrategien, in den verstärkten Zügen eigener "Programmgestaltung" (die das Angebot als "Materiallieferung" nimmt), aber auch des Prägens einer kritisch−begutachtenden Haltung und eines spielerischen Umgangs gegenüber dem Medieninhalt und der in ihnen dargestellten Prozesse, agierenden Personen usw. aufzufinden. Letzteres konnte in Untersuchungen vor allem zur Rezeption von Gegenwartsfilmen nachgewiesen werden (vgl. Stiehler/Wiedemann 1987). Diese Belege deuten dabei auf Wechselbeziehungen zwischen sozialen Erfahrungen und Kompetenzen und solchen im Mediengebrauch.

Fünftens: Mediengebrauch fungiert in verschiedensten alltäglichen (Gebrauchs−)Zusammenhängen und enthält aus diesen heraus auch vielfältige subjektive Bestimmungen. Er ist in diesem Sinne nicht allein eine Beziehung zwischen Programm und (jugendlichem) Publikum, sondern auch Mittel der Beziehungsgestaltung, der Strukturierung der Lebenszeit, des Spiels usw. Was Wicke (1987, 248f.) von der Rockmusik schreibt, gilt analog für andere massenmedial produzierte und verbreitete "kulturelle Texte". Sie wird "im Alltagsleben redimensionalisiert, erweitert um Dimensionen, die weder vom gesungenen Text noch von der Musik ablesbar sind, aber darin so etwas wie einen Rahmen finden. Was am Ende dann zählt, sind nicht die musikalischen und textlichen 'Botschaften', sondern die Songs bilden ein bewegliches Koordinatensystem kultureller Aktivitätsfelder des Alltags. der Freizeit, das offen ist für verschiedene Möglichkeiten des Gebrauchs, der Sinngebung, der Lust, der Sinnlichkeit und des Vergnügens". Es zeichnet sich hier ab, daß gerade die Multifunktionalität, die Möglichkeit, verschiedene kommunikative Ansprüche 'kombiniert' und simultan einzulösen, für Präferenzen im Mediengebrauch wesentlich sind.

Die "Paßfähigkeit" weiter Teile der Untersuchungsergebnisse zum Medienalltag Jugendlicher in der DDR mit internationalen Trends einerseits und das "mediale Ausweichen" gegenüber hauseigenen *Indoktrinationsstrategien* (wenigstens in der Freizeit) andererseits unterstützen Positionen, die Jugendliche als "Konstrukteure" ihrer eigenen Medienwelt und Weltbilder sehen (Heyl 1989). Allerdings schweben diese "Konstrukteure" nicht frei über der Realität. Lebensbedingungen (Zeitstrukturen, Realitätserfordernisse, Familienverhältnisse u.a.) und dominierende Medien−/Kommunikationsverhältnisse in ihrem Zu− und Gegeneinander bilden einen wohl recht festen Rahmen, in dem Medienalltag sich vollzieht.

Da von einer Stabilität der Freizeitinstitutionen und −gewohnheiten in den nun stattfindenden Umbruchprozessen nicht mehr ausgegangen werden kann, verändern sich auch die Medienalltage. Schon im Jahr 1990 haben sich nachhaltige Veränderungen in der Mediensphäre, den medienrechtlichen Voraussetzungen, den Anbietern und Angebotsstrukturen, bei Preisen und Gebühren und schließlich auch im Mediengebrauch selbst vollzogen. Blicke nach vorn sind jedoch aufgrund einiger ungeklärter Fragen − so die nach der konkreten Gestalt der Rundfunkordnung in der Ex−DDR − erschwert. Von zwei Umständen darf jedoch ausgegangen werden:
1. Der Mediengebrauch wird sich in der Freizeitsphäre insgesamt, die selbst von den institutionellen Voraussetzungen und Freizeitinteressen her erheblichen Verwerfungen ausgesetzt ist, als ein stabiles Moment erweisen.
2. Da sich die alltäglichen Lebensbedingungen, vor allem die Zeitstrukturen, kaum rasch verändern dürften, und die Zeit für Mediennutzung ohnehin schon nahe der "Decke" ist, wird es zu einer Umverteilung der Medienzeit kommen. Von dieser Umverteilung dürften "neue" Medien (Video, Kabel−TV) ebenso profitieren wie der geöffnete, dichtbesetzte Printmedienmarkt.

Auf diesen Gebieten deutet alles auf "Nachholen" hin. Durch "Westfernsehen" (und −rundfunk) sowie unter der Hand kursierende Blätter schon vorbereitet, wird es − eventuell nachhaltig − zu einem "Run" auf die Segnungen des freien Medienmarktes kommen.

Weitere Voraussetzungen sind unklar, so z.B. die Fortexistenz einiger ehemaliger DDR−Medien mit z.T. beachtlicher Resonanz (wie die Tageszeitung "Junge Welt", der Rundfunksender "DT 64" oder die TV−Sendung "elf 99"), Anzahl und Charakter der von den neuen Ländern (einzeln oder gemeinsam) veranstalteten Programme, der Zugang von privaten Veranstaltern bei Hörfunk und Fernsehen. Sicher wird sich relativ schnell eine deutliche Verbesserung der Medienzugänge — in der Zahl wie der Qualität der Unterhaltungselektronik im Besitz von Jugendlichen ergeben, die die Lücke zwischen den alten und neuen Ländern kleiner werden läßt. Und sicher: der vergleichsweise frühe und hohe Einstieg von Kindern und Jugendlichen in die Tagespresse — ein Erbe früherer Zeiten — wird wenigstens noch eine Reihe von Jahren anhalten.

Von diesen Besonderheiten abgesehen, läßt sich für die Medienwelten Jugendlicher wohl am ehesten von allen Lebensbereichen ein reell (und nicht nur administrativ) einheitliches Deutschland prognostizieren. In den Strukturen und Gebrauchsformen, z.T. auch in den Inhalten, waren die Unterschiede so groß ja nie, auch wenn manche Medien— und Freizeitmode ihre Zeit brauchte auf dem Wege von West nach Ost und "Umleitungen" hatte.
Diese Ähnlichkeiten in den Medienwelten werden nur das eine sein. Das andere und wohl wichtigere: Jugendliche in den neuen Ländern werden auf schwer absehbare Zeiten stärker als ihre Altersgenossen auf die Medien angewiesen sein. Auf die Umbrüche in den Lebenswelten, auf neue Informations— und Orientierungsbedürfnisse können die Medien schneller, operativer eingehen. Das gibt ihnen — in Zeiten sozialer Dynamik und Spannung — ein Einflußpotential, wie es kaum in den Lehrbüchern der Medienforschung steht. Und: so lange die freizeitkulturellen Infrastrukturen in den neuen Ländern noch zusammenbrechen, werden die Medien in eine gewisse Monopolstellung kommen, aus der zu verdrängen schwer fallen dürfte.

Literatur

Bisky, L.: Nutzung der Massenmedien durch Jugendliche. In: Friedrich, W./ Gerth, W. (Hrsg.): Jugend konkret. Berlin 1984

Dreßler, R./Wiedemann, D.: Von der Kunst des Zuschauens. Berlin 1986

Elias, N.: Über den Prozeß der Zivilisation. Frankfurt/M. 1976

Franz, M.: Wahrheit in der Kunst. Neue Überlegungen zu einem alten Thema. Berlin/Weimar 1986

Hanke, H.: Freizeit in der DDR — Tendenzen und Perspektiven. In: Weimarer Beiträge 7, 1987, 1064—1077

Hejl, P.M.: Gibt es eine Medienwirkung? In: Medien im Alltag von Kindern und Jugendlichen. Methoden, Konzepte, Projekte. München 1989, 59—72

Herold, I.: Zeitstrukturen der Lebensweise unter den Bedingungen der Intensivierung — Schichtarbeit und kultureller Alltag. Diss. A 1987. Berlin, Akad. für Gesellschaftswissenschaften

Jakob, Z.: Television Programmes on Offer in Some Socialist Countries. In: Jèl—Kép. Special Edition for the Cultural Forum. Budapest 1985, 151—154

Neumann—Bechstein, W.: Zeitnot — Veränderungen in den Zeitstrukturen und Folgen für das Programmfernsehen. In: Rundfunk und Fernsehen 2, 1988, 174—188

Stiehler, H.—J.: "Neue Medien" und die Entwicklung von Kommunikationssystemen. In: Beiträge zur Film— und Fernsehwissenschaft 5, 1984, 27—46

Stiehler, H.—J./Wiedemann, D.: Medienwirkungen als Analysegegenstand. In: Beiträge zur Film— und Fernsehwissenschaft 29, 1987, 140—157

Ullrich, G.: Das Zeitbudget Jugendlicher. In: Die Freizeit der Jugend. Berlin 1981, 76—78

Warnecke, P.: Der Gebrauch der elektronischen Massenmedien im Alltag der Werktätigen der DDR. In: Rundfunkjournalistik in Theorie und Praxis 1, 1988, 7—97

Wicke, P.: Rockmusik. Zur Ästhetik und Soziologie eines Massenmediums. Leipzig 1987

Wiedemann, D.: Wechselbeziehungen der Künste und Persönlichkeitsentwicklung junger DDR—Bürger. Theoretische Positionen und empirische Ergebnisse. Diss. B 1988. Berlin, Akademie für Gesellschaftswissenschaften

ZIJ: Entwicklungstendenzen kultureller Bedürfnisse und Verhaltensweisen in der ersten Hälfte der achtziger Jahre. Forschungsbericht. Zentralinstitut für Jugendforschung, Leipzig 1985

ZIJ: Das Verhältnis Jugendlicher zur populären Musik. Forschungsbericht. Zentralinstitut für Jugendforschung, Leipzig 1987

Cordula Günther

Wertorientierungen und Mode- und Bekleidungsverhalten von Jugendlichen

Wertorientierungen fungieren auch auf dem Gebiet des Bekleidungsverhaltens als Verhaltensregulative. Das belegen Ergebnisse von Studien in der zweiten Hälfte der 80er Jahre. Anhand von drei Wertorientierungstypen (Typ Lebensstandard, Typ kreative Selbstvervollkommnung, Typ Arbeit/Familie) werden Zusammenhänge zwischen Lebenswerten und Modeinteressen, Reagieren auf Modetrends, Motive des Bekleidungsverhaltens sowie Quellen für modische Anregungen und Kaufgewohnheiten nachgewiesen.

In einer Studie zum Mode- und Bekleidungsverhalten von Jugendlichen (durchgeführt im Herbst 1985 bei über 2000 Jugendlichen zwischen 16 und 25 Jahren) wurde auch erfragt, welche Bedeutung modische Kleidung innerhalb unterschiedlicher Lebenswerte einnimmt. Die Absicht, sich immer modisch kleiden zu können, erwies sich hierbei zwar als unwichtiger als andere Lebenswerte und -ziele, trotzdem waren es 60% der Jugendlichen, die auf Kleidung großen Wert legten (für 20% von ihnen hatte sie sogar sehr große Bedeutung). Im Verlauf der 2. Hälfte der 80er Jahre wurde modische Kleidung zunehmend wichtiger in der individuellen Werthierarchie. Dies läßt sich anhand anderer Untersuchungen aus diesem Zeitraum nachweisen (vgl. Tab. 1, 2 und 3). Bereits bei Schülern von der 3. Klasse an war schicke Kleidung ein erstrebenswertes Ziel.

Die Ursachen für diesen Bedeutungsanstieg von modischer Kleidung sind als vielfältig und komplex anzusehen. Sie stehen sowohl im Zusammenhang mit der steigenden Bedeutung von Freizeit, von Lebensgenuß und Selbstbestimmtheit in vielen Lebensbereichen, wie sie zum Ende der achtziger Jahre nachgewiesen werden konnten. Sie sind auch Ausdruck eines gestiegenen materiellen und kulturellen Entwicklungsniveaus, das jenseits der Befriedigung des Grundbedürfnisses nach Kleidung verstärkt zum *Wie* dieser Bedürfnisbefriedigung übergehen konnte. Sie waren aber u.E. auch Ausdruck einer zunehmenden Ästhetisierung, die häufig in stagnierenden Gesellschaften zu beobachten ist.

Tab. 1: Bedeutung des Lebenswertes "Mich immer modisch kleiden zu können" — junge Arbeiter (1985)
(Angaben in %)

	Das hat für mich				
	1 sehr große Bedeutung	2 große Bedeutung	3 mittlere Bedeutung	4 geringe Bedeutung	5 überhaupt keine Bedeutung
männlich	14	38	35	10	3
weiblich	27	48	22	3	0

Tab. 2: Bedeutung des Lebenswertes "Mich immer modisch kleiden zu können" — junge Arbeiter (1988)
(Angaben in %)

	Das ist für mich				
	1 sehr wichtig	2	3	4	5 überhaupt nicht wichtig
männlich	42!	31	19	6	2
weiblich	57!	35	5	2	1

Tab. 3: Bedeutung des Lebenswertes "Schicke Kleidung tragen" — Schüler–Intervall–Untersuchung 1985 — 1988 (4stufiges Antwortmodell)
(Angaben in %)

	Das ist für mich sehr wichtig (Antwortposition 1)	
	Jungen	Mädchen
Klasse 3	26	31
Klasse 4	17	21
Klasse 6	26	36
Klasse 7	23	34

Wertorientierungen können auch auf dem Gebiet des Bekleidungsverhaltens als Verhaltensregulative angesehen werden. Wir gehen davon aus, daß nicht nur die Tatsache, ob ein Jugendlicher modischer Kleidung große oder nur durchschnittliche Bedeutung beimißt, sein konkretes Kleidungsverhalten beeinflußt, sondern daß seine gesamte Wertstruktur auch Einfluß auf seinen Umgang mit Bekleidung und Mode hat. Betrachtet man Bekleidungs— und Modeverhalten als Bestandteil eines komplexen kulturellen Lebensstils, so liegt es auf der Hand, daß dieser durch Faktoren wie Wertorientierungen maßgeblich mitbestimmt wird.

Durch ein spezielles Auswertungsverfahren (Faktorenanalyse) wurden aus einer Batterie von 15 Lebenswerten drei Faktoren gewonnen, die einzelne Aussagen zu materiellen Werten (Typ Lebensstandard), zu Werten kreativer und kultureller Selbstverwirklichung (Typ kreative Selbstvervollkommnung) und zu Werten, die sich auf Arbeit und Familie beziehen (Typ Arbeit/Familie), zusammenfassen.

Die 15 vorgegebenen Werte bezogen sich auf die subjektive Bedeutsamkeit folgender Sachverhalte:
— gute Freunde
— gute Arbeits—/Ausbildungsleistungen
— glückliches Ehe— und Familienleben
— gute Kollektivbeziehungen
— Erfüllung in der Arbeit
— Geld verdienen
— ausreichend frei verfügbare Zeit
— hoher Lebensstandard
— gesellschaftliche Nützlichkeit der eigenen Tätigkeit
— komfortable Wohnung
— modische Kleidung
— gesicherte Zukunftsperspektiven
— schöpferische Entfaltung in Beruf/Freizeit
— Beschäftigung mit Kunstwerken und Medien
— ständiges Lernen in allen Bereichen

Abhängig davon, ob eine der drei oben genannten Wertorientierungsstrukturen bei den Jugendlichen *dominiert* (d.h. jedenfalls *nicht, ausschließlich* vorhanden ist) oder kaum ausgeprägt ist, ergaben sich auch Unterschiede im Umgang mit Mode und Bekleidung (vgl. Tab. 4 u. 5).

Tab. 4: Zusammenhänge von Modeinteresse und ausgewählten Wertorientierungen und typischen Formen des Freizeitverhaltens (Diese Zusammenhänge zeigen sich bei beiden Geschlechtern)
(Angaben in %)

	Ich interessiere mich für die Mode			
	sehr stark	stark	wenig	überhaupt nicht
Bedeutung Lebensstandard				
groß	36!	51	13	0
mittel	22	56	21	1
gering	13!	52	32	3
Bedeutung kreative Selbstvervollkommnung				
groß	36!	47	16	1
mittel	23	55	21	1
gering	17!	55	26	2
Bedeutung Arbeit/Familie				
sehr groß	34!	49	16	1
groß	24	58	18	0
gering	16!	50	30	4

1. Typ Arbeit/Familie

Diese Jugendlichen sind zunächst genauso modeinteressiert wie andere Jugendliche auch. Daß Mode vielleicht weniger wichtig wäre, wenn man sehr stark auf Arbeit und Familie orientiert ist, erweist sich somit als kurzschlüssig. Die Stärke des Modeinteresses sagt jedoch noch nichts über das Erscheinungsbild, über die Art und Weise, sich modisch zu stilisieren und zu präsentieren. Da die Struktur der für diese Jugendlichen bedeutsamen Werte interpretiert werden kann als eine starke Verinnerlichung gesellschaftlicher "Sollwerte" (Arbeitsleistungen, Kollektivbewußtsein usw.), kann auch ihr Modeinteresse

Tab. 5: Reagieren auf neue Modetrends in Abhängigkeit von ausgewählten Wertorientierungen und typischen Formen des Freizeitverhaltens (Diese Zusammenhänge zeigen sich bei beiden Geschlechtern)
(Angaben in %)

Ich schließe mich neuen Modetrends an

1 sobald als möglich
2 erst, wenn er keine Einzelerscheinung mehr ist
3 erst, wenn er sich sehr stark durchgesetzt hat
4 zu einem späteren Zeitpunkt/gar nicht
0 darüber habe ich noch nicht nachgedacht

	1	2	3	4	0
Bedeutung Lebensstandard					
groß	35!	32	19	5	9
mittel	21	38	21	10	10
gering	11!	35	22	19	13
Bedeutung kreative Selbstvervollkommnung					
groß	34!	29	14	12	11
mittel	21	38	23	9	9
gering	16!	39	22	11	12
Bedeutung Arbeit/Familie					
sehr groß	29	35	19	8	9
groß	23	37	20	10	10
gering	20	29	23	13	15

und ihr Reagieren auf Modetrends gewertet werden als ein ausgeprägtes Normbewußtsein, d.h. in diesem Falle als Bestreben, sich mit den modischen Normen der Gesellschaft in Übereinstimmung zu bringen. Dafür spricht auch die Tatsache, daß sie das Mitmachen eines neuen Modetrends stärker als andere Jugendliche davon abhängig machen, wie weit sich diese Mode bereits gesellschaftlich durchgesetzt hat. Modische Anregungen beziehen diese Jugendlichen stärker als andere Jugendliche aus der "Jungen Welt", aus dem "neuen Leben", aus Modezeitschriften der DDR und aus den Angeboten unserer Geschäfte und Schaufenster. Dies spricht dafür, daß die modischen Normen unserer Gesellschaft für diese Jugendlichen eine größere Rolle spielen als für andere Jugendliche. Obwohl in vielen weiteren modebezogenen Verhaltensweisen kaum Unterschiede zu anderen Jugendlichen nachweisbar sind (im Kaufverhalten, in Umfang und modischer Aktualität der eigenen Garderobe), dürften die oben beschriebenen Einstellungen und Quellen für modische Anregungen auch einige sichtbare Unterschiede zu anderen Jugendlichen mit sich bringen.

2. Typ kreative Selbstvervollkommnung

Jugendliche dieses Typs sind sehr modeinteressiert, und ein relativ großer Teil von ihnen reagiert schnell auf neue Modetrends. Ihr Modeinteresse kann gewertet werden als spezifischer Ausdruck künstlerisch−kreativer Orientierung bzw. als Bemühen um die eigene Vervollkommnung oder Kultivierung.
Diese Jugendlichen unterscheiden sich von anderen vor allem durch andere Absichten und Motive, die sich mit ihrem Modeverhalten verbinden. Für sie spielen *individuelle* Maßstäbe eine wichtigere Rolle als für andere Jugendliche; d.h., die Tatsache, daß ein Modetrend auch zum eigenen Typ passen muß, und die Absicht, mit Kleidung die eigene Individualität zu unterstreichen, sind bei ihnen besonders ausgeprägt.
Trotz starker individueller Maßstäbe beziehen auch diese Jugendlichen modische Anregungen. Sie nutzen hierbei die gleichen Quellen wie andere Jugendliche auch, allerdings werden "reine" Modezeitschriften (ausländische und solche aus der DDR) stärker genutzt, wenn diese Werte an Bedeutung gewinnen. Zusammenhänge gibt es auch zwischen der vorwiegend auf Kreativität orientierten Wertorientierungsstruktur und der Selbstfertigung von Kleidung. Dies verweist auf einen wechselseitigen Einfluß von Tätigkeiten auf Werte und von Werten auf Tätigkeiten.
Jugendliche, für die die kreative Selbstvervollkommnung große Bedeutung hat, besitzen mehr selbstgefertigte Kleidungsstücke als andere Jugendliche. Auch die von ihnen angegebenen Lieblingskleidungsstücke waren etwas häufiger als bei anderen Jugendlichen selbstgefertigt.
Wenn Kaufabsichten nicht realisiert werden können, weichen sie etwas stärker als andere auf Selbstfertigung aus.

3. Typ Lebensstandard

Die meisten und die stärksten Zusammenhänge gibt es zwischen solchen Werten, die die Bedeutung des Lebensstandards beinhalten, und modebezogenen Einstellungen und Verhaltensweisen. (Da der Typ Lebensstandard auch die Einstellung zu modischer Kleidung beinhaltet, wurden die Zusammenhänge auch ohne den Modeindikator überprüft. Sie waren ebenso stark ausgeprägt, so daß eine Selbstkorrelation von Lebenswert Mode mit anderen Einstellungen zur Mode ausgeschlossen werden kann.)
Großes Modeinteresse läßt aber nicht ausschließlich auf materielle Lebensorientierung schließen. Großes Modeinteresse und ein schnelles Reagieren auf neue Modetrends sind jedoch bei Jugendlichen, für die der Lebensstandard eine große Bedeutung hat, besonders stark ausgeprägt. Daneben haben noch andere Werte Bedeutung.
Absichten und Motive ihres Bekleidungsverhaltens zeigen folgende Besonderheiten: Die Orientierung am Modeverhalten des Freundeskreises ist bei Jugendlichen des Typs Lebensstandard stärker ausgeprägt als bei anderen, ebenso das Abgrenzen von älteren Erwachsenen. Modische Anregungen beziehen diese Jugendlichen weitaus stärker als andere aus *internationalen Medienbeiträgen* (ausländische Modezeitschriften und modische Anregungen durch Stars werden von ihnen öfter genutzt). Internationale Modeeinflüsse kommen bei diesen Jugendlichen insgesamt stärker zum Tragen.
An die Qualitätseigenschaften von Kleidung stellen diese Jugendlichen höhere Anforderungen als andere, besonders an die modische Aktualität (modische Gestaltung, modische Farben, modisches Material).
Ihre eigene Garderobe schätzen sie insgesamt positiver ein als andere Jugendliche; vor allem wird sie als modischer und reichhaltiger bewertet.
Im "Exquisit" und im "Intershop" haben diese Jugendlichen häufiger eingekauft als andere, im normalen Fachhandel weniger.
Auch ihre Lieblingskleidungsstücke stammen häufiger als bei anderen Jugendlichen aus dem kapitalistischen Ausland und aus dem "Exquisit" und weniger als bei anderen aus Fachgeschäften und Warenhäusern.

Die beschriebenen Zusammenhänge zwischen Wertorientierungen und einzelnen Aspekten des Bekleidungs— und Modeverhaltens sind einerseits in der vorliegenden Form nur in der ehemaligen DDR gültig, sind sie doch geprägt durch DDR—spezifische Besonderheiten wie die landeseigene Bekleidungsproduktion und das Handelsnetz für Jugendmode und andere Merkmale eines "geschlossenen" Modemarktes und andererseits durch die ständige Westorientierung im Bekleidungsverhalten, durchlässige Grenzen in Sachen Mode und einen hohen Stellenwert von westlicher Kleidung in der individuellen Werthierarchie Jugendlicher.

Jenseits dieser DDR–Spezifik verweisen die Ergebnisse darauf, daß grundsätzlich mit Zusammenhängen zwischen Wertorientierungsstrukturen und Mode– und Bekleidungsverhalten zu rechnen ist, daß Wertorientierungen als Regulativ im Bekleidungsverhalten wirksam werden. Diese Zusammenhänge dürften allerdings in Zukunft weitaus komplizierter und differenzierter sein und sich kaum mit Hilfe von einigen Grundtypen beschreiben lassen. Grundsätzlich ist in einer demokratischen und pluralistischen Gesellschaft mit einer zunehmenden Differenzierung und Pluralisierung von Lebensstilen zu rechnen, die auch die beschriebenen Zusammenhänge zwischen Wertorientierungen und Bekleidungs– und Modeverhalten betreffen.

Für die Jugendlichen der ehemaligen DDR sind die Möglichkeiten zur individuellen Typgestaltung im Bekleidungsverhalten sprunghaft gestiegen, und es ist mit einer zunehmenden Individualisierung im Bekleidungsverhalten zu rechnen. Diese dürften diejenigen Jugendlichen am schnellsten vollziehen, die schon immer sehr stark an der Realisierung individueller Maßstäbe im Bekleidungsverhalten interessiert waren.

Jugendliche, die schon ehemals stark an westlichen Maßstäben interessiert waren und für die der materielle Lebensstandard eine große Rolle spielte, haben jetzt die Möglichkeit, aufzuholen und den Anschluß an das westliche Konsum– und Qualitätsniveau zu vollziehen. Allerdings ist in Bekleidungsfragen nicht nur mit einem starken Nachholbedarf zu rechnen, sondern auch mit gegenläufigen Tendenzen. Bei einem Überangebot an Waren wird Kleidung auch für Jugendliche der ehemaligen DDR zu einem normalen Konsumgut und verliert dadurch sicher an Bedeutung in der individuellen Werthierarchie. Auch mit einer Zunahme von "Aussteigebedürfnissen" aus dem allgemeinen Konsumzwang und dem immer schnelleren Modewechsel ist zu rechnen.

Jugendliche, die bislang stärker als andere in ihrem Modeverhalten DDR–orientiert waren (in den Quellen für modische Anregungen, im Kaufverhalten, in der gesellschaftlichen Akzeptanz ihres Bekleidungsverhaltens), benötigen sicher eine etwas längere Orientierungsphase, um sich in der neuen Vielfalt der Angebote und modischen Trends zurechtzufinden.

Wesentlicher als ihr "hausgemachtes" Modeverhalten ist jedoch ihre Normbezogenheit und Angepaßtheit in Bekleidungsfragen.

Wem bislang gesellschaftliche Akzeptanz von Bekleidungsweisen und Moden wichtig war, wer sich abwartender gegenüber neuen Trends und nicht avantgardistisch verhielt, wird auch in Zukunft von gesellschaftlicher Billigung bzw. Annahme nicht unabhängig sein. Was jedoch keinen Anstoß erregt, was in welchem Lebensbereich als "Norm" gilt, muß erst neu erprobt werden.

Statusgemäße Kleidung oder Kleidung als Begleiterscheinung einer beruflichen Karriere waren in der ehemaligen DDR eigentlich kein Thema, dürften jedoch jetzt normbewußten und auf Akzeptanz ausgerichteten Jugendlichen als neue Richtlinie dienen.

Deutlich wurde auch, daß modische Normen und Gepflogenheiten im Freundeskreis für einen Teil der Jugendlichen der ehemaligen DDR eine relativ große Rolle spielten. Diese Ausrichtung an Gleichaltrigen kombiniert mit den Mangelerscheinungen des Bekleidungsangebotes sowie einer Orientierung an der westlichen Massenmode führten mitunter zu kurz— oder längerzeitigen "Uniformierungs"—Tendenzen. Es ist damit zu rechnen, daß diese aufgrund der neuen Situation relativ schnell einer zunehmenden Vielfalt und Individualisierung weichen werden.

Bernd Lindner

Erst die neuen Medien, dann die neuen Verhältnisse

(Dieser Beitrag – hier leicht gekürzt – wurde auf dem vom "Arbeitskreis für Jugendliteratur e.V. München" veranstalteten Seminar "Kinder– und Jugendliteratur der DDR" im Februar 1990 in Remscheid gehalten.)

Durch die Öffnung der Grenzen hat das "Leseland DDR" schlagartig andere Dimensionen bekommen. Doch so unvorbereitet, wie auf den ersten Blick zu vermuten wäre, waren die Kinder und Jugendlichen im Osten Deutschlands auf die nun über sie hereinbrechende Welle von Jugendzeitschriften, Illustrierten, Comics und Büchern bisher verbotenen Inhalts nicht. Ausgehend von soziologischen Studien zum Freizeit– und Leseverhalten dieser Altersschichten aus zwei Jahrzehnten, versucht der Beitrag eine Analyse der Buch– und Mediennutzung von Kindern und Jugendlichen der DDR in Zeiten radikaler gesellschaftlicher Wandlungen.
Jugendzeitschriften, Illustrierte, Comic–Hefte, Taschenbücher aller Couleur ..., die Printmedien der Bundesrepublik drängen seit Beginn 1990 immer stärker auf den Zeitschriften– und Büchermarkt der DDR. Das Lesen im "Leseland DDR" hat dadurch nahezu schlagartig andere Dimensionen bekommen. Die künstlich erhaltene Ausnahmesituation, die wir uns gerade im Bereich des gedruckten Wortes seit Jahren (noch) geleistet haben, ist endgültig aufgehoben. Hier wurde nur gedruckt und vertrieben, was zuvor als "künstlerisch wertvoll" befunden wurde. An dieser Urteilsfindung waren sehr viele und sehr unterschiedliche Instanzen und Institutionen beteiligt. Die Rituale waren jahrzehntelang beinahe die gleichen. Was von den politischen Instanzen mit zäher Ausdauer als "bürgerlich", "dekadent", "sozialismusfeindlich" eingestuft wurde, versuchten Verlage und Lektoren in mühevollem, geduldigem Kleinkampf doch zum Druck zu bringen, wenn es der Mühe literarisch wert war. Die Auswahl dessen, was dann in den Kinder– und Jugendbuchverlagen der DDR erschien, kann sich durchaus sehen lassen. Nur: sie war in keiner Weise mit dem identisch, was in den Ländern westlich (aber auch östlich) unserer Grenzen an Literatur und Druckerzeugnissen zu haben war. Kein anderes Massenmedium konnte sich in den letzten 10 bis 15 Jahren diese elitäre Haltung mehr leisten. Die Kinobranche der DDR wäre z.B. längst vom Gros ihres Publikums entvölkert (70% davon sind Jugendliche), wenn sie nicht in immer kürzeren Abständen auch die Filmhits westlicher Produktion in die Lichtspielhäuser gebracht hätte.

Doch nun ist "alles" anders! Was macht da ein Literatursoziologe, der jahrelang das Leseverhalten in der DDR mit Untersuchungen begleitet hat, mit seinen mühevoll erhobenen Daten? Kann er sie jetzt einfach wegwerfen, oder enthalten sie doch Aussageebenen, von denen aus beschreibbar ist, was sich jetzt im Leseverhalten der Kinder und Jugendlichen unseres Landes vollzieht? Ich will das letztere versuchen. Die Vielzahl literatursoziologischer Studien, die in der DDR von unterschiedlichen Forschungseinrichtungen nun schon über Jahrzehnte durchgeführt worden sind, geben eine sichere Basis dafür. Das um so mehr, weil sich diese "Lesestudien" in zunehmendem Maße als Medienstudien verstanden und den von den Nutzern im Kindes— und Jugendalter gelebten Medienverbund auch als ihren komplexen Forschungsgegenstand begriffen haben.

Darauf aufbauend, ist zu prognostizieren: Der Einschnitt in das Lese— und Medienverhalten der Heranwachsenden in der DDR ist nach dem Herbst '89 nicht so tief, so grundlegend verändernd, wie das ein erster, oberflächlicher Blick vermuten ließe. Denn bevor die neuen Verhältnisse kamen, waren die neuen Medien schon da! Wobei hier der Begriff "neue Medien" nicht nur — wie allgemein üblich — auf die technischen Bereiche Satelliten— und Kabelfernsehen, Video, Computerkommunikation, CD—Player etc. bezogen sein soll, sondern auf all jene Bereiche der Print— und audiovisuellen Medien, die für die jugendlichen Nutzer der DDR erst in den letzten Jahren in ständig wachsendem Umfang zur Verfügung standen. Denn auch, wenn seit dem 9. November die "Segnungen" des westlichen Medienmarktes zugänglich sind, so sind sie nicht prinzipiell neu für die Kinder und Jugendlichen unseres Landes. Spätestens mit dem verstärkten individuellen Reiseverkehr von Ost nach West ist doch vieles in die DDR gekommen, vor allem an Lesestoffen. Zudem gilt seit über 40 Jahren: "Die Medienkommunikation in der DDR war stets gesamtdeutsch" (Hanke 1990, 3). Doch nicht nur diese (auch für Kinder und Jugendliche) lange Gewöhnungsphase gibt die Sicherheit, daß die Einschnitte im Medienverhalten der DDR—Bevölkerung nicht dramatisch sind; denn hier wirken Dimensionen mit, die längere Zeiträume erfassen. Das gilt für das Lesen in besonderem Maße! Lesen als kulturelle Aneignungsweise hat im mitteleuropäischen Raum eine lange Tradition. Literatur war und ist einer ihrer zentralen Gegenstände. Der hohe Status, den das Lesen im Wertverständnis vieler Menschen nach wie vor hat, fußt auf dieser langen kulturhistorischen Entwicklung. Das schließt das Buch als Medium und Träger von Literatur mit ein. Über Jahrhunderte sind so printmedienbezogene Wahrnehmungsmuster entstanden, die von Generation zu Generation kulturell vererbt wurden. Diese traditionelle Verankerung der Literatur im gesellschaftlichen und individuellen Bewußtsein ist ein wichtiger Garant für ihre künftige Präsenz im sich ständig erweiternden "Konzert der Medien".

Nur so läßt sich erklären, daß dem Lesen insgesamt (wie dem Lesen von schöngeistiger Literatur im speziellen) weiterhin mindestens die Hälfte der DDR−Bevölkerung einen großen Stellenwert in der Freizeit zuspricht. Dies schlägt sich nicht immer und bei jedem in adäquater Weise in der Literaturnutzung selbst nieder, beschreibt aber doch gut die bisher hohe Wertschätzung gegenüber Literatur und Lesen in unserer Gesellschaft − einer Gesellschaft, der man heute vieles anlastet. Unumstritten dürften aber ihre Bemühungen um die Herausbildung eines stabilen Leseklimas sein. Besonders intensiv waren diese Bemühungen stets in bezug auf die Kinder und Jugendlichen bzw. auf die für sie gedachte Literatur. Mit welchem Erfolg bei den Nutzern ist dies geschehen? Mit welchen Voraussetzungen und Einstellungen gehen sie in die "Wendezeit"? Diese Frage läßt sich nicht für die gesamte Altersgruppe "im Block" beantworten, unterscheiden sich doch jene, deren Jugendzeit sich langsam dem Ende zuneigt, in nicht wenigen Parametern deutlich von jenen, die gerade hineinwachsen − und dies, obwohl sie nur knapp 10 Lebensjahre voneinander trennen (als Jugendliche zählen in der DDR die 14− bis 25jährigen). Während die Mitte bis Ende der 60er Jahre Geborenen noch in eine Zeit hineinwuchsen, die durch eine langsame Komplettierung der DDR−Medienlandschaft (auch im privaten Bereich) gekennzeichnet war, sind die nach 1975 Geborenen bereits nahezu selbstverständlich mit den (bis dato) in der DDR verfügbaren Errungenschaften des Medienzeitalters großgeworden. In ihrer Biographie gibt es kaum noch gravierende "Medienbrüche".

Diese beiden Altersgruppen gilt es also gesondert zu hinterfragen. Dies soll im folgenden geschehen auf der Basis zum einen der vom Zentralinstitut für Jugendforschung kontinuierlich durchgeführten Untersuchungen zum Lese− und Medienverhalten Jugendlicher, zum anderen − was die Kinder betrifft − einer Intervallstudie, die das ZIJ seit 1985 unter Leipziger SChülern durchführt. Letztere untersucht speziell die Fähigkeitsentwicklung im Kindesalter. Einbezogen sind zwei getrennte Populationen von 1500 Schülern. Während die erste Kohorte zu Beginn der Untersuchung in der 3. Klasse war, befand sich die zweite bereits in der 6. Klasse. Sicher kann man von den Aussagen dieser Leipziger Schüler nicht auf die DDR−Kinder insgesamt hochrechnen. Doch wichtige Trends und Brüche vermag diese Untersuchung allemal anzudeuten, gehen kulturelle Veränderungen heute doch vor allem von den Ballungszentren der Großstädte aus. Gehen wir jedoch nicht von den Kindern, sondern von den Jugendlichen aus − jener Altersgruppe der Gesellschaft also, die gegenüber den Kindern um 5 bis 10 Jahre längere Medien− und Leseerfahrungen besitzt, Erfahrungen, die zugleich unter anderen Bedingungen erworben wurden.

Ein Überblick über die verschiedenen Freizeitinteressen bei Jugendlichen unterschiedlicher sozialer Gruppen und Schichten am Ende der 80er Jahre macht deutlich, daß bei nahezu allen Jugendlichen solche dominieren, die sie gemeinsam mit Gleichaltrigen realisieren können bzw. die einen hohen kommunikativen (Gruppen—)Wert haben: Musik hören (inclusive über Musik reden), tanzen oder ins Kino gehen, Sport treiben, mit Freunden unterhalten. Tätigkeiten, die Jugendliche mehr für sich allein realisieren — wie fernsehen oder Bücher lesen — nehmen eher einen mittleren Stellenwert ein. Ausnahme sind hier lediglich die Studenten.

Vergleicht man diese globale Wertung mit den Ergebnissen früherer Studien, so zeigt sich ein hoher Grad an Übereinstimmung — unabhängig davon, ob die jeweilige Untersuchung Anfang der 70er oder Ende der 80er Jahre realisiert wurde! Die Übereinstimmung reicht bis zu den prozentualen Angaben. So gaben 1981 34% der befragten Jugendlichen an, sehr gern Belletristik zu lesen, 1984 waren es 38% und 1988 36% (Lindner 1989a, 60). Übereinstimmung dazu aber auch bei den Angaben der meisten sozialen Gruppen der Jugendlichen. Dieses hohe Maß an Kontinuität in den Freizeitinteressen resultiert aus den äußeren Bedingungen dafür. Das Zentralinstitut für Jugendforschung führt seit Anfang der 70er Jahre DDR—repräsentative Freizeituntersuchungen durch (vgl. Voß 1981, Wiedemann 1989). In diesem Zeitraum gab es keine solch gravierenden Einschnitte in der kulturellen Entwicklung, wie sie die 60er Jahre noch mit dem Siegeszug des Fernsehens und der Rockmusik gebracht hatten. Die 70er und 80er Jahre standen eher im Zeichen der Konsolidierung des Freizeitverhaltens Jugendlicher.

Vor diesem Hintergrund gestaltete sich auch der Umfang der tatsächlichen Zuwendung zu den einzelnen Medien in den letzten Jahren relativ konstant. Gegenwärtig beträgt die tägliche Mediennutzungszeit bei Jugendlichen cirka 5 Stunden. 60% davon entfallen auf das Hören von Rundfunkprogrammen, Kassetten und Platten, 25% auf das Fernsehen und 15% auf das Lesen insgesamt, also Zeitungen und Zeitschriften eingeschlossen. Das sind etwa 0,4 bis 0,5 Stunden täglich. Danach befragt, welche Druckerzeugnisse sie am Vortag der Befragung nutzten, gaben im Frühjahr 1989 88% der Jugendlichen an, in einer Tageszeitung gelesen zu haben, 54% in Zeitschriften und Magazinen, 34% in schöngeistigen und 24% in Sachbüchern.

Nachgelassen hat allerdings die Intensität, mit der Jugendliche heute lesen. Deutlich wird dies nicht nur daran, daß heute nur noch 6% der Jugendlichen das Lesen als ihre zeitaufwendigste Tätigkeit benennen (1981 waren es noch 13%). Besonders nachhaltige Signale setzt hierbei die Zahl der pro Jahr von Jugendlichen im Durchschnitt gelesenen Bücher. Galt lange Jahre ein Wert von 10 belletristischen Büchern pro Jahr als Standardwert, so ermitteln wir

Tab. 1: Anzahl der in 3 Monaten gelesenen schöngeistigen Bücher in Abhängigkeit von der Tätigkeit; Angaben von 1973, 1979, 1981, 1984 und 1989 im Vergleich (nicht in allen Studien wurde jeweils das gesamte soziale Spektrum erfaßt, unter den Abiturienten 1973 nur EOS – Schüler, 1981 EOS und Lehrlinge mit Abitur, 1989 nur Lehrlinge mit Abitur.) (Angaben in %)

Ich habe gelesen	Schüler		Abiturienten					Lehrlinge					Arbeiter					Angestellte					Studenten				
	73	79	81	73	79	81	84	89	73	79	81	84	89	73	79	81	84	89	73	79	81	84	89	73	79	81	84	89
kein Buch	13	–	12	7	–	5	8	2	23	27	32	30	53!	29	33	39	36	43	25	–	26	25	32	12	12	7	7	15
1–3 Bücher	57	–	60	47	–	42	34	59!	49	50	52	46	39	45	47	49	48	47	49	–	56	46	47	44	48	51	40	50
4 und mehr Bücher	30	–	28	46	–	53	58!	39	28	23	16	24	8!	26	20	12	16	10	26	–	18	29	21	44	40	42	53!	35

heute nur noch die Zahl von 8 − 9 gelesenen Büchern dieser Art. Rückgänge in der Zuwendung zum schöngeistigen Buch sind in allen sozialen Gruppen zu verzeichnen (s. Tab. 1). Besonders gravierend ist die Entwicklung bei den Lehrlingen und jungen Arbeitern. Hier stieg der Anteil der Nichtleser von belletristischer Literatur (in einem Vierteljahr kein derartiges Buch gelesen) seit Beginn der 70er Jahre drastisch an. Las bereits 1973 cirka jeder 4. Lehrling keine belletristischen Bücher, so trifft dies Ende der 80er Jahre nun schon für jeden 2. zu; wobei das Gros der nichtlesenden Lehrlinge männlich ist. Zu beachten ist aber auch der Rückgang der "Vielleser" (4 und mehr Bücher in einem Vierteljahr) in nahezu allen Gruppen der Jugend. Auch wenn das Bild etwas freundlicher wird, wenn man − neben den Büchern − auch noch das Lesen von Erzählungen in Magazinen und Illustrierten, von Heftreihen und Fortsetzungsromanen berücksichtigt (s. Lindner 1989, 81), so ändert dies insgesamt nichts an der Tatsache, daß die Lektüre von Belletristik bei Jugendlichen beständig an Bedeutung verliert.

Konstante bzw. steigende Leseintensität ist dagegen gegenüber den unterschiedlichen Sachbuchbereichen auszumachen. Populärwissenschaftliche Bücher zu gesellschaftlichen Fragen erreichen eine durchschnittliche jährliche Nutzung von cirka 2,5 Buchtiteln (wie bereits 1981). Sachbücher über Natur und Technik bringen es mittlerweile sogar auf 5 gelesene Buchtitel pro Jahr (1981 noch 4). Es ist heute in allen sozialen Schichten und Altersgruppen der Jugendlichen eine partielle Verlagerung des Leseverhaltens auf den Sachbuchbereich zu verzeichnen (Lindner 1989b, 85f.) − ein Trend, der gerade unter den Bedingungen der gesellschaftlichen Veränderungen weiter an Bedeutung gewinnen wird.

Das Leseverhalten Jugendlicher ist also in Bewegung geraten. Dies wird ebenfalls innerhalb der Lektüre von belletristischen Büchern sichtbar (vgl. dazu Tab. 2). Zwar dominieren nach wie vor in den Leseinteressen Jugendlicher alle abenteuerlichen Genres, doch ist bereits seit den 70er Jahren ein Nachlassen ihrer Beliebtheit zu verzeichnen. In den letzten 10 Jahren hat diese Entwicklung eine besondere Dynamik bekommen. Gaben z.B. noch 1981 31% der Jugendlichen insgesamt an, ein sehr starkes Interesse an Abenteuerromanen und −erzählungen zu haben, waren es Anfang 1989 lediglich noch 16%. Gleiches gilt für die utopische Literatur (von 28% sehr starkes Interesse auf 15%) und für die Kriminal− und Spionageromane (von 25% auf 17%). Das bedeutet nicht, daß junge Leute heute kein Interesse mehr an aktionsreicher Unterhaltung via Literatur hätten, sondern ist ein Indiz für eine zunehmende Verlagerung der Befriedigung dieser Bedürfnisse auf die visuellen Medien (Kinofilm, Filme und Serien im Fernsehen). Insofern ist es symptomatisch, wenn Jugendliche − danach gefragt, in welcher Form sie Abenteuerthemen am liebsten rezipieren würden − zu 31% auf Spielfilme, zu 20% auf Fernsehserien und dann erst (zu 18%) auf Romane und Erzählungen verweisen.

Tab. 2: Interesse an ausgewählten Literaturgattungen und -genres in Abhängigkeit von der Tätigkeit; Angaben von 1973, 1981 und 1989 im Vergleich (1973 nicht alle Genres erfaßt und ohne Intelligenz, bei Abiturienten 1973 nur EOS-Schüler, 1981 EOS und Lehrlinge mit Abitur, 1989 nur Lehrlinge mit Abitur)
(Angaben in %)
Antwortposition: Dafür interessiere ich mich sehr stark

	Abiturienten 73 81 89	Lehrlinge 73 81 89	Arbeiter 73 81 89	Angestellte 73 81 89	Studenten 73 81 89	Intelligenz 81 89
Abenteuerromane/ -erzählungen	42 28 24	47 40 16	40 29 20	31 25 18	24 16 10	14 13
utopische Literatur	46 31 14	48 33 19	31 24 14	25 27 18	27 19 10	17 17
Kriminal- und Spionageromane	26 22 20	33 29 19	32 19 19	31 24 11	19 17 13	14 13
historische Romane	37 25 20	26 25 12	24 19 16	24 36 26	37 28 19	22 15
Gegenwartsliteratur der DDR	20 24 3	9 7 3	7 9 4	8 16 10	20 26 19	19 25
Kriegsromane	- 9 19	- 13 12	- 9 6	- 11 5	- 8 8	6 2
Gegenwartsliteratur kapital. Länder	- 11 12	- 5 9	- 4 7	- 5 10	- 16 12	9 12
Reiseschilderungen	- 7 6	- 5 4	- 3 9	- 17 14	- 8 12	8 13
Gegenwartsliteratur sozialist. Länder	9 6 5	3 3 3	5 4 2	3 6 2	4 6 3	3 6
Biographien berühmter Personen	- 5 7	- 5 6	- 3 4	- 7 7	- 3 9	- 4
Lyrik	9 9 10	4 2 1	3 1 2	5 6 5	16 10 11	33 9

Insofern kann es auch nicht überraschen, wenn der Anteil abenteuerlicher Buchtitel an der Lieblingslektüre Jugendlicher relativ gering ausfällt. 7% aller dort genannten Titel zählen zur Science−fiction−Literatur, 6% zur Abenteuerliteratur im engeren Sinne und 3% gehören zum Bereich der Kriminal− und Spionageliteratur. Vor 6 Jahren war der Anteil dieser Literaturgenres an der Lieblingslektüre noch deutlich höher (18% Abenteuer− oder Kriminalromane, 10% Science−fiction).

Der größte Anteil aller Lieblingsbuchtitel entfällt dagegen auf den Bereich der Gegenwartsliteratur. Mehr als jeder 3. genannte Buchtitel ist dazu zu zählen. Allein 25% sind Gegenwartsbücher von DDR−Autoren, 9% solche von Autoren aus dem westlichen Ausland, und 5% stammen von Autoren sozialistischer Länder. Daß die Autoren des eigenen Landes eine solche Rolle spielten, hat unterschiedliche Ursachen, vor allem aber der Sachverhalt, daß nur sie die Probleme Heranwachsender dieses Landes zutreffend erfassen und literarisch gestalten konnten. Das führte in der DDR, in der die Künste zum Podium der öffentlichen Verständigung über gesellschaftliche Problem wurden (weil die Medien diese Aufgabe nicht wahrnehmen durften), zu einer gesteigerten Bedeutung von Literatur und Kunst und bürdete den Literaten, Theatermachern, Malern und Filmregisseuren eine große Verantwortung auf. Daß sich viele von ihnen dieser Belastung couragiert und mit hoher künstlerischer Qualität stellten, brachte ihnen (nicht nur bei jungen Leuten) ein hohes Image ein.

Der DDR−Literatur−Zentrismus der Jugendlichen hatte aber auch in dem begrenzten Reservoir der verfügbaren Buchtitel seine Ursache; das wird deutlich, wenn man die Angaben zu unterschiedlichen Fragestellungen − die Lektüre selbst betreffend − nebeneinander stellt: jene Bücher, die zum Zeitpunkt der Befragung gerade gelesen wurden (aktuelle Lektüre), die bereits erwähnten Lieblingsbücher und jene Bücher, die den Jugendlichen aus ihrem individuellen Besitz gegenwärtig die wertvollsten sind (vgl. Tab. 3). Schon beim ersten Überfliegen dieser Titellisten fällt auf, daß nicht wenige Bücher in allen 3 Rubriken erscheinen (z.B. von Roswitha Geppert, Günter Wallraff oder Robert Merle). Das spricht zum einen für die nachhaltige Wirkung dieser Titel bei den jungen Lesern. Zum anderen ist dies auch ein Zeichen mangelnder Breite des Angebotes. Um diesen Eindruck zu bekräftigen, genügt ein Blick auf ähnliche Buchtitellisten aus früheren Untersuchungen (vgl. Lindner 1989b, 96ff.). Roswitha Gepperts Behindertenbuch findet sich bereits 1981 unter den damals aktuell besonders häufig gelesenen Büchern (es ist 1978 zum ersten Mal erschienen).

Tab. 3: Bücher, die 1989 bei Jugendlichen eine wichtige Rolle gespielt haben
(n = Zahl der Nennungen)

Aktuelle Lektüre		Lieblingslektüre		Wichtigste Bücher im Besitz	
U. Eco "Der Name der Rose"	10	T. Aitmatow "Die Richtstatt"	18	M. Clarke "Lebenslänglich"	12
J. London "Der Seewolf"	8	U. Eco "Der Name der Rose"	12	R. Geppert "Die Last, die du nicht trägst"	12
R. Merle "Die geschützten Männer"	8	H. de Balzac "Vaer Goriot"	9	G. Wallraff "Ganz unten"	10
R. Geppert "Die Last, die du nicht trägst"	6	P. Süskind "Das Parfüm"	9	B. Apitz "Nackt unter Wölfen"	9
M. Clarke "Lebenslänglich"	6	M. Clarke "Lebenslänglich"	8	D. Noll "Die Abenteuer des Werner Holt"	9
T. Aitmatow "Die Richtstatt"	5	St. Zweig "Leporella"	8	T. Aitmatow "Die Richtstatt"	7
A.C. Doyle "Herlock Holmes"	5	G. Görlich "Eine Anzeige in der Zeitung"	7	R. Merle "Die geschützten Männer"	7
K. May "Old Shatterhand"	5	R. Merle "Der Tod ist mein Beruf"	7	J. Wohlgemuth "Das Puppenheim in Pinnow"	7
R. Merle "Malevil"	5	Th. Fontane "Effi Briest"	6	G. Görlich "Das Mädchen und der Junge"	6
K. Möckel "Hoffnung für Dan"	5	R. Geppert "Die Last, die du nicht trägst"	6	J. London "Der Seewolf"	6
I. Oberthür "Mein fremdes Gesicht"	4	R. Merle "Malevil"	6	R. Merle "Malevil"	6
B. Arct "Kamikaze"	4	H. Bastian "Gewalt und Zärtlichkeit"	6	W. Spillner "Die Wasseramsel"	6
R. Dahl "Kuschelmuschel"	4	T. Aitmatow "Der Tag zieht den Jahrhundertweg"	5	W. und E. Thom "Rückkehr ins Leben"	6
R. Feyl "Bau mir eine Brücke"	4	Ch. Hein "Der fremde Freund"	5	A. Dumas "Die 3 Musketiere"	5
D. Noll "Die Abenteuer des Werner Holt"	4	G. Wallraff "Ganz unten"	5	G. Görlich "Eine Anzeige in der Zeitung"	5
P. Süskind "Das Parfüm"	4	A. Haley "Wurzeln"	4	St. Lem "Eden"	5
J. Verne "Reise zum Mittel-punkt der Erde"	4	H. Kant "Die Aula"	4	B. Arct "Kamikaze"	4
G. Wallraff "Ganz unten"	3	C. McCullough "Dornenvögel"	4	H. Hesse "Steppenwolf"	4
B. Apitz "Nackt unter Wölfen"	3	R. Merle "Die geschützten Männer"	4	R. Merle "Der Tod ist mein Beruf"	4
M. Gorbatschow "Perestroika"	3	D. Noll "Die Abenteuer des Werner Holt"	4	E. Neutsch "Zwei leere Stühle"	4
A. Haley "Wurzeln"	3	H. Otto "Der Traum vom Elch"	3	E. Maud "Winterkinder"	4
H. Hesse "Unterm Rad"	3	J. Wohlgemuth "Puppenheim in Pinnow"	3	H. Thürk "Der Tiger von Shangri Lhar"	4
H. Kadenbach "Requiem für Sabrina"	3			M. Wander "Guten Morgen, Du Schöne"	4
J.I. Kraszewski "Brühl"	3			J. Verne "Reise zum Mittel-punkt der Erde"	4
C. McCullough "Dornenvögel"	3				
R. Merle "Die Insel"	3				

Ebenfalls bereits 1981 in den Listen enthalten ist Marcus Clarkes Abenteuerroman "Lebenslänglich". Er taucht seitdem immer wieder an führender Stelle auf. In der Bundesrepublik ist dieses Buch nur *ein* Abenteuerroman historischen Zuschnitts unter sehr vielen vergleichbaren Titeln. Ähnliches ließe sich auch von den Büchern Robert Merles berichten, den die BRD erst relativ spät für sich entdeckt hat, als er in der DDR schon lange ein Erfolgsautor war. In der DDR gab es bisher keine Bücher von Simmel, Le Carré, McCullough u.a. Jetzt sind sie alle da, und mit ihnen Konsalik, Daphne Du Maurier, Stephen King und viele andere bekanntere und unbekannte Autoren des übervollen westdeutschen Büchermarktes. Gerade triviale Lesestoffe werden im Leseverhalten der Jugendlichen der DDR manches verändern – nicht gleich und sofort, auf Dauer aber schon. Colleen McCulloughs "Dornenvögel" hatten dank ihrer Fernsehpopularität – schon vor dem 9. November 1989 – auch die DDR–Leser erreicht. "Das Buch zur Fernsehserie" – dieser Rezeptions– und Verwertungsform von Literatur stehen nun auch in der DDR *alle* Türen offen.

Wie steht es nun mit jener Kindergeneration, die wir mit Fug und Recht als die erste wirkliche Mediengeneration der DDR bezeichnen können? Woran ist sie zu erkennen? An veränderten Freizeitinteressen? Ein Blick auf die von ihnen geschätzten Tätigkeitsbereiche läßt keine nennenswerten Unterschiede zu früheren Untersuchungen erkennen. Es dominieren nahezu die ganze Kindheit über gleichwertig nebeneinander Freizeitaktivitäten im Familien–*und* im Freundeskreis. Erst nach der 6. Klasse ist ein langsames Loslösen vom Elternhaus auch im Freizeitbereich zu verzeichnen. Gleichzeitig gewinnt das Radio– (sprich: Musik–) hören deutlich an Bedeutung. Das Interesse am Bücherlesen läßt langsam nach. Die o.g. Schüler–Intervallstudie erlaubt jedoch auch einen Zeitvergleich zwischen den Daten aus beiden Kohorten. Da fällt z.B. auf, daß 47% der Schüler der ersten Kohorte – 1988 in der 5. Klasse befragt – angaben, sehr gern Bücher zu lesen. Von den Schülern der zweiten Kohorte sagten dies zwei Jahre zuvor, in der 6. Klasse dazu befragt, 51%. Brüche im Freizeitverhalten bereits innerhalb solch eines kurzen Zeitraumes? Die Übersicht über die Lieblingslektüre beider Populationen in der 6. Klasse spricht zugleich dafür und dagegen. In beiden Klassen (vgl. Tab. 4) sind eine Reihe von identischen Buchtiteln vertreten. Zum einen handelt es sich dabei um Werke von DDR–Schriftstellern, die Teil des Literaturunterrichtes sind und auf diese Weise ihre jungen Leser erreichen (Abraham, Brock), zum anderen um Bücher und Autoren, die längst zu der Standardlektüre von Kindern in der DDR zählen (Wolkow, Karl May, Welskopf–Henrich, Raud, Twain u.a.). Doch dann fallen schon die Brüche auf. Ende der 80er Jahre wird die Liste der Lieblingsbücher in sehr starkem Maße von Comic– und Fernsehfiguren bevölkert. Comicgeschichten sind innerhalb weniger Jahre zu dominierenden Lesestoffen dieser Altersgruppe geworden.

Zugleich fällt auf, daß die Bücherliste der zweiten Kohorte mit Klassikern der internationalen Kinderliteratur angereichert ist (Lindgren, Kästner, Spyri). Ist das der Trend zur internationalen Angleichung? Auf jeden Fall hat sich in den Leseinhalten schon vor der Öffnung der Grenzen eine Annäherung der Leser vollzogen. Das gilt besonders für die jüngeren Kindergruppen. Umstellungsschwierigkeiten? Wohl kaum. Im Vergleich zu den Untersuchungsergebnissen des DDR-Zentrums für Kinderliteratur zwischen 1973 und 1978 (vgl. Hüttner u.a. 1977; Esche u.a. 1983) wurden innerhalb der Lieblingslektüre der Schüler 4. Klassen z.B. folgende Verschiebungen sichtbar: nannten Anfang der 70er Jahre 31% von ihnen noch Märchen, waren es 1987 nur noch 17%. Im Bereich der Gegenwartsliteratur war das Verhältnis 19% zu 11%. An Bedeutung gewonnen haben dagegen Buchtitel der Abenteuerliteratur. Ihr Anteil an der Lieblingslektüre stieg von 8% auf 33%! Diese Trends halten innerhalb der 6. und 7. Klassen an. Hinzu kommt ein leichter Bedeutungsanstieg von Sachbuchtiteln in der 7. Klasse (von 6% auf 11%). Diese Veränderungen veranlassen uns, von einer Akzelerationsphase zu sprechen, die jedoch keine rein literarische, sondern eine gesamtkulturelle ist. Ob im Bereich der Literatur, der Rockmusik, des Films oder des Fernsehens – überall ist eine deutliche Vorverlagerung der Interessen und Präferenzen zu verzeichnen. Die Loslösung vom Märchen als *bevorzugtem* Lesestoff findet heute z.B. bereits in der Phase des Lesenlernens statt. Diese Veränderungen haben gesamtgesellschaftliche Ursachen. Die Zeit ist schnellebiger geworden. Die Kindheit – als der "behütete Freiraum von der Welt" – ist längst von der Wirklichkeit eingeholt worden. Beteiligt daran sind vor allem die Medien, die die Kinder von Beginn ihres bewußten Daseins an mit "Welt" versorgen. Der Fernsehapparat und das Bilderbuch als zeitgleiche Gegenstände des Lernens! Audiovisuell nahezu vollversorgte Familien machen es möglich: Der Fernsehapparat im Kinderzimmer wird langsam DDR-Normalität; 21% der Kinder der 3. Klasse verfügen darüber, 40% der 8. Klasse. Hinzu kommen bei 78% ein Recorder (3. Klasse 27%!) und bei 58% ein eigenes Radio (3. Klasse 26%).

Die Welt stand uns schon lange offen: durch die Medien. Das Medien-"Welterleben" aus 2. Hand ist uns längst zu einer tatsächlichen Erfahrungsebene geronnen. Für die jetzige Kindergeneration der DDR entstehen da die wenigsten Brüche. Sie sind das schon "ihr ganzes Leben lang" gewohnt. Vergleicht man die derzeitigen Umbrüche im politischen Bereich mit den Ergebnissen der jahrelangen soziologischen Forschungen im Bereich der Kultur-, Literatur- und Mediennutzung, so muß man feststellen, daß wir gerade dabei sind, das auf der gesellschaftlichen Ebene nachzuvollziehen, was wir alle im kulturellen Bereich schon mehr oder weniger lange gelebt haben.

Tab. 4: Übersicht über die Lieblingsbücher von Schülern der 6. Klasse (ISF — 1986 und 1989)

6. Klasse 1986 (II. Kohorte)		6. Klasse 1989 (I. Kohorte)	
Peter Abraham "Pianke"	36 N.	Daniel Defoe "Robinson Crusoe"	79 N.
Karl May "Winnetou"	36	Peter Brock "Ich bin die Nele"	28
Alexander Wolkow "Das Geheimnis des verlassenen Schlosses"	27	Astrid Lindgren "Pippi Langstrumpf"	24
Karl May "Der Ölprinz"	24	Gert Prokop "Detektiv Pinky"	23
Daniel Defoe "Robinson Crusoe"	19	Peter Abraham "Pianke"	21
Canon Doyle "Sherlock Holmes"	19	Walt Disney "Micky Maus-Geschichten	20
Peter Brock "Ich bin die Nele"	17	Walt Disney "Donald Duck"	16
Karl May "Der Geist von Lano Escado"	13	Ellis Kaud "Pumuckl"	15
Wolf Spillner "Die Wasseramsel"	12	"Alf"	14
I. und V. Korn "Mohr und die Raben von London"	11	Wolf Spillner "Die Wasseramsel	14
Karl May "Schatz im Silbersee"	11	Gunter Preuß "Julia"	13
Alfred Wellm "Kaule"	10	Erich Kästner "Das doppelte Lottchen	13
A. Wolkow "Der gelbe Nebel"	10	J. Spyri "Heidi"	12
Mark Twain "Tom Sawyers Abenteuer	9	A. Lindgren "Ronja, Räubertochter"	12
A. Wolkow "Der Feuergott der Maranen"	9	Ottokar—Domma—Geschichten	11
Ottokar—Domma—Geschichten	8	Willi Meinck "Die seltsamen Abenteuer/Reisen des Marco Polo"	11
Eno Raud "Drei lustige Gesellen"	8	Karl May "Old Shurehand"	11
L. Welskopf—Henrich "Die Söhne der großen Bärin"	8	A. Wolkow "Der schlaue Urfin und die Holzsoldaten"	11
A. Wolkow "Der Zauberer der Smaragdenstadt"	8	E. Kästner "Emil und die Detektive"	11
Vera Tschaplina "Die vierbeinigen Freunde"	7	Karl—Heinz Berger "Robin Hood"	10
Peter Brock "Gestatten — Oskar"	7	Horst Beseler "Käuzchenkuhle"	10
Alexandre Dumas "Die drei Musketiere"	7	Karl May "Winnetou"	9
G. Prokop "Die drei von der K7"	7	G. Holtz—Baumert "Alfons Zitterbacke"	9
G. Pokop "Detektiv Pinky"	7	M. Twain "Tom Sawyers Abenteuer"	9

Die Entwicklungen des Jahres 1990 haben dieser, am Anfang des Jahres getroffenen Einschätzung recht gegeben: In einem forcierten Tempo haben sich die ehemaligen DDR−Bürger darum bemüht, bundesrepublikanische Lebensformen zu begreifen und sich anzueignen. Und wiederum kam der Kultur und den Medien in diesem Prozeß ein besonderer Stellenwert zu, waren sie doch das am kontinuierlichsten dafür zur Verfügung stehende Hilfsmittel. Der persönliche Kontakt mit "dem Westen" blieb gerade für Kinder und Jugendliche in starkem Maße auf Tagesaufenthalte, kurze Verwandtschaftsbesuche und Urlaubsreisen beschränkt. Täglich zur Verfügung standen aber weiterhin der Rundfunk und das Fernsehen sowie − in sich ständig erweiternder Angebotsbreite − die Printmedien. Und so wundert es niemand, daß gerade in diesem Bereich durch aktuelle Untersuchungen ein Zuwachs an Nutzung zu verzeichnen ist. Bei Schülern und Lehrlingen stieg der tägliche Zeitaufwand für die Lektüre von Zeitungen und Zeitschriften um 0,2 Stunden. Sie wurde bereits im Juni 1990 überwiegend mit Zeitungen, vor allem aber (Jugend−)Zeitschriften aus der Bundesrepublik − allen voran die "BRAVO" − bestritten. Bei Schülern betrug das Nutzungsverhältnis von im Westen gedruckten Zeitschriften zu solchen aus der Produktion der "Noch−DDR" 5,4 zu 1 (berechnet nach Stichtagprotokoll, wenn die maximale Reichweite der DDR−Publikationen gleich 1 gesetzt wird). Auch beim Rundfunk und Fernsehen hatten die bundesrepublikanischen Sender die DDR−Angebote − nach deren kurzer Renaissance im Herbst '89 − bereits wieder eindeutig überflügelt. Lediglich bei den Tageszeitungen dominierten noch die traditionellen überregionalen und vor allem lokalen Marktführer (auch wenn sie z.T. bereits ihren Namen wie auch ihre inhaltliche Ausrichtung verändert hatten).

Der "Abschied" von den DDR−Medien vollzieht sich also nicht in abrupter Weise. Eine konsequente Hinwendung zum Leseangebot bundesdeutscher Zeitschriftenverlage erfolgte vor allem in den Bereichen, in denen in der DDR bisher eine Mangelsituation bestand. Das einzige Jugendmagazin "neues leben" hat es weder vom Erscheinungsrhythmus (einmal im Monat) noch von der Auflage her vermocht, die entsprechenden Lesebedürfnisse Heranwachsender zu befriedigen. Wie stark hier der Nachholbedarf bei den DDR−Jugendlichen war bzw. noch ist, belegen auch die Ergebnisse erster Vergleichsstudien mit Jugendlichen der Bundesrepublik: Mitte 1990 gaben 48% der befragten Jugendlichen zwischen 13 und 17 Jahren in der DDR an, innerhalb von 2 Wochen fünfmal und häufiger Illustrierte gelesen zu haben. Gleiches sagten nur 31% der bundesrepublikanischen Jugendlichen von sich. In allen anderen Medienbereichen, die den Jugendlichen westlich wie östlich der Elbe in gleichem Maße zur Verfügung standen (TV, Rundfunk, Tonkassetten, Tageszeitungen) gibt es dagegen keine solche drastischen Unterschiede. Hier sind eher die Übereinstimmungen verblüffend (vgl. Schülerstudie '90). Sie belegen deutlich, daß wir es hier über weite Strecken bereits mit *einer* Mediengeneration zu tun haben. Die noch bestehenden Unterschiede erklären sich aus der unterschiedlichen technischen Ausstattungssituation bei Videorecordern, CD−Playern und Computern.

Tab. 5: Regelmäßige Mediennutzung von Schülern, BRD und DDR im Vergleich (Angaben in %)

Fünfmal und häufiger in 2 Wochen nutzten ...

	BRD − Schüler	DDR − Schüler
Musiksendungen im Fernsehen	16	16
Video	20	12
Computerspiele	22	11
Illustrierte	31	48
Platten/CD's	54	11
Tageszeitungen	57	64
Filme im Fernsehen	60	59
Tonkassetten	81	83

Diese Annäherung der Jugenden beider ehemaliger deutscher Staaten an einen gemeinsamen Mediennutzungslevel ist − darauf wurde eingangs bereits verwiesen − keineswegs ein Ergebnis des letzten Jahres allein. Hier ist, insbesondere von den Jugendlichen der DDR − noch zu Zeiten, in denen deren Existenz scheinbar unerschütterbar schien − kräftig "vorgearbeitet" worden. Nirgendwo wird den Heranwachsenden daher der Anschluß an bundesrepublikanischen Alltag so einfach fallen wie im Medienbereich!

Doch geschieht dies keineswegs reibungs− und verlustlos. Insbesondere das Lesen von Büchern hat in diesen turbulenten Zeiten an Bedeutung eingebüßt, was sich auch in einem geringeren Nutzungsaufwand dafür niederschlägt (bei Schülern um 0,1 Stunden täglich gesunken). Sicher liegt es nahe, darin eher eine temporäre Schwankung denn eine manifeste Veränderung zu sehen. Doch sei an die eingangs dargestellten, z.T. dramatischen Rückgänge in der Lektüre Jugendlicher seit den 70er Jahren erinnert. Die seitdem nachgewachsenen

Kinder- und Jugendgenerationen besaßen also bereits eine lockerere Bindung zum Bücherlesen, insbesondere was die schöngeistige Literatur betrifft. Unter dem Ansturm der aktuellen Ereignisse (und auch der neuen Lesestoffe in Form der Illustrierten, Comics und Heftreihen) ist hier mit einer weiter sinkenden Bedeutung des Buches zu rechnen. Daß dies nicht nur eine Vermutung ist, belegen aktuelle Ergebnisse vom Herbst 1990, die es gestatten, die Lesehäufigkeit Jugendlicher mit der anderer Generationen zu vergleichen. Die 15- bis 24jährigen weisen dort von allen Altersgruppen die geringste Bindung an das Buch (aber auch an Tageszeitungen!) auf. 22% von ihnen lasen in ihrer Freizeit seltener oder gar nicht Bücher. (Gleiches sagen nur zwischen 15% und 17% der Vertreter der anderen Altersgruppen.) Mit 18% ist der Anteil der täglichen Bücherleser unter den Jugendlichen zugleich am geringsten.

Der Kulturtechnik Lesen kommt nachgewiesenermaßen eine zentrale Funktion bei der Mediennutzung Jugendlicher zu. Sie zu fördern bleibt also auch eine Aufgabe für morgen.

Literatur

Esche, H./Harych, I./Hüttner, H.: Was lesen unsere Kinder? Eine literatursoziologische Studie zum Leseverhalten von Kindern der 5.–8. Klasse. (Schriftenreihe zur Kinderliteratur 11) Berlin 1983

Hanke, H.: Wollen wir nur noch Deutsche sein? Identität in der Krise. In: Sonntag 8, 1990

Hüttner, H./Levenhagen, J./Matthies, M.: Was lesen unsere Kinder? Ergebnisse einer literatursoziologischen Studie zum Leseverhalten von Schulkindern der 1.–4. Klasse in der DDR 1973/74. (Schriftenreihe zur Kinderliteratur 5) Berlin 1977

Lindner, B.: Gegenwartsliteratur und junge Leser – eine literatursoziologische Studie. Berlin 1989, 2 Teile (a)

Lindner, B.: Lesen im Jugendalter. In: Buch–Lektüre–Leser. Erkundungen zum Lesen. Berlin 1989 (b)

Voß, P. u.a.: Die Freizeit der Jugend. Berlin 1981

Wiedemann, D.: Wechselbeziehungen der Künste und Persönlichkeitsentwicklung junger DDR-Bürger – theoretisch–empirische Erkundungsstudie. Diss. B. Berlin 1989

Holm Felber

Erscheinungsformen des Musikgebrauchs DDR-Jugendlicher Ende der 80er Jahre

Der Gebrauch populärer Musik durch DDR-Jugendliche hatte bis zum Herbst 1989 eine Reihe von Besonderheiten, die als Reaktionen auf den Widerspruch zwischen ideologisch, kulturpolitisch und wirtschaftlich begründeter Musikzuweisung und den globalistischen und zugleich individualisierbaren Tendenzen populärer Musik erklärt werden können. Der Beitrag erörtert diese Besonderheiten wie auch allgemeine Voraussetzungen und Gegebenheiten des Popmusikgebrauchs bei DDR-Jugendlichen anhand von Resultaten empirischer Untersuchungen aus den 80er Jahren.

Unter den Formen, in denen sich der Musikgebrauch DDR-Jugendlicher in den letzten Jahren realisierte, stellt die individuelle Nutzung von massenmedial oder per Tonträger vermittelten Angeboten die quantitativ entscheidende Größe dar. Innerhalb der medialen Offerten wiederum wurde der Hörfunk von der großen Mehrzahl Jugendlicher zumindest vom Umfang seiner Nutzung her favorisiert. Allerdings haben die auch in der DDR wirksam gewordenen Verbesserungen der qualitativen Standards der Musikkassetten-Technik und Fortschritte im flexiblen Einsatz dieser Aufzeichnungs- und Wiedergabeform (Walkman) seit den 70er Jahren eine Verlagerung hin zur stärkeren Nutzung inhaltlich und situativ in größerem Maße individuell bestimmbarer Musikprogramme ausgelöst. Dies gilt im besonderen für die jüngeren Jugendlichen (Schüler und Lehrlinge), die auch über die relativ größte Freizeit verfügen. Bei ihnen nähert sich der Gebrauch von Tonträgern in Reichweiten und Zeitdauer der Hörfunknutzung immer mehr an, ohne indessen deren Umfang etwa absolut gegenüber anderen Tätigkeitsgruppen Jugendlicher zu reduzieren.
Sowohl bei den Zeiten der Hörfunknutzung als auch bei denen des Gebrauchs von Tonträgern kann davon ausgegangen werden, daß es sich im Falle von DDR-Jugendlichen beinahe ausschließlich um Musikzeit (genauer um Zeit des Hörens populärer Musik) handelt. Dies zumindest ist das Resultat inhaltsanalytischer Arbeit bezüglich individuell bevorzugter Hörfunk- und Tonträgerprogramme und der im Rahmen einer Mediengebrauchsanalyse 1987 erfolgten Auswertung von Yesterday-Befragungen zum Mediengebrauch.
Der Musikgebrauch nimmt damit in allen Gruppen Jugendlicher unabhängig vom absoluten Umfang der Frei- und Medienzeitkontingente einen Anteil von etwa 60% der Gesamtmedienzeit in Anspruch.

Tab. 1: Durchschnittliche Rundfunknutzung und durchschnittliche Nutzung von Tonträgern am Stichtag (1987)

	Reichweite (in %) (am Stichtag Rundfunk gehört bzw. Tonträger genutzt)		Nutzungsdauer in min. (Nutzer = tatsächliche Hörer; Kopf = Gesamtgruppe einschl. Nichtnutzer)			
	Rundfunk	Tonträger	Rundfunk		Tonträger	
			pro Nutzer	pro Kopf	pro Nutzer	pro Kopf
Schüler	80	82	143	117	128	102
Lehrlinge	77	69	136	105	120	83
Studenten	61	55	154	94	101	56
Arbeiter	78	47	149	116	92	43
Ang./Ind.	79	47	173	137	103	48

Freilich sind die auditiven Medien anders als Fernsehen, Buch und Presse von den Aneignungsqualitäten her in stärkerem Maße beiläufiger Kenntnisnahme ausgesetzt. Der Gebrauchsumfang bestimmt nicht die Wirkungsqualität, obwohl Rock und Pop und ihr kulturelles Umfeld für eine große Zahl von DDR—Jugendlichen mehr als nur ein Moment quasi en passant realisierter Sozialisation ausmachten.

Die medialen Formen der Musikaneignung sind trotz Videoclips und Musikfilmen vor allem an die individuelle Verfügbarkeit von Tonaufzeichnungs— und Wiedergabetechnik gebunden. Hier verliefen bis zum Ende der 80er Jahre in der DDR zwei Prozesse parallel: zum einen das quantitative Wachstum der Ausstattung Jugendlicher mit Empfangs— und Wiedergabetechnik überhaupt, zum anderen der qualitative Wandel hin zu den situations— und programmflexibel nutzbaren Techniken. Im Ergebnis dessen konnte zum Ende der 80er Jahre "MUSIK für alle nach eigener Wahl" als weitgehend gesichert gelten.

Die Unterschiede in der Geräteausstattung zwischen DDR und BRD beziehen sich nach vorliegenden vergleichbaren Angaben (Bonfadelli u.a. 1986) vor allem auf qualitative Parameter. Dies stellt sich im Falle der Tonträger anders dar. In diesem Bereich hat die restriktive (kulissenargumentativ ökonomisch und kulturpolitisch begründete) Veröffentlichungspolitik des in der

Tab. 2: Verfügung über Phonotechnik (N = Nutzungsmöglichkeiten in der Familie bzw. bei Freunden; davon B = persönlicher Besitz 1987)
(Angaben in %)

	Stereo-radio (Standgerät)		Koffer radio		Recorder (Kassetten- bzw. Radiorecorder)		Walkman		Plattenspieler	
	N	B	N	B	N	B	N	B	N	B
Schüler	71	25	66	32	93	76!	39	27!	78	29
Lehrlinge	73	26	73	33	95	73	32	16	80	28
Studenten	72	30	69	32	88	65	32	18	93	42
jg. Arbeiter	70	45	69	38	88	72	17	12	76	43
jg. Angest.	61	50	57	44	75	61	11	9	72	53!

DDR monopolistischen U−Musik−Labels "AMIGA" eine programminhaltliche Demokratisierung des Musikgebrauchs weitgehend verhindert. Im Gefolge dessen spielten gerade für den jungendlichen Musikgebrauch Schallplatten und industriell bespielte Musikkassetten eine eher untergeordnete Rolle. Die Ausstattungsraten lagen in diesen Bereichen in der DDR wesentlich unter denen der BRD. Kompensiert wurde das Zugangsmanko, das sich insbesondere auf die von der Jugend hochfavorisierten Bereiche populärer Musik bezog, durch privat bespielte Musikkassetten. Die Musikkassette avancierte zum entscheidenden Medium des gezielten Zugriffs DDR−Jugendlicher auf Musik. Preisnachteile und qualitative Defizite gegenüber Schallplatten bei den einheimischen Angeboten an Musikkassetten − auch in diesem Bereich war die Produktion planmonopolistisch mit der Konsequenz fehlenden Entwicklungsdrucks organisiert − konnten eine Ablösung privater Musikprogramme von den medienpolitisch verordneten nicht verhindern. Die Programminhalte der privat bespielten Musikkassetten DDR−Jugendlicher wurden grundlegend von den in der DDR empfangbaren UKW−Hörfunkstationen der BRD und Westberlins bestimmt. Einheimische Rundfunksender erreichten vor allem dann Resonanz, wenn sie abseits ideologischer Bevormundungsabsichten und kulturpolitischer Erwägungen die Hörerbedürfnisse ins Programmkalkül zogen. So konnte die unter DDR−Jugendlichen populärste einheimische Hörfunkstation "Jugendradio DT 64" höchste Einschaltquoten bei Mittschnitts− und Informationsangeboten zur populären Musikszene des westlichen Auslandes verbuchen. Die Umsetzung der Dienstleistungsfunktion als Quelle privater Musikmitschnitte ist für DDR−Jugendliche zentrales Kriterium der individuellen Beurteilung und Nutzung von Hörfunkprogrammen gewesen.

Die Musikkassetten waren darüberhinaus auch die beinahe einzige Möglichkeit der rock—musikalisch sich artikulierenden DDR—Jugendsubkulturen, massenmedial zu Gehör zu kommen. Als Medium, das in eigener Regie — wenn auch nur in begrenzter Zahl und bei qualitativen Einbußen — zu vervielfältigen war, blieben die Musikkassetten auch im Falle der Eigenproduktion der Programminhalte den ansonsten allgegenwärtigen Mechanismen der politischen Zensur entzogen.

Allerdings wurden diese Formen keineswegs nur musikkultureller Alternativen zur Einöde der von Staats wegen gefällig geordneten Populärmusikszene stets nur von einer Minderheit Jugendlicher überhaupt zur Kenntnis genommen. Die Mehrheit der DDR—Jugendlichen war musikkulturell längst in die massenmedial zugänglichen Gefilde des westlichen Popmarktes emigriert. Das wird auch deutlich, wenn man sich den Resonanzverlust landeseigener Pop— und Rockalternativen im Verlaufe des vergangenen Jahrzehnts anhand der Verschiebungen in der Herkunft der zu verschiedenen Befragungszeitpunkten beliebtesten Einzeltitel vergegenwärtigt.

Tab. 3: Lieblingstitel populärer Musik im Vergleich 1979—1987 nach der Herkunft der Produktion
(Angaben in %)

	Es entschieden sich für ...	
	.. einen Titel aus der DDR—Produktion	.. einen Titel aus dem westlichen Ausland
1979	49	51
1984	31	69
1987	11	89

Diese Entwicklung hat ihre Reflexion auch im Bereich der öffentlichen Musikaufführungen für Jugendliche gefunden. Bei Verringerung ihrer Zuwachsraten haben die Tanzveranstaltungen in den 80er Jahren ihre Position als beliebteste und am häufigsten genutzte Form der außerhäuslich organisierten Gestaltung von Jugendfreizeit bestätigen und befestigen können. Nach einer fast schon als explosiv zu bezeichnenden Entwicklung in den 70er Jahren gingen dabei auch in den 80er Jahren die Zuwachsraten bei Tanzveranstaltungen insgesamt ausschließlich auf das Konto der Ausbreitung von Diskothekenveranstaltungen. Diese Entwicklung war in ihren Konsequenzen in zweierlei Hinsicht von besonderem Belang:

1. Die einheimische (Amateur−) Musikszene − ein wichtiger Talente−Pool −, die aufgrund unterentwickelter medialer Kapazitäten zur Sicherung ihrer Reproduktion auf Aufträge aus dem Bereich der Tanzveranstaltungen angewiesen war, erlitt eine ökonomische Austrocknung. Eine florierende Wachstumsbranche der 70er Jahre geriet schnell in eine existentielle Krise und wurde faktisch ein Bereich staatlicher Subvention bei allen damit verbundenen künstlerischen Konsequenzen.
2. Die Diskotheken reproduzierten aufgrund ihrer strukturellen Organisation ("Wanderzirkus") lediglich die Musikgebrauchsmuster der von Jugendlichen bevorzugten Musikprogramme des häuslichen Gebrauchs in den Raum der öffentlich−territorialen Angebote hinein. Musikpolitische Gesichtspunkte − so die Regelung, daß bei öffentlichen Veranstaltungen 60% der eingesetzten Musik aus sozialistischer Produktion zu stammen hätten − erwiesen sich als nicht durchsetzbar und unterlagen schließlich einer stillschweigenden praktischen Suspendierung.

Natürlich stützt sich die Bedeutung der Tanzveranstaltungen für Jugendliche nicht allein − wahrscheinlich nicht einmal in erster Linie − auf die Möglichkeit, Musik zu hören oder zu tanzen. Tanzveranstaltungen sind für Jugendliche Bestandteil einer der Erwachsenenkontrolle entzogenen Gleichaltrigenkultur, sind bevorzugte Gelegenheiten der Kommunikation mit Altersgefährten, der Partnersuche, der öffentlich inszenierten Selbstfindung und Selbstdarstellung. Für den Bereich jugendlicher Musikkultur haben öffentliche Veranstaltungen unter Einbeziehung von Musik aber vor allem deshalb ein starkes qualitatives Gewicht, weil dort dennoch permanent, spontan und sinnlich erlebbar der Abgleich musik−geschmacklicher Urteile unter Gleichaltrigen stattfindet.
Im personalen Zusammenhang gleichaltriger Freizeitgruppen wird bei zwei Dritteln der Jugendlichen die Inanspruchnahme öffentlicher Musikangebote organisiert, und drei Viertel der 1987 befragten DDR−Jugendlichen gaben an, sich oft oder sehr oft mit Freunden über Trends und Qualitäten von populärer Musik auszutauschen.
Konzerte haben gegenüber Tanzveranstaltungen ein eingeschränktes funktionales Spektrum und sind nicht wie diese quasi zum Moment jugend−kulturellen DDR−Alltags geworden. Während der oder die "durchschnittliche" DDR−Jugendliche zum Ende der 80er Jahre einmal pro Woche eine Tanzveranstaltung besuchte, erreichte selbst die beliebteste Konzertform − das Rockkonzert − im Verlaufe eines Vierteljahres nur 40% der Jugendlichen mindestens einmal. Das Angebot war in diesem Bereich auf die Großstädte konzentriert und inhaltlich fast vollständig nationalisiert. Die Live−Szene

stand damit im ständigen Gegensatz zur medialen Situation der Musiknutzung. Während am Ende der 80er Jahre allenfalls noch der Hafer der subkulturellen Avantgardisten in den Insider—Klubszenen der Großstädte zu zeitweiliger Blüte kam und die Auftritte auch massenmedial existierender und damit gewissermaßen mit obrigkeitlichem Segen versehener Bands immer weniger Interessenten fanden, zeigte sich bei den endlich ermöglichten internationalen Großkonzerten der Jahre 1987 und 1988 ein überwältigendes Interesse am Live—Erlebnis internationaler Stars. So hatte Bruce Springsteen das bislang größte Konzert seiner Karriere im Frühsommer 1988 vor ca. 160.000 DDR—Jugendlichen in Berlin—Weißensee.

Zu den Erscheinungsformen jugendlicher Musikgebräuche zählt auch die Präsenz populärer Musik in alltagskulturellen Verhaltensweisen jenseits des Musikhörens. Beispielsweise haben 78% der DDR—Jugendlichen im Verlaufe ihrer Jugendbiografie Bilder, Poster oder Autogramme aus der Rock— und Popszene gesammelt, mehr als die Hälfte hat sich mit der Sammlung von Informationen zu Interpreten, Gruppen und Stilrichtungen befaßt, und immerhin noch 45% der Jugendlichen haben sich mit fremdsprachigen Rocktexten näher auseinandergesetzt. Gerade auch an dieser Stelle werden übrigens sozialstrukturelle Differenzierungen in den Aneignungsqualitäten sehr transparent. Die eher bildungsorientierten DDR—Jugendlichen (Lehrlinge mit Abiturausbildung, Studenten) neigten in wesentlich stärkerem Maße zu einer reflektierten, rationalen, stärker entsinnlichten Aneignungsweise gegenüber der Musik, zeigten sich in größerem Umfange an Texten und seriöser, für den Prozeß der Musikproduktion und —verbreitung relevanter Sachinformationen interessiert. Die Aneignung der populären Musik bei jungen Arbeitern hingegen ist stärker auf den unmittelbar sinnlich wirkenden Gegenstand — sowohl auditiv als auch visuell — ausgerichtet. Gegenstand und Aneignungsweise sind weniger kritisch—rationaler Reflexion als vielmehr den in Alltagsroutinen und Reproduktionserfordernissen verfestigten Gebrauchsgewohnheiten ausgesetzt. Die Nützlichkeit der Musik wird in diesen Gebrauchsgewohnheiten unmittelbar sinnlich—praktisch erfahren und bedarf einer anderen Apologie in keiner Hinsicht.

Wenn auch in unterschiedlicher Qualität, so ist populäre Musik indessen in beiden Gruppen DDR—Jugendlicher ein Zentrum sozio—kultureller Verhaltensweisen. Sie wirkt als sinnlich attraktiver, universell verfügbarer Kristallisationskern von distinkten Jugendkulturen, ist "ein Medium, das denjenigen Menschen zum Ausdruck verhilft, die sich ihrer bedienen" (Wicke 1986, 122). Musikgebrauch grenzt ab, definiert und verortet sozio—kulturell. Für die Mehrheit der DDR—Jugendlichen fand dieser Prozß in den 80er Jahren seine sinnlichen Inhalte in Kulturprodukten, die dem Zusammenhang und den

Potenzen westlicher Gesellschaften entsprungen sind. Kaum ein Bereich des DDR—Jugendkulturlebens dürfte schon im Vorfeld der gesellschaftlichen Wende vom Herbst 1989 soweit internationalisiert gewesen sein wie gerade der des Musikgebrauchs. Dies war natürlich zunächst der Tatsache geschuldet, daß eine staatliche Kontrolle der massenmedialen Verteilung westlicher Musikofferten kaum mehr realisierbar war und spätestens mit der Ausbreitung der programm— und einsatzflexiblen Tonaufzeichnungs— und Wiedergabetechnik unter Jugendlichen auch der staatlich kontrollierte Tonträgermarkt für den realen Musikgebrauch an Bedeutung verlor. Aber der rapide Verlust an Resonanz und Wirkung nationaler populärer Musikproduktion unter DDR—Jugendlichen ist freilich nicht allein das Verdienst der Überzeugung durch das allgemein verfügbar gewordene bessere Beispiel, sondern auch das Resultat grundlegender Unfähigkeit im Verständnis kultureller Entwicklungslinien bei den vor der Wende 1989 in der DDR kulturpolitisch Verantwortlichen. So ist der Übergang vom Kulturhandwerk zur Kulturindustrie faktisch nicht vollzogen worden, eine Kulturfinanzierung nach dem sogenannten Restmittelprinzip hat die notwendigen ursprünglichen Akkumulationen insbesondere in die potentiell ironischerweise auch noch besonders gwinnträchtigen Bereiche der Massenkultur verhinder. Trotz vorgeblicher massenkultureller Programmatik wurde statt dessen hochkulturellem Glanz gehuldigt und ein Kulturideal gepflegt, das der geistigen Welt frühbürgerlicher Aufklärung entsprang. Damit war für die Identität eines "Arbeiterstaates" wenig zu gewinnen. In den für ein solches Staatswesen eigentlich entscheidenden Bereichen massenkultureller Produktion — auch natürlich bei Rock— und Popmusik — entstand ein technischer und organisatorischer Rückstand, der schließlich deutlich hör— und sichtbar wurde und schon allein von der mangelnden sinnlichen Attraktivität der schließlich vorzeigbaren Produkte her den Abstieg programmierte.

Hinzu kam aber die unselige Verpflichtung gerade des Populären, als Instrument der Verbreitung staatstragender Ideologie herhalten zu müssen oder bei Gefahr des Untergangs zumindest nicht an schreienden Widersprüchen realer Gesellschaftspraxis zu rühren. Für die DDR—Rockmusik galt faktisch von der Wiege bis zur Bahre die Auflage staatserhaltender Wirksamkeit oder folgenlosen Amüsierbetriebes. Wer sich offen außerhalb dessen stellte, konnte als Rockmusiker in der DDR nicht überleben.

Mit fortschreitend krisenhafter Gesellschaftsentwicklung resultierte aus der Abhängigkeit des DDR—Rock und —Pop von den dürftigen Potenzen totalstaatlich verwalteter Musikproduktion und —verbreitung und daraus folgenden programmatischen und ästhetischen Kompromissen ein fast völliger Glaubwürdigkeits— und Authentizitätsverlust. Der notwendigerweise ausgeprägten Subtilität der Protestartikulation mochte lediglich noch eine Minderheit wohlmeinender, intellektuell orientierter DDR−Jugendlicher folgen und die subkulturellen Szenen agierten − von der Masse der DDR−Jugendlichen unbemerkt − zwischen Illegalität und ökonomischer Katastrophe. Die Domestizierung der DDR−Rockmusik als Voraussetzung ihrer materiellen Existenz gesetzt, bedeutete zugleich den Verlust ihrer Legitimation in der Bedürftigkeit ihres ursprünglichen Zielpublikums. Mit der aus Inkompetenz, Instinktlosigkeit und ideologisch−instrumenteller Absicht resultierenden Zerstörung einheimischer Alternativen wurde der Boden für Ausbreitung und Adaption anderer Offerten bereitet. Mit dem für DDR−Jugendliche eigentlich erst jetzt in mehr als nur seinen glänzendsten Sternen sichtbar werdenden Universum weltweiter populärer Musikproduktion werden die im lichtarmen Glashaus nationaler Borniertheit gewachsenen Früchte nationaler Rock− und Popprovinienz schwerlich konkurrieren können. Von DDR−Rock und −Pop dürfte wohl kaum mehr als eine musikhistorische Marginalie bleiben. Warum sollte das letztlich darüber entscheidende Votum der hiesigen Jugend zukünftig anders ausfallen als in der Vergangenheit?

Wie indessen die Aneignung der nun endlich wirklich offenen Pop−Musikwelt bei den bald ehemaligen DDR−Jugendlichen sich vollziehen wird, ist schwer prognostizierbar. Der Vergleich von Musikgebrauchsumfängen und −voraussetzungen sowie bevorzugter Aneignungsgegenstände in Ost und West zum Ende der 80er Jahre − soweit er sich anhand vorliegender Daten realisieren läßt − legt im Grunde eher die Vermutung einer relativen Stabilität der gegebenen Sachverhalte als die von gravierenden qualitativen Wandlungen nahe. Musik ist ein Lebensmittel geworden, doch die Mehrzahl DDR−Jugendlicher hat sich an den bislang schon verfügbaren Fast−Food−Mix aus chartsverdächtigem Diskopop, Mainstream−Rock und Neuem deutschem Schlager gewöhnt.

Auch Monate nach Einführung der D−Mark zwischen Rügen und dem Thüringer Wald und Wochen nach der staatlichen Wiedervereinigung Deutschlands ist ein grundlegender Wandel im Gebrauch populärer Musik durch Jugendliche der fünf neuen Bundesländer nicht festzustellen. Dies war angesichts des schon fortgeschrittenen Grades der Internationalisierung in der Verbreitung populärer Musikofferten allerdings auch kaum zu erwarten gewesen. Popmusik war und bleibt in Ost und West gleichermaßen integraler Bestandteil des Jugendlichenalltags. Allerdings gibt es schon Veränderungen in Details.
Zum einen ist die Pluralisierung der massenmedial angeeigneten Musikofferten in Ausdehnung begriffen. Mit der harten Währung wurde der Zugang zum

Weltmusikmarkt geöffnet. In der einsetzenden Angebotsflut dürften unter ehemaligen DDR-Jugendlichen zunächst vor allem die komplexen Vermarktungsstrategien der großen Musikanbieter erfolgreicher sein. Experimentierfreude im Kaufverhalten ist von den finanziell vergleichsweise schlecht gestellten ostdeutschen Jugendlichen kaum zu erwarten. Hinzu kommt, daß sie einen erheblichen Nachholbedarf bei Rock- und Popklassikern aufweisen. Eine Ausdifferenzierung der Musikinteressen ist wohl erst für den Fall und Zeitpunkt des wirtschaftlichen Aufschwungs zu erwarten.

Den komplexen Vermarktungsstrategien der Musikindustrie sind die Ost-Jugendlichen im übrigen jetzt erst zur Gänze ausgesetzt. Satellitenprogramme, darunter Musikkanäle, werden nun massenhaft zugänglich, die Popmusikpresse und -literatur ist erst jetzt überall verfügbar, ebenso die ganze Breite industriell vorproduzierter, an Popmusik angelagerter kultureller Ausdrucksformen in Textil, Make-up oder Accessoires.

Den medial erweiterten Musikofferten steht der Zusammenbruch des subventionierten Musikangebots für Jugendliche im öffentlichen Raum gegenüber. Die ehemaligen FDJ-Klubs, die massenhaft als Jugendtreffpunkte funktionierten, wurden in Windeseile geschlossen, kommerzialisiert oder bestenfalls kommunalisiert. Kommerzielle Neuanbieter sind erst im Kommen, und auch angesichts gestiegener Preise haben sich die musikbezogenen Freizeitmöglichkeiten der ehemaligen DDR-Jugendlichen im öffentlichen Raum im Gefolge der Wende wohl kaum verbessert. Stärker noch als im Falle der medialen Musikangebote wird die Inanspruchnahme der Konzert- und Dancefloor-Szenen von der Entwicklung der Kaufkraft ehemaliger DDR-Jugendlicher abhängen. Insgesamt ist wohl ein vergleichsweise schneller Vorgang der Anpassung an den Musikgebrauch westdeutscher Jugendlicher in allen Aspekten zu erwarten. Eine bleibende ostdeutsche Spezifik wird es kaum geben. Der Gebrauch populärer Musik durch Jugendliche der sogenannten Industrieländer ist aber auch insgesamt ein Phänomen, das tendenziell eher in Homogenisierung begriffen ist.

Literatur

Bonfadelli, H. u.a.: Jugend und Medien. Frankfurt/M. 1986

Wicke, P./Schneider, F.: Popularität oder ästhetischer Anspruch (Gespräch). In: Musik und Gesellschaft 3, 1986, 119-124

Heinz Schauer

Probleme der Alltagskultur von Studenten

Empirische Untersuchungen weisen nach, daß das Erleben von Überforderungen im Studim nicht nur Widerspiegelung des Aufwandes für das Bewältigen von Studienanforderungen ist, sondern auch Defiziterleben der Studenten bezüglich geistig−kultureller Bedürfnisbefriedigung beinhaltet. Aus diesem Sachverhalt ergab sich, daß für die Mehrheit der Studenten die drei vorrangigen Wege ihrer geistig−kulturellen Profilierung in der Musik−, Belletristik− und Fernsehrezeption zu finden ist. Es werden vier Modelle entwickelt, um die Beziehungen zwischen Freizeitinteressen und Freizeittätigkeiten bei Studenten darzustellen. Es muß mit Problemen bezüglich der Alltagskultur bei vielen Studenten in den fünf neuen Bundesländern gerechnet werden.

Der Lebensstil der Studenten beinhaltet die Realisierung von Zielen, Anforderungen und Bedürfnissen in ihren Tätigkeiten unter räumlichen und zeitlichen Alltagsbedingungen bei der Persönlichkeitsentwicklung im Verlaufe des Studiums. Eine wesentliche Determinante des Lebensstils und der Alltagskultur von Studenten ist ihr Zeitbudget. Denn das Zeitbudget beinhaltet wesentliche Rahmenbedingungen und die realen Möglichkeiten der Studenten bezüglich der Realisierung der Studienanforderungen und der Gestaltung ihres kulturell bestimmten Lebensstils. Insofern ist wichtig, wie die Studenten ihre Zeit einteilen, wie sie hierzulande und heutzutage studieren und leben. Verständlicherweise wird der Lebensstil der Studenten vor allem durch die Studientätigkeiten bestimmt; sie prägen dessen Struktur. Wir haben vor der Einheit Deutschlands 1988/89 und auch im Vollzug der Wiedervereinigung 1990 empirische Untersuchungen unter Studenten der fünf neuen Bundesländer durchgeführt. Die Unterschiede bezüglich der Studientätigkeiten sind − nicht nur gemessen an der kurzen Zeitspanne − erheblich. So entfielen 1988/ 1989 bei Studenten im 1. Studienjahr von den 168 Wochenstunden im Durchschnitt rund 50 Stunden auf Studientätigkeiten (bei Medizinstudenten sogar 63,6 Stunden; den Physikstudenten 61,3 Stunden). Hierbei werden aus Vergleichsgründen die Wegezeiten im Studienprozeß nicht mit berücksichtigt. 1990 verwendeten die Studenten in den fünf neuen Bundesländern dagegen nur noch 37,7 Wochenstunden − ohne Wegezeiten − für die Studientätigkeiten im engeren Sinne. Damit näherten sie sich den Studenten in den alten Bundesländern stark an, die nach unseren Untersuchungen ebenfalls 1990 nur 34 Wochenstunden für die Studientätigkeiten im engeren Sinne nutzten.

Damit wird deutlich, daß der Studienprozeß vor der Wende durch hohe quantitativ—zeitliche Studienbelastungen der Studenten und weitgehende Extensivierung gekennzeichnet war. Wo dies aber wirksam wird, dort ist kaum eine individuelle, an den Wissenschaftsinteressen orientierte Zeitgestaltung möglich. In diesem Zusammenhang führten unsere empirischen Untersuchungen zu einem überraschenden Ergebnis: Das Erleben von Überforderung im Studium ist nicht nur Widerspiegelung der Studienanforderungen und des Aufwandes für deren Bewältigung, sondern auch Defiziterleben der Studenten bezüglich geistig—kultureller Bedüfnisbefriedigung. Je größer die Mangelerlebnisse sind, um so stärker reflektieren die Studenten den Umfang der Studienanforderungen als quantitative Überforderung. Das ist deshalb bemerkenswert, weil ein ausreichendes Maß an Freizeit und deren sinnvolle Nutzung für die Studenten in mindestens dreierlei Hinsicht wichtig ist:
1. als produktive, freudvolle Ergänzung des Studiums im Sinne kulturell—ästhetischer Erlebnisse;
2. als rekreativer Ausgleich zu vorwiegend geistiger und bewegungsarmer Tätigkeit mit dem Ziel, das physische und psychische Wohlbefinden zu erhalten und zu fördern;
3. als kommunikativer Faktor der sozialen Beziehungen.

Außerdem muß die Persönlichkeitsentwicklung der Studenten auch die Entfaltung stabiler ästhetischer Bedürfnisse, kulturell—künstlerische Bildung und künstlerisch—rezeptive Fähigkeitsausprägung, kurz ein reiches geistig—kulturelles Freizeitleben einschließen.
Die Spezifik des studentischen Lebensstils äußert sich in der Einheit von Studientätigkeiten, Freizeittätigkeiten, Rekreation und notwendigen alltäglichen Tätigkeiten (Mahlzeiten, Einkäufe, Körperpflege u.ä.) bei fließenden Übergängen zwischen ihnen sowie der Möglichkeit der doppelten Nutzung der Zeit durch Paralleltätigkeiten, wodurch auch die spezifische Widersprüchlichkeit des studentischen Lebensstils deutlich wird.
Die Zeitstruktur der Tätigkeiten bildet die Grundlage für das effektiv Mögliche im Studienprozeß, sie beinhaltet die Gestaltung des Lebensstils und bildet damit die Widersprüche, Probleme und Konflikte in dem studentischen Lebensstil in einer charakteristischen Dimension ab.
Es wurde bereits darauf hingewiesen, daß es bei der Mehrheit der Studenten vor der Wende Probleme bezüglich der Befriedigung ihrer Bedürfnisse in den Bedingungen ihrer Lebensweise gab, die in den Tendenzen der Vereinseitigung im Studienprozeß in unseren empirischen Untersuchungen erkennbar wurden.

Tab. 1: Vergleich der Zeitbudgets der Studenten für Haupttätigkeiten 1988 und 1990 (in Wochenstunden)

1 Zeit für den Besuch von Lehrveranstaltungen
2 Zeit für das Selbststudium
3 Erfüllungsgrad der Selbststudienaufgaben (Angaben in %)
4 Wegezeiten im Studienprozeß
5 Geselligkeit
6 Massenkommunikation und kulturelle Rezeption (ohne Paralleltätigkeiten)

Population		1	2	3	4	5	6
1988	Gesamt	25,4	23,6	56	7,3	12,0	10,0
	männlich	25,0	22,8	55	7,1	12,8	10,0
	weiblich	26,0	24,3	58	7,5	11,3	10,0
1990	Gesamt–Ost	22,5	15,2	52	n.e.	8,5	10,5
	männlich	23,0	15,7	50	n.e.	7,5	10,1
	weiblich	22,0	15,1	52	n.e.	9,0	11,5
1990	Gesamt–West	20,5	13,4	n.e.	n.e.	11,8	9,2
	männlich	21,0	13,5	n.e.	n.e.	11,5	9,1
	weiblich	20,0	13,3	n.e.	n.e.	12,0	9,4

Nun zeigen sich aber in unseren Untersuchungen sowohl bei den Studenten der neuen wie auch der alten Bundesländer bezüglich der Verwirklichung ihrer kulturell–künstlerischen Freizeitinteressen Zeitprobleme.
Uns ist verständlich, daß in der Hochschulausbildung die Wissenschaft und das Fachstudium im Mittelpunkt stehen müssen. Wenn auch die fachliche Bildung immer eine kulturelle Komponente hat, so will ich doch auf der Grundlage unserer Erkenntnisse mit Nachdruck hinweisen, daß es um eine anspruchsvolle Kultur über diesen spezifischen Gegenstand hinaus geht, letztlich um ein genußreiches geistig–kulturelles Leben. Aber gerade deswegen sollte nicht übersehen werden, daß nach wie vor die vorrangigen Freizeitaktivitäten der meisten Studenten im Musikhören, im Belletristiklesen und in der Fernsehrezeption liegen. Ihre Gemeinsamkeiten bestehen darin, daß sie die am einfachsten zu realisierenden Formen sind, die keine oder kaum zusammenhängende Zeit erfordern und als Parallel– oder Sekundärtätigkeiten realisiert werden können.
Eine detaillierte Analyse der Beziehungen zwischen den kulturellen Freizeitinteressen und den kulturell geprägten Freizeittätigkeiten bei Studenten und

der werktätigen Jugend zeigte wesentliche regelhafte Zusammenhänge, die bisher in der wissenschaftlichen Literatur noch nicht dargestellt wurden. Um diese Beziehungen darstellen zu können, erscheint die Kenntnis der Tab. 2 sinnvoll, die nicht nur veranschaulicht, wie die Alltagskultur das Niveau des studentischen Lebensstils zu charakterisieren vermag.

Tab. 2: Verhältnis von Freizeitinteressen und Freizeittätigkeiten bei Studenten
(Pos. 1 — mindestens große Interessiertheit)

Rang-platz	Interessen Inhalt	Pos.1 (in%)	x	Rang-platz	Tätigkeiten Inhalt	Umfang (in Std.)
1	Geselligkeit	87	1,7	1	Partnerbeziehungen	12,5
2	Partnerbeziehungen	83	1,8	2	Musikrezeption	10,2
3	Musikrezeption	79	1,9	3	Belletristikrezeption	6,9
4	Touristik/Reisen	78	1,9	4	Fernsehrezeption	6,4
5	gestalt. Tätigkeit	65	2,3	5	Geselligkeit	6,0
6	Belletristikrezeption	62	2,4	6	Freizeitsport	4,7
7	Freizeitsport	53	2,6	8	Gaststättenbesuch	4,3
8	Diskobesuch/Tanzen	53	2,6	8	gesellsch.—pol. Tätigkeit	4,1
9	Theater—/Konzertbesuch	47	2,7	9	techn. Tätigkeiten/ Handarbeiten	4,0
10	Kinobesuch	37	2,9	10	Diskobesuch	3,3
11	mit wiss. Problemen beschäftigen	37	3,0	11	Theater—/Konzertbesuch	2,7
•				12	Touristik	2,6
14	Galeriebesuch	30	3,2	13	Studentenklubbesuch	2,6
•				14	Wissenschaftsprobleme	2,5
17	künstlerische Tätigkeiten	26	3,4	15	künstlerische Tätigkeiten	2,4
18	Fernsehrezeption	17	3,7	16	Kinobesuch	1,9

Vier Modelle können die Beschaffenheit dieser Beziehungen charakterisieren. Das häufigste Modell: Das produktive Spannungsverhältnis beinhaltet eine sehr differenzierte und unterschiedlich ausgeprägte Interessiertheit, wie sie z.B. bei dem Belletristikinteresse deutlich ist und die auf einem etwas niedrigeren Niveau — ebenfalls entsprechend dem unterschiedlichen Interessiertheitsgrad — als Freizeittätigkeit realisiert wird. Bedingung dafür ist eine relativ leichte Realisierbarkeit z.B. der Belletristikrezeption selbst in der Reichsbahn. Hier haben wir ein produktives Spannungsverhältnis zwischen Freizeitinteresse und Freizeittätigkeit, was nicht nur für Studenten und die werktätige Jugend gilt, sondern generell.

Der zweite Regelfall: Das negative Diskrepanzverhältnis beinhaltet eine durchschnittliche Interessiertheit, die ebenfalls differenziert ausgeprägt ist, aber die Realisierungsbedingungen und die Realisierungsmöglichkeiten sind ungünstig, weil größere zusammenhängende Zeiträume und Organisationsaufwand sowie Wegezeiten u.ä. erforderlich sind, wie das für den Theater– und Konzertbesuch, aber auch für den Tourismus charakteristisch ist. Dann wird diese Freizeittätigkeit nur noch von denen mit den höchsten Interessenausprägungen realisiert.

Der dritte Regelfall: Das Übereinstimmungsverhältnis beinhaltet eine überbetont hohe Interessiertheit, wo ein schwaches Interesse so gut wie überhaupt nicht vorhanden ist, wie bei dem Musikinteresse und dem Bedürfnis nach Partnerschaftsbeziehungen. Es ist elementarer Bestandteil der Alltagskultur der Studenten und Jugendlichen. Dann geschieht in der Regel die Realisierung als Freizeittätigkeit im gleichen Umfange, wie das Interesse ausgeprägt ist.

Der vierte Regelfall: Das positive Diskrepanzverhältnis hat als Ausgangspnkt ein relativ gering ausgeprägtes Interesse, wobei ein sehr hoher Ausprägungsgrad die Ausnahme ist. Aber zugleich handelt es sich um eine der häufigsten Freizeittätigkeiten, stimuliert vor allem durch leichte Realisierungsmöglichkeiten, günstige Realisierungsbedingungen und spezifische soziale Beziehungen. Dieses Verhältnis ist z.B. charakteristisch für die Fernsehrezeption. Die Modelle beachten das unterschiedliche geistig–kulturelle Anspruchsniveau unter den Studenten und Jugendlichen in Gestalt des unterschiedlichen Ausprägungsgrades geistig–kultureller Bedürfnisse, was ein Ausdruck ihrer Differenziertheit z.B. bei gleichen Studienbedingungen und Studienanforderungen ist, und worin das unterschiedliche kulturelle Gewordensein der jugendlichen Persönlichkeit sich manifestiert.

Im kulturell–künstlerisch rezeptiven Bereich sind die Unterschiede im individuellen Entwicklungsgang der Jugendlichen und Studenten am deutlichsten zu erkennen.

Unsere langjährigen empirischen Untersuchungen unter Studenten gestatten die Prognose, daß die Studenten in den fünf neuen Bundesländern auf der Grundlage der neuen gesellschaftlichen Verhältnisse bezüglich ihrer Individualität, insbesondere ihres Lebensstils und der Alltagskultur vor großen Veränderungen stehen und sich ein neues Weltbild gestalten werden. Die anderen Studienbedingungen und die veränderte Studiensituation lassen mit hoher Wahrscheinlichkeit erwarten, daß viele Studenten — wegen der schulischen Entwicklung — noch lange Schwierigkeiten bezüglich der Selbstständigkeit und des Entscheidungsverhaltens haben werden. Das beginnt schon bei so einfachen Dingen wie einer vernünftigen Einstellung zu Fehlern und Irrtümern. Die Chancen bergen Risiken. Und zum Studium gehört auch das Lernen aus

Fehlern. Dazu müssen die Fehler und Irrtümer aber erst einmal als etwas Selbstverständliches im Prozeß der wissenschaftlichen Arbeit und der Entwicklung von Kreativität angenommen werden. Insbesondere können die Studenten erst allmählich jene Fähigkeiten erwerben, die zur Subjektivität gehören. Weiterhin wurden die Studenten in der ehemaligen DDR ideologisch gezwungen, zusätzlich gesellschaftliche Arbeit in Gestalt von Arbeitseinsätzen in der Landwirtschaft und im Bauwesen sowie in ihrer Hochschule in Form von Küchen- und Pförtnerdiensten zu verrichten. Durch die neuen finanziellen Gegebenheiten werden viele Studenten der fünf neuen Bundesländer einen Nebenverdienst benötigen, den sie durch Jobben erwirtschaften. Aber an dieses Jobben werden sie mit einer ganz anderen Einstellung herangehen, weil sie das nicht aus einer ideologischen Zwanssituation heraus tun, sondern um ihre ökonomisch−finanzielle Situation ihrem Lebensstil entsprechend zu gestalten, und damit wird sich auch der Rang des Studiums allmählich ändern. Insgesamt sind demnach Brüche im motivationalen Bereich bei vielen Studenten in den fünf neuen Bundesländern zu erwarten, die durch andere Konfliktsituationen noch gefördert werden.

Harald Schmidt

Jugend und Tourismus

Intensive Mobilität gilt als eine wichtige jugendspezifische Besonderheit. Im Beitrag werden einige Aspekte der Reiseinteressen und −tätigkeiten von Jugendlichen in den Ferien vor den Ereignissen in der DDR im November 1989 dargestellt. Basis dafür sind Forschungsergebnisse des Leipziger Jugendforschungsinstituts − vor allem die Studie "Tourist '89" (n = 3064 junge Leute).
Seit Jahren steht das Reisen an der Spitze der Freizeitinteressenhierarchie bei Jugendlichen aus dem östlichen Teil Deutschlands. Trotz ungünstiger Reisebedingungen (vor der Wende) verreiste die Mehrheit der jungen Leute in den Ferien. Der Autor trifft differenzierte Aussagen zu dieser Reisetätigkeit, zu Reiseformen oder zu den Reisegründen.

Intensive territoriale Mobilität ist eine wichtige jugendspezifische Besonderheit. Dazu gehören Ferienreisen, Besuche bei Freunden und Bekannten, Ausflüge, Kurzreisen oder das Zurücklegen mitunter großer Entfernungen zwischen Nebenwohnsitz (Arbeits− oder Studienplatz) und Hauptwohnsitz (eigene Wohnung, Wohnung der Eltern oder des Liebespartners).
Mit Reisen verbindet seit Jahrhunderten die Jugend nicht nur die Suche nach neuen Existenzbedingungen, die Befriedigung von Neugier, Bildungsbedürfnis und Forscherdrang, mit religiösen oder mit kriegerischen Zielen, mit Erholung (Stärkung des physischen und psychischen Befindens) oder Vergnügen, sondern auch mit der Bewährung im Leben. Reisen mit Gleichaltrigen war und ist für junge Leute ein Ausweis des Erwachsenseins. Mundt/Lohmann verweisen auf die zentrale Bedeutung des Reisens in der heutigen deutschen Sprache, "... wenn man gebildete und fähige Personen als 'erfahren' und 'bewandert' bezeichnet" (1988, 10). Zweifellos ist es gerade dieser Aspekt, den Jugendliche in der DDR bei Ferien− und Urlaubsreisen suchten. Aber nur einigen sehr aktiven jungen Leuten gelang es bei den bis 9. November 1989 sehr eingeengten Reisemöglichkeiten (vor allem hinsichtlich Reiseziel, Art und Weise des Reisens, Reisedauer, Reisehäufigkeit und Reisezugriff), dieses Bedürfnis zu befriedigen. Die gesellschaftlichen Rahmenbedingungen (die politischen, ökonomischen, rechtlichen) wirkten über Jahrzehnte im östlichen Teil Deutschlands hemmend auf das touristische Angebot, die touristische Infrastruktur, auf die Reisezugriffsmöglichkeit, auf die individuellen Reisebedingungen.

Die in der DDR stark eingeschränkten (Auslands—) Reisemöglichkeiten bedrückten vor allem junge Leute, zumal westlich der Grenzen uneingeschränkte Freizügigkeit über Ländergrenzen hinweg von Altersgefährten vorgelebt wurde. So wurde diese starke Einschränkung eines individuellen Lebensgrundbedürfnisses u.a. zu einem Mitauslöser für die revolutionären Ereignisse in der DDR. Das Faß lief über, weil es auslaufen wollte ...

Im Beitrag sollen einige Aspekte der Reiseinteressen und —tätigkeiten von DDR—Jugendlichen in Ferien bzw. im Urlaub als ein wichtiger Teil des Tourismus auf der Basis von Studien des Zentralinstituts für Jugendforschung dargestellt werden. Es handelt sich vor allem um Ergebnisse der Studie "Tourist '89", einer schriftlichen Befragung im Gruppenverband (mit standardisiertem Frageprogramm), 1989 durchgeführt. An dieser Untersuchung nahmen über 3.000 Schüler der 9. bis 12. Klassen, Lehrlinge, Studenten, Arbeiter und Angestellte teil.

Lebensorientierung Tourismus

DDR—Jugendliche haben seit vielen Jahren großes Interesse an touristischen Freizeittätigkeiten. Das Reisen in der Freizeit (im Urlaub/in den Ferien) steht an der Spitze der Freizeitinteressenhierarchie. Das Interesse am Tourismus hat nach ZIJ—Studien in den zurückliegenden zehn Jahren bei jungen Leuten stark zugenommen (Tab. 1).

Tab. 1: Der Wert des Reisens in der Entwicklung: "Wie stark ist Ihr Interesse am Reisen?"
1 sehr stark... 5 (überhaupt) kein Interesse
(Angaben in %)

Studien:	Jugendtourist 79	(1)				
	Jugendtourist 83	(2)				
	SIL A	(3)				
	Tourist 89	(4)				
Jahr (Studie)	1979 (1)		1983 (2)		1982 (3)	1989 (4)
Gruppe	Lehrlinge	Arbeiter	Lehrlinge	Arbeiter	Studenten	Studenten
Pos. 1+2	65	72	76	75	79	92

Eine Studie in der ersten Hälfte der 80er Jahre hatte ergeben, daß von 21 Freizeitinteressen Reisen nach Radio hören auf dem 2. Rang steht. Bei der 1989 (vor der Wende) durchgeführten Befragung "Tourist '89" wird das touristische Interesse deutlich (Schmidt 1990, 5): Von acht Interessenbereichen (Natur, Kunst, Geschichte, Technik, Wandern, Politik, Sprachen) nimmt der Tourismus eine Spitzenposition ein (s. Tab. 2).

Tab. 2: Freizeitinteressen von Studenten (Tourist 1989): "Wie stark interessieren Sie sich für die genannten Bereiche?" Dafür interessiere ich mich 1 sehr stark ... 5 überhaupt nicht (Angaben in %)

	Rang	Antwort – Position 1	(1+2)	$\bar{x}$
Reisen und Tourismus	1.	60	(92)	1,5
Wandern	8.	13	(34)	2,9
Kunst	3.	25	(82)	2,0
Geschichte	5.	23	(55)	2,4
Technik	6.	26	(47)	2,7
Politik	4.	33	(72)	2,1
Sprachen	7.	18	(48)	2,7
Natur	2.	31	(90)	1,8

Urlaubsreisetätigkeit

Trotz der beschriebenen ungünstigen Reisebedingungen verreiste die Mehrheit der (jungen) DDR–Bürger in den Ferien. Seit Mitte der 80er Jahre stellen wir eine Urlaubsreisequote von etwa 90% bei DDR–Jugendlichen fest, d.h., 90% der Jugend fuhren in den Ferien bzw. im Urlaub mindestens einmal vom Heimatort weg. Viele junge Leute reisen innerhalb der DDR oder/und in Ostblockstaaten sogar zwei– oder mehrmals im Jahr (s. Tab. 3). Nur 7% blieben zu Hause.

Bei vielen DDR–Jugendlichen war in den 80er Jahren das Urlaubsreiseziel meist das (sozialistische) *Ausland*. Bei der letzten tourismussoziologischen DDR–Studie vor den Herbstereignissen erklärten z.B. 65% der Studenten, daß sie 1988 in den Ferien im Ausland waren. Am geringsten ist mit 39% der Anteil bei den Lehrlingen (Tab. 3).

Tab. 3: Reisetätigkeit von DDR−Jugendlichen im Urlaub 1988
(Angaben in %)

	in der DDR	im Ausland
	(Mehrfachnennung)	
Schüler (9. + 10. Klasse)	85	43
Lehrlinge	83	39
Studenten	74	65
junge Berufstätige		
Facharbeiter gesamt	71	45
Facharbeiter 21−25 Jahre	69	50
Absolventen von Hoch− und Fachschulen	70	38

Betrachten wir die bisherige Auslandsreiseaktivität, so sind Studenten in diesem Punkt von allen jugendlichen Gruppierungen am aktivsten. 74% von ihnen waren als Tourist mehr als dreimal im Ausland. Bei gleichaltrigen Facharbeitern (21 bis 25 Jahre) beträgt dieser Anteil nur 43%.

Reiseanalysen des Starnberger Studienkreises für Tourismus lassen erkennen, daß für junge Bundesdeutsche Urlaubsreisen identisch mit Auslandsreisen sind (Gayler 1990, 2ff.).

Ein Vergleich der (bisherigen) Auslandsreisehäufigkeit der gleichaltrigen Jugendlichen beider deutscher Staaten zeigt, wie negativ sich die Reisebeschränkungen in der DDR ausgewirkt haben (Schmidt/Rodestock 1990, 34ff.). Im Januar 1990 wurden bundesdeutsche Jung−Touristen (n=491) während ihres Sachsen−Besuches nach erneuten Reiseabsichten in die östliche deutsche Republik befragt sowie nach ihrer bisherigen Reiseaktivität. Wir können mit Vorbehalt bei einem Vergleich der identisch formulierten Indikatoren zur Auslandsreiseaktivität konstatieren: Bundesdeutsche Jung−Touristen insgesamt und differenziert nach Schülern, Auszubildenden und Studenten sind häufiger ins Ausland gereist als ihre DDR−Altersgefährten. Von Schülern aus der Bundesrepublik Deutschland waren 96% mehr als dreimal im Ausland; von den Schülern der DDR 38%. Lehrlinge gehören zwar in beiden deutschen Staaten zu den am wenigsten ins Ausland Reisenden, aber die Auszubildenden der Bundesrepublik Deutschland übertreffen die in der DDR bei weitem. Studenten reisen am häufigsten in den Ferien ins Ausland. Die DDR−Studenten werden aber sogar von den Schülern aus der westlichen deutschen Republik übertroffen und stehen in puncto Auslandsreisehäufigkeit auf gleicher Stufe mit den bundesrepublikanischen Auszubildenden (Tab. 4).

Tab. 4: Bisherige Auslandsreisen (BRD—Studie/Tourist 89): "Wie oft waren Sie bisher im Ausland?"
(Angaben in %)

	noch nie	1x	2 bis 3x	mehr als 3x
DDR (vor der Wende)				
Schüler	17	18	27	38
Lehrlinge	22	22	27	29
Studenten	2	5	19	74
BRD (Januar 1990)				
Schüler	1	0	3	96
Auszubildende	7	8	12	73
Studenten	0	0	6	94

Der Wunsch, im Urlaub andere Länder kennenzulernen, war bei DDR—Jugendlichen schon immer groß. Allerdings hat sich dieser Wunsch in den 80er Jahren zunehmend verstärkt. Zudem beginnt die Auslandsreiseerfahrung im Vergleich zu den Jugendkohorten der 70er Jahre früher. Für nicht wenige Familien mit Kindern wurden Urlaubsreisen ins osteuropäische Ausland (vor allem nach Ungarn, in die CSFR oder in die Sowjetunion) zur Normalität. So ist zu erklären, daß mehr Schüler der 9. und 10. Klassen in der zweiten Hälfte der 80er Jahre bereits im Ausland waren als ihre Altersgefährten Ende der 70er Jahre.

Bei allen jugendlichen Gruppierungen dominiert sehr stark der Drang, ins Ausland zu reisen. Es wird deutlich, daß der überwiegende Teil der befragten Schüler (71%), Lehrlinge (70%), Studenten (72%), Arbeiter (63%) und Absolventen (65%) erklärte, in den nächsten drei Jahren seinen Urlaub vorwiegend im Ausland zu verbringen. Dieser Wunsch wird sich nun durch die Reisefreiheit noch verstärken, aber sich vermutlich aufgrund zunehmend ungünstigerer Konditionen (sinkendes Realeinkommen, steigende Preise im Tourismus) 1991 und 1992 wieder relativieren.

Reiseform

Seit einigen Jahren ist die Tendenz zu verzeichnen, daß junge Leute spontan, das Programm selbst gestaltend und in kleinen Gruppen (mit Freunden, Bekannten) reisen wollen. An organisierten Gruppenreisen sind Jugendliche nur wenig interessiert. Dieser Trend zur individuellen Reiseform hat sich in den zurückliegenden Jahren wie in anderen Ländern auch in der DDR verstärkt. Nur mit Einschränkungen werden von Reiseveranstaltern organisierte Gruppenreisen akzeptiert. Die meisten jungen Leute wollen bei Urlaubsreisen selbst aktiv sein. Allerdings gefällt vielen ein organisierter Rahmen, wenn also Reiseveranstalter Teile des Urlaubs organisieren (z.B. Transport, Unterkunft oder/und Verpflegung). Trotzdem wurden vor der Wende von einem großen Teil der Jung–Touristen die Dienste des Jugendreisebüros (vor allem bei Auslandsreisen) in Anspruch genommen. Der wichtigste Grund für die Teilnahme an einer eigentlich wenig gefragten Reiseform war die Erreichung eines bestimmten Reiseziels bzw. um überhaupt eine Auslandsreise zu erhalten. Diese beiden Gründe sind heute mit Sicherheit stark entkräftet und gelten bestenfalls nur noch für sehr ausgewählte Reiseziele (z.B. Länder, die Individualtourismus nicht zulassen oder schwer bzw. nur mit hohem Aufwand erreichbar sind). Weitere wichtige Gründe für die Wahl einer Gruppenreise waren und sind für einen großen Teil der Jugendlichen das preisgünstige Angebot und die soziale Komponente (das Reisen mit Altersgefährten).

Reisegründe

Wofür interessieren sich Touristen im Urlaub? Oder was wollen Touristen im Urlaub tun? Das sind *die* Fragen, für die sich Reiseveranstalter interessieren (müssen), um den Urlaub entsprechend den Touristen–Wünschen zu gestalten bzw. die Touristen für bestimmte Urlaubsarten differenziert zu animieren.
Wir können auf der Basis von ZIJ–Forschungen feststellen:
1. Bei Jugendlichen verzeichnen wir über einen Zeitraum von zehn Jahren eine Tendenz zu mehr Aktivität im Urlaub, obwohl junge Leute im Vergleich zu älteren Touristen schon immer den Ausruh–Urlaub in der Mehrzahl ablehnten.
2. Wir können auch hinsichtlich der touristischen Interessenstruktur (Gründe) und der daraus resultierenden Tätigkeiten nicht von *dem* Jugend–Touristen sprechen. Die Interessenstruktur ist sehr differenziert. Sie wird bestimmt durch die berufliche bzw. Lerntätigkeit, durch Freizeittätigkeiten, durch die Bildung — ganz allgemein gesagt, sie wird durch die bisherige Persönlichkeitsentwicklung beeinflußt sowie durch die soziale und territoriale Herkunft.
3. Ein Vergleich der Reisemotive unterschiedlicher Jugend–Kohorten ergibt, daß in allem eine erstaunliche Konstanz bei einigen Reisegründen vorliegt (Tab. 5). Das gilt sowohl für *dominante Gründe* — wie soziale Komponente oder Kennenlernen von Landschaften, Natur und Städten — aber auch für *gering gewichtige* Gründe — wie Fremdsprachenerwerb.

In Tab. 5 wird die Gewichtung der Gründe von Schülern, Lehrlingen, Berufstätigen und Studenten verglichen und teilweise versucht, die Entwicklung (bzw. Konstanz) einiger Gründe gegenüberzustellen (Zeitraum 1979 bis 1989). Zusammenfassend können wir konstatieren:

1. Mit Abstand an erster Stelle steht (seit Jahren) bei *allen* jugendlichen Gruppierungen: Landschaft und Natur genießen. Bei bundesdeutschen Jugend−Touristen konnten wir eine ähnliche Dominanz feststellen.
2. Es folgen mit unterschiedlicher Gewichtung das Kennenlernen interessanter Städte und der Sitten bzw. des Alltagslebens der Gastgeber sowie der Kontakt zu anderen Jugendlichen in der Gruppe (soziale Komponente).
3. Vor allem für junge Jugendliche, am wenigsten für Studenten, ist der Disco−Besuch im Urlaub wichtig.
4. Schüler und Lehrlinge wollen beim Auslandsaufenthalt Sport treiben und Sonnenbäder genießen. Studenten haben daran wenig Interesse. Sie wollen etwas sehen und Kontakte knüpfen. Bei Studenten dominiert Bildung plus aktive Erholung. Mehr als andere Jugendliche möchten sie wandern und Ausflüge unternehmen.
5. Unterschiedliche Gewichtungen gibt es auch hinsichtlich der Bewertung anderer Bildungsindikatoren, zum Beispiel bei der Fremdsprachenvervollkommnung (Pos. 1; Studenten = 12%, gleichaltrige Berufstätige = 5%, Lehrlinge = 6%, Schüler = 11%). Insgesamt spielte aber vor der Wende die Vervollkommnung von Fremdsprachen eine untergeordnete Rolle.
   Das Interesse für Politik und Wirtschaft des Gastlandes ist bei älteren Jugendlichen (Studenten) etwas stärker ausgeprägt als bei Teenagern (Pos. 1; Studenten = 9%, gleichaltrige Berufstätige = 6%, Lehrlinge = 7%, Schüler = 4%).
6. Eine mittlere Position in der touristischen Interessen−Rangfolge nimmt der Besuch von Museen und Ausstellungen ein.
7. Am bedeutungslosesten ist bei allen Jugendlichen der Prestige−Aspekt ("Mitreden können, wenn in der Gruppe über Auslandsreisen erzählt wird").
   Dieser Aspekt ist im Laufe der zehn Jahre stark rückläufig. Mit Abstand am wenigsten ist er ein Grund für die Studenten.
8. Die beschriebene Konstanz einiger Interessen in der Interessenstruktur wird hinsichtlich des Kennenlernens von Landschaft, Natur und Städten sowie bei der sozialen Kontaktfindung deutlich.

Tab. 5: Gründe für Auslandsreisen im Urlaub: Tourist 89 (79, 83).
"Es sind einige Gründe aufgeführt, die für eine Urlaubsreise ins Ausland Bedeutung haben könnten. Geben Sie bei jedem Grund an, welche Bedeutung er für Sie hat, unabhängig davon, ob Sie gegenwärtig ins Ausland reisen wollen oder nicht." Das hat für mich Bedeutung 1 sehr große... 5 überhaupt keine

Entwicklung (jeweils Pos. 1+2 in %)								jeweils Mittelwerte x̄ / Rang				
Lehrlinge		Facharbeiter						Schüler 9./10. Kl.	Lehrlinge	Berufstätige	Studenten	Berufstätige 20–25 Jahre
1979	1983	1989	1979	1983	1989							
67	65	70	72	69	73		interessante Städte	2,0 4.	2,0	2,0 2.	1,7 2.	1,9 2.
74	79	71	82	84	81		Landschaften/Natur	1,9 1.	2,0	1,8 1.	1,6 1.	1,7 1.
							Leben, Sitten, Traditionen					
							anderer Menschen	2,4	2,3	2,0	1,8	1,9
							Strand/Sonnenbäder	1,9 1.	2,0	2,3	2,8	2,4
							Sport	2,6	2,9	3,1 13.	3,3	3,1
42	46	13	37	41	23		mitreden können	3,1 12.	3,2 12.	3,3 13.	4,1 14.	3,3 13.
11	20	19	9	14	17		Fremdsprachen vervollkommnen	3,2 13.	3,5 14.	3,6 14.	3,1 12.	3,6 14.
							Politik, Wirtschaft anderer Länder	3,6 14.	3,4 13.	3,3 13.	3,0	3,2 12.
							historische Sehenswürdigkeiten	2,2	2,1	2,2	2,0	2,1
							Ausstellungen, Museen Geschichte, Kultur	2,8	2,7	2,6	2,6	2,7
28	42	40	37	48	47		Bekanntschaften	2,8	2,8	2,6	2,4	2,6
78	84	85	69	78	74		Freunde	1,9 1.	1,7 1.	2,0 2.	1,8 3.	2,0
							Disko, geselliges Beisammensein	2,1	1,9 2.	2,3	2,8	2,4
							Wanderungen, Exkursionen	2,4	2,6	2,5	2,2	2,5

Tourismus differenziert

Determinanten im Kindes- und Jugendalter für einen bestimmten Bedarf an Tätigkeit in der Freizeit sind gegenständlicher Art (materielle und finanzielle Bedingungen, unter denen junge Persönlichkeiten aufwachsen, ferner die touristische Infrastruktur, Möglichkeiten für touristische Betätigung in der Nähe und Ferne).
In stärkerem Maße bieten aber die Eltern Anregungspotential für die Jugendlichen. Kinder, die beispielsweise mit ihren Eltern viel wandern, werden auch als Erwachsene in dieser Hinsicht aktiver sein.
Eine weitere wichtige Determinante für touristische Tätigkeit ist der Wohnort (Wohnortgröße), in dem der Jugendliche die meiste Zeit seines Lebens aufgewachsen ist (territoriale Herkunft). Aber auch die Art der Arbeits- und anderer Freizeittätigkeiten wirken auf touristische Interessen und Tätigkeiten.
Dazu einige Ergebnisse tourismussoziologischer Forschung des ZIJ:

- Jugendherbergen sind besonders bei Schülern ein bevorzugter Ziel- oder Ausgangsort von Wanderungen und anderen touristischen Aktivitäten. Interessant ist deshalb ihre differenzierte Nutzung von Studenten und jungen Arbeitern, die sich in deren Rückblick ergibt. 38% der Studenten, aber nur 13% der gleichaltrigen (20- bis 25jährigen) Arbeiter waren mehr als sechsmal in einer Jugendherberge.
- Jugendliche, die bereits mehrmals im Ausland waren, haben ein deutlich stärkeres Interesse am Reisen als diejenigen, die bisher nie oder selten außerhalb der DDR-Grenzen Urlaub machten.
- Studenten insgesamt sind *die* jugendliche Gruppierung, die sich am meisten touristisch engagiert.
- Jugendliche, die auf dem Lande leben oder auf dem Lande aufgewachsen sind, haben weniger Interesse am reisen als junge Stadtbewohner. Seit Jahren belegen DDR-Reiseanalysen ein Süd-Nord-Gefälle hinsichtlich der Auslandsreiseaktivität (Grossmann/Kreilkamp u.a. 1990, 15ff.).

Wie stark die territoriale Herkunft wirkt, erkennen wir bei Studenten aus ländlichen Wohnorten. Sie bekunden auch weniger Interesse an Auslandsreisen im Vergleich zu ihren in der Großstadt aufgewachsenen Kommilitonen, obwohl sie doch zum Zeitpunkt der Befragung an einer Universität oder Hochschule in der Stadt studierten.

Es kann an dieser Stelle resümiert werden, daß sich touristische Grundinteressen bei jungen Leuten sehr früh entwickeln und sich im Verlauf ihrer Jugendzeit nur wenig und allmählich verändern. Soziale Determinanten (z.B. die Herkunft, die eigene Tätigkeit) wirken stärker als äußere Konditionen. Intervallforschung könnte die Hypothese bestätigen, daß touristische Ziele beim Individuum lange bestehen bleiben bzw. das Individuum die Interessengruppen (Reiseveranstalter sprechen von Zielgruppen) kaum wechseln wird (sofern Veränderungen der psychischen und physischen Leistungskraft mit der biologischen Alterung die touristische Aktivität nicht einschränken).

Reisen ost−deutscher Jugendlicher im Jahr der (politischen) Reisefreiheit

1990 waren fast alle jungen Leute aus dem östlichen Teil Deutschlands unterwegs. In einer Studie, die im Frühsommer 1990 in allen Teilen der ehemaligen DDR durchgeführt wurde, erklärten 99% der jungen Teilnehmer, daß sie zum Beispiel Kurzreisen in den westlichen Teil Deutschlands unternommen hatten.

Tab. 6: Urlaubsort(e) im Jahr 1990 (Tourist 90)
(Angaben in %)

Frage: Wo werden Sie die meiste Zeit des Urlaubs/der Ferien verbringen?
   0   zu Hause
   1   in der DDR außerhalb des Wohnortes
   2   in der BRD
   3   in einem Ostblockland
   4   in einem westeuropäischen Land
   5   außerhalb Europas

	0	1	2	3	4	5
Schüler 9. + 10. Klasse	20	36	26	5	11	2
Schüler 11. + 12. Klasse	13	34	17	8	24	4
Lehrlinge	15	45	24	7	8	1
Studenten (Fachschule)	16	45	23	10	3	1
Studenten (Hochschule)	20	28	10	15	25	2

Der Indikator nach der Urlaubsreisequote wurde im Vergleich zu früheren Forschungen zudem verschärft. Gefragt wurde nicht nach einem Urlaub, der länger als fünf Tage dauert, sondern nach dem Ort, an dem die meiste Zeit der Ferien bzw. des Urlaubs verbracht wird (Tab. 6). Dabei muß berücksichtigt werden, daß Studenten, Auszubildende und Schüler 1990 mindestens acht Wochen Ferien hatten. So wird die bisher errechnete Reisequote von ca. 90% sicher von allen jugendlichen Gruppierungen, auch von den bisher weniger reiseaktiven Lehrlingen, übertroffen. Eigentlich gab es 1990 keinen Jugendlichen, der in der Frei− bzw. Ferienzeit nicht verreiste.

Die Anzahl der Reisen (in der Freizeit) konnte auch unter den neuen gesellschaftlichen Konditionen bei der jungen Bevölkerungsgruppe insgesamt kaum gesteigert werden. Verändert haben sich selbstverständlich die Reiseziele, die Art des Reisens (mehr Kurztrips) und die Reiseformen (mehr individueller Tourismus). Verändert hat sich zum Teil auch die Struktur der touristischen Interessen. Stark dominant bleibt aber das "Seh"−Motiv: Die Welt sehen und erleben ... mehr denn je!

Literatur

Gayler, B.: Jugendtourismus, Zielgebiete, Reisegewohnheiten und −vorstellungen deutscher Jugendlicher. Studienkreis für Tourismus e.V. Starnberg. München 1990

Grossmann, M./Kreilkamp, E. u.a.: Reiseabsichten der DDR−Bürger 1990. Berlin 1990

Mundt, J.W./Lohmann, M.: Erholung und Urlaub. Studienkreis für Tourismus e.V. Starnberg 1988

Schmidt, H.: Jugend und Reisen als Erholungsfaktor. In: Koncepcia a tvorba sfery zotavenia a rekreacie obyvatelov miest. IV. Medzinarodna konferencia c cectovnom ruchu. Prag 1989

Schmidt, H./Rodestock, S.: Touristen aus der Bundesrepublik Deutschland in der DDR − Januar 1990. Leipzig 1990

Monika Reißig

Gesellschaftliche Bedingungen für den Alkoholmißbrauch Jugendlicher in der DDR

Ergebnisse aus zwei DDR-repräsentativen Studien von 1979 und 1988 verweisen auf eine Verbrauchszunahme an alkoholischen Getränken bei Jugendlichen und stellen das Ausmaß des gewohnheitsmäßigen Alkoholmißbrauchs dar. Es werden eine Reihe verschiedener Bedingungen, die den Alkoholmißbrauch in der ehemaligen DDR begünstigen, aufgeführt. Sie reichen von alten Trinktraditionen bis hin zu der DDR-spezifischen wirtschaftlichen und politischen Situation. Durch die gegenwärtige tiefgreifende gesellschaftliche Umbruchphase im Osten Deutschlands mit ihren zahlreichen sozialen Problemen ist mit einer weiteren Zunahme des Alkoholmißbrauchs auch unter der Jugend zu rechnen. Um dem entgegenzuwirken, ist ein breites Spektrum präventiver Maßnahmen notwendig.

Während die illegalen Drogen in der DDR bislang noch keine nennenswerte Rolle spielten, führte die Alltagsdroge Alkohol – wie übrigens weltweit – auch in der DDR zum Drogenproblem Nr. 1. Ausdruck dafür ist u.a. der ständige Anstieg des Pro-Kopf-Verbrauchs an alkoholischen Getränken in den letzten Jahrzehnten.

Tab. 1: Jährlicher Pro-Kopf-Verbrauch an alkoholischen Getränken in der DDR (statistische Jahrbücher)
(Angaben in Liter)

	1960	1970	1975	1980	1985	1988
Wein/Sekt	3,2	5,0	7,4	9,6	10,3	12,1
Bier	79,5	95,7	119,7	139,1	141,6	143,0
Spirituosen	3,5	6,6	8,6	12,3	15,2	16,1
in 100% Alkohol						
Wein/Sekt	0,4	0,6	0,9	1,2	1,2	1,5
Bier	2,3	2,9	3,6	4,2	4,2	4,3
Spirituosen	1,4	2,6	3,5	4,7	4,9	5,2
Alkohol gesamt	4,1	6,1	8,0	10,1	10,3	11,0

Rund 95% der Bevölkerung über 15 Jahre sind Alkoholkonsumenten, 1−2% sind schätzungsweise suchtkrank durch das "Genußmittel" Alkohol. Zur Abhängigkeit kommt es meist erst nach jahrelangem Mißbrauch und auch dann nicht in jedem Fall. Das Schlüsselproblem ist eigentlich der Alkoholmißbrauch, nicht nur, weil er das Vorfeld des süchtigen Alkoholismus bildet, sondern durch seine erhebliche Dimension und die damit verbundenen sozialen und gesundheitlichen Auswirkungen.

Immerhin betreiben nach Nickel (1987) etwa 10% der DDR−Bevölkerung schweren gewohnheitsmäßigen Alkoholmißbrauch. Ganz allgemein wird von Alkoholmißbrauch dann gesprochen, wenn der Alkoholkonsument sich selbst oder andere durch sein Trinken einer Gefährdung gesundheitlicher und/oder sozialer Art aussetzt. Eine genauere Definition des Alkoholmißbrauchs muß somit alle individuellen und gesellschaftlichen Gefährdungsmomente berücksichtigen. Am besten hat sich die folgende Bestimmung bewährt, die soziologische, medizinische und juristische Kriterien vereinigt (Ziemann 1986).

Danach liegt Alkoholmißbrauch vor, wenn Alkohol konsumiert wird
− von einer dafür ungeeigneten Person (Kinder und Jugendliche unter 16 Jahren, Schwangere, Kranke);
− in ungeeigneter Menge, d.h. zu großer Menge, die die Gesundheit gefährdet oder schädigt, das Sozialverhalten verändert bis hin zur Verletzung von Rechtsnormen;
− in ungeeigneter Form, d.h. in zu hoher Konzentration oder gefährlicher Kombination mit anderen Stoffen (z.B. Schlaf− und Beruhigungsmitteln);
− an einem ungeigneten Ort − wie am Arbeitsplatz, auf dem Betriebsgelände, in Krankenhäusern;
− zu einem ungeeigneten Zeitpunkt − z.B. vor und während der Arbeitszeit, vor und während der Teilnahme am Straßenverkehr.

Von besonderer gesundheitlicher und sozialer Relevanz ist der gewohnheitsmäßige Alkoholmißbrauch. Entgegen früheren Auffassungen, wo ein täglicher Alkoholkonsum von 80 bis 100g Reinalkohol als Grenze des auf Dauer noch Verträglichen angesehen wurde, weiß man heute, daß mit Gesundheitsschäden bereits dann zu rechnen ist, wenn über längere Zeit von einem Mann mehr als 40g reiner Alkohol und einer Frau bzw. einem Jugendlichen unter 18 Jahren mehr als 20g Reinalkohol täglich konsumiert werden.

In der vom Zentralinstitut für Jugendforschung durchgeführten DDR−repräsentativen Studie "Umfrage 1988" wurden bei einer Teilstichprobe von 1200 Jugendlichen und Erwachsenen im Alter zwischen 16 und 30 Jahren der Alkoholkonsum sowie der Anteil derer, die den genannten geschlechts− bzw. altersabhängigen Grenzwert überschreiten, ermittelt.

Tab. 2: Überschreitung von 20 Normalglas Alkohol pro Woche (umgerechnet mehr als 20g Reinalkohol pro Tag) und von 40 Normalglas Alkohol pro Woche (umgerechnet mehr als 40g Reinalkohol pro Tag; als Normalglas gilt jeweils ein kleines Glas Bier zu 0,25l, ein übliches Glas Wein/Sekt zu 125ml, ein kleines Glas Spirituosen zu 20ml, wobei wir durchschnittlich 7g Reinalkohol pro Normalglas zugrunde legten)
(Angaben in %)

	mehr als 20 Normal-glas pro Woche	mehr als 40 Normal-glas pro Woche
Lehrlinge		
männlich	25	8
weiblich	8	0
Facharbeiter/Meister		
männlich	37	12
weiblich	7	3
Fachschulabsolventen		
männlich	26	5
weiblich	5	0
Hochschulabsolventen		
männlich	26	2
weiblich	0	0

Wenngleich wir auch bei den weiblichen Jugendlichen eine deutliche Zunahme des Alkoholverbrauchs in den letzten 10 Jahren registrierten, bestehen doch noch erhebliche Verbrauchsunterschiede zwischen den Geschlechtern. Die männlichen Befragten der "Umfrage 1988" trinken mit 18 Normalglas Alkohol pro Woche durchschnittlich zwei-bis dreimal mehr als die weiblichen mit 7 Normalglas wöchentlich. In zweiter Linie spielt die erreichte berufliche Qualifikation eine Rolle für den Alkoholverbrauch. Er ist bei den männlichen Facharbeitern mit durchschnittlich 21 Normalglas Alkohol in der Woche am höchsten, während die männlichen Lehrlinge, Fach- und Hochschulabsolventen nur 16 Normalglas Alkohol pro Woche konsumieren.
Entsprechende Unterschiede zeigen sich auch in bezug auf gewohnheitsmäßigen Alkoholmißbrauch (Tab. 2).
Während bei den männlichen Jugendlichen Bier und Spirituosen etwa gleichermaßen beliebt sind, bevorzugen weibliche Jugendliche Spirituosen, gefolgt vom Wein, und finden nach wie vor relativ wenig Geschmack am Bier. Verglichen mit unserer ebenfalls DDR-repräsentativen "Umfrage 1979" fällt

1988 eine erhebliche Steigerung des Spirituosenverbrauchs auf sowie eine geringere Zunahme des Weinverbrauchs (s. Tab. 3). Dazu trugen die von den Jugendlichen — besonders auch den weiblichen — bevorzugten alkoholischen Mixgetränke wie Cola—Wodka oder Gin—Tonic bei. Diese Ergebnisse spiegeln die Entwicklung des Pro—Kopf—Verbrauchs der einzelnen Getränkearten in der DDR wider. Während in der BRD 1988 nur 6,3 l Spirituosen pro Kopf und Jahr verbraucht wurden, waren es in der DDR 16,1 l. Diese — vorwiegend angebotsbedingte — auffällige Hinwendung zur Spirituose in der DDR ist vor allem deshalb problematisch, weil diese höherprozentigen Alkoholika ein rasches Rauschtrinken begünstigen und einem Verfall der Trinkkultur eher Vorschub leisten als z.B. der Weingenuß.

Tab. 3: Wöchentlicher Verbrauch an alkoholischen Getränken insgesamt, an Bier, Wein/Sekt sowie Spirituosen bei Lehrlingen 1988 und in Klammer 1979 (Angaben in %)

Lehrlinge	Normalglas			
	0	1—5	6—10	mehr als 10
Alkohol gesamt				
gesamt	12 (16)	29 (23)	20 (32)	39 (29)
männlich	9 (9)	24 (29)	22 (28)	45 (43)
weiblich	18 (25)	37 (28)	18 (40)	27! (7)
Bier				
gesamt	39 (28)	40 (42)	15 (15)	6 (15)
männlich	16 (14)	46 (40)	26 (22)	12 (24)
weiblich	70 (49)	28 (46)	1 (4)	1 (1)
Wein/Sekt				
gesamt	38 (56)	54 (41)	6 (2)	2 (1)
männlich	45 (62)	64 (35)	7 (2)	2 (1)
weiblich	26 (47)	67 (51)	4 (2)	3 (0)
Spirituosen				
gesamt	44 (52)	23 (42)	18! (4)	15 (2)
männlich	40 (48)	20 (45)	21 (5)	19 (2)
weiblich	45 (62)	26 (36)	15 (1)	14 (1)

Einflußfaktoren auf das Trinkverhalten und Bedingungen für den Alkoholmißbrauch lassen sich den folgenden drei Ebenen zuordnen, die miteinander in Beziehung stehen:
1. Ebene der Gesellschaft
2. Ebene der Gruppe
3. Ebene des Individuums

Lange Zeit wurde der unerwünschte Umgang mit Alkohol vorwiegend dem persönlichen Verantwortungsbereich zugeordnet.
Wenn Negativerscheinungen jedoch eine solche Dimension annehmen — wie der Alkoholmißbrauch —, dann sind Mehrebenenanlysen notwendig. Es geht also um eine komplexe Betrachtungsweise des Problems, die über individual–psychologische Aspekte und mikrosoziale Prozesse hinausgehend auch den sozialkulturellen Hintergrund, d.h. die gesellschaftlichen Rahmenbedingungen einschließlich der kulturellen Wertsetzungen einbezieht.
Dieser Beitrag beschränkt sich auf einige wichtige Einflußfaktoren der gesellschaftlichen Ebene für den Umgang mit Alkohol.

Alkohol ist in der DDR ein gesellschaftlich bereitgestelltes Genußmittel, allgemein zugänglich und erschwinglich. Die allgemeine Verfügbarkeit ist Ausdruck einer entsprechenden Einstellung der Gesellschaft gegenüber Alkoholgenuß. Diese Einstellung hat meist weit zurückreichende kulturell–historische Wurzeln.
Ebenso wie die meisten europäischen Länder gehört auch die DDR zu den sogenannten Toleranz– oder Permissivkulturen in bezug auf Alkohol, in denen der Genuß alkoholischer Getränke nur wenig reglementiert ist.
Für den Anstieg des Alkoholverbrauchs und Alkoholmißbrauchs in der DDR sind eine Reihe von Bedingungen verantwortlich. Dazu zählen:
— im Gegensatz zu zahlreichen anderen Sortimenten ein stabiles, reichhaltiges und attraktives Angebot an Alkoholika;
— die bislang gestiegene Kaufkraft der Bevölkerung;
— wachsendes Bedürfnis nach schnell erreichbarem Lebensgenuß bei allgemein steigender Konsumorientierung;
— Beibehalten alter Trinktraditionen und Hinzukommen neuer Trinksitten (z.B. Fernsehalkoholkonsum) als Bestandteil einer überwiegend passiven Freizeitgestaltung;
— Emanzipation der Frau mit Übernahme bislang männlicher Vorrechte und Verhaltensweisen (Rauchen, aber auch in noch geringerem Maße Alkoholkonsum);
— Abbau autoritärer Erziehungshaltung der Eltern gegenüber der Jugend, Zubilligung eines frühen Einstiegs in das Genußverhalten Erwachsener;
— geringe Wirksamkeit einschlägiger gesetzlicher Bestimmungen durch mangelnde Kontrollen und Fehlen empfindlicher Ahndungen (Ausnahme Alkohol im Straßenverkehr);
— allgemein geringes Problembewußtsein in der Bevölkerung mit Fehlen eines wirksamen moralischen Sanktionsmechanismus gegen Alkoholmißbrauch;
— besonders in den 80er Jahren zunehmende Staatsverdrossenheit mit Rückzug ins Private; Alkohol als Ersatzdroge zum Abbau wachsender Frustrationen im Alltag der Bevölkerung.

Diese gesellschaftlichen Rahmenbedingungen für den Umgang mit Alkohol gelten natürlich auch — wenngleich modifiziert — für die Jugendlichen. Die alten und neuen Trinksitten der Erwachsenen in unserer Alkoholpermissivkultur bilden schließlich das Leitbild, an dem sich die Heranwachsenden orientieren.

Für den Jugendlichen unter 16 Jahren bedeutet Alkoholkonsum, der in diesem Alter als Alkoholmißbrauch gilt, demonstrierte Teilhabe am Genußerleben Erwachsener, ist somit untrennbar mit dem vom Jugendlichen angestrebten Erwachsenenstatus verbunden: Alkohol hat für Jugendliche nach Franzkowiak (1986) folgende drei Funktionen, die zugleich den Ebenen Gesellschaft, Gruppe, Individuum entsprechen:

1. als Statushandlung (Orientierung an Erwachsenennormen);
2. als Konformitätshandeln (Gruppennorm);
3. als Ersatzhandlung (Erleichterung von Kontaktschwierigkeiten bis zur Problembewältigung).

Jugendspezifische Bedingungen kommen jedoch für den Alkoholge— und —mißbrauch Jugendlicher allein nicht in Betracht. Der Umgang Jugendlicher mit Alkohol ist eng mit dem der Erwachsenen verbunden.

Die Frage, weshalb in der DDR zwar die gesellschaftliche Bereitstellung von Alkohol über Jahrzehnte zunahm, aber keinerlei Maßnahmen für einen entsprechend vernünftigen Umgang getroffen wurden, läßt sich nur aus der damaligen gesellschaftspolitischen Situation heraus beantworten.

Staatlicherseits wurde eher eine desinteressierte, allenfalls ambivalente Haltung dem Problem Alkoholmißbrauch gegenüber eingenommen. Offensichtlich wurde in mancher "Schaltstelle" des Partei— und Regierungsapparates dem Alkohol selbst ausgiebig zugesprochen, so daß es weitgehend bei verbalen Bekundungen anläßlich gesundheitserzieherischer Großveranstaltungen blieb.

Angesichts zunehmender wirtschaftlicher Schwierigkeiten sollte nicht auch noch der Alkohol— und Tabakkonsum reglementiert werden, zumal diese eine wichtige staatliche Einnahmequelle darstellen. Die Folgen der fatalen Entwicklung — das Ausmaß an alkoholbedingten Erkrankungen und an Alkoholkrankheit — wurden, wie üblich, geheimgehalten. Derartiges paßte nicht in das offizielle Bild der "heilen Welt des Sozialismus".

Wenngleich insgesamt gesehen den gesellschaftlichen Bedingungen für den Umgang mit Alkohol Dominanz zukommt, gilt es natürlich, immer auch die komplizierten Wechselbeziehungen zwischen Persönlichkeit und sozialem Umfeld zu berücksichtigen. Zukünftig muß im Sozialisationsprozeß auch der Befähigung zu produktiver Konfliktbewältigung mehr Aufmerksamkeit gewidmet werden. Dies ist um so notwendiger, weil sich unser Land in einer tiefgreifenden gesellschaftlichen Umbruchphase befindet, die in den nächsten

Jahren viele soziale Probleme — z.B. die neue Erfahrung der Arbeitslosigkeit — mit sich bringen wird. Die derzeitige, durch Orientierungsverlust, Verunsicherung bis hin zu Zukunftsängsten gekennzeichnete Situation begünstigt den Einsatz von Alkohol zur Problembewältigung.
Das zunehmende Angebot attraktiver Alkoholika westlicher Herkunft bildet einen zusätzlichen Anreiz. Unter diesen Bedingungen ist mit einer weiteren Zunahme des Alkoholmißbrauchs auch unter der Jugend zu rechnen.

Eine wirksame Zurückdrängung des Alkoholmißbrauchs erfordert ein breites Spektrum präventiver Maßnahmen.
Erwiesenermaßen wird die Jugendschutzverordnung — was die Abgabe von Alkohol und auch Tabakwaren betrifft — in Handel und Gastronomie nur mangelhaft eingehalten. Somit sind vermehrte Kontrollen und vor allem empfindliche Ahndungen bei entsprechenden Verstößen notwendig.
Um dem allgemein recht sorglosen Umgang mit Alkohol zu begegnen, kommt es vorrangig auf die Herausbildung eines stärkeren diesbezüglichen Problembewußtseins in der Bevölkerung an. Eine entsprechende Aufklärung sollte sich besonders an alle richten, die unmittelbar an der Bildung und Erziehung von Kindern und Jugendlichen beteiligt sind. Große Teile der Bevölkerung — vor allem auch die Eltern und die Jugendlichen selbst — werden durch die Massenmedien erreicht. Hier gilt es durch gesetzliche Festlegungen zu verhindern, daß zukünftig die Alkoholwerbung gegenüber der Aufklärung über die Alkoholgefahren dominiert. Da das Warnen vor den gesundheitlichen und sozialen Risiken des Alkoholmißbrauchs, Moralisieren und Verbote sich nicht für eine jugendgemäße Gesundheitserziehung eignen, kommt es vorwiegend auf eine vermittelte Prävention an. Dazu zählen das positive Vorbild Erwachsener, eine öffentliche Meinung gegen Mißbrauchserscheinungen, aber auch Hilfe zur Lebensbewältigung bei Problemsituationen Jugendlicher. Vor allem sollte kurzfristig ein Netz von Beratungsstellen unterschiedlicher Trägerschaft für Alkohol—, Medikamenten— und Drogengefährdete bzw. —abhängige errichtet werden.
Besondere Aufmerksamkeit gebührt einer abwechslungsreichen, sinnvollen Freizeitgestaltung der Jugend mit viel Raum für Eigenaktivitäten. Das entspricht dem Betätigungsdrang, der Suche nach neuen Eindrücken, dem Bedürfnis nach Kommunikation mit Gleichaltrigen am besten und läßt dem Alkohol als Ersatz für Freizeiterlebnisse weniger Chancen.

Literatur

Franzkowiak, P.: Risikoverhalten und Gesundheitsbewußtsein bei Jugendlichen. Berlin (West) u.a. 1986
Nickel, B.: Alkoholkonsum — Alkoholmißbrauch — Alkoholkrankheit. In: Deine Gesundheit 5, 1987, 134—138
Nickel, B./Morosov, G.: Alkoholbedingte Erkrankungen. Berlin 1989
Szewczyk, H.: Der Alkoholiker: Alkoholmißbrauch und Alkoholkriminalität. Berlin 1986
Ziemann, R.: Rechtliche Regelungen bei Alkoholproblemen im Betrieb. Berlin 1986

Ehe / Frauen

Barbara Bertram

Frauen und technische Berufe

Das Verhältnis Frauen und technische Berufe ist problemreich. In den 80er Jahren waren Stagnation und rückläufige Tendenzen bei der Positionierung von Frauen in technischen Berufen festzustellen. Gründe für die Entwicklung werden herausgearbeitet. Ein weiterer Problemkreis umfaßt gesellschaftliche Bedingungen, die individuelle Voraussetzungen wie Interessen, Befähigung u.a. für technische Arbeiten fördern.

1. Arbeitsteilung und soziale Ungleichheit

Das Problemfeld Frau und technische Berufe beschäftigt Wissenschaft und Öffentlichkeit seit Jahrzehnten. Es hat sich verändert, ist aber aktuell geblieben. Probleme, die sich in der DDR nicht lösen ließen, werden in das vereinigte Deutschland mit hinübergenommen — momentan sogar in verschärfter Form.
In der DDR waren 1989 49% aller Erwerbstätigen und knapp 30% derjenigen im technischen Bereich weiblichen Geschlechts. Die Zulassung von Mädchen zu technischen Studienrichtungen war seit 1965 etwa um das Dreifache gestiegen. Wer nach der allgemeinbildenden Schule Zugang zu einem technischen Beruf auf der Facharbeiter—, Fach— oder Hochschulebene suchte, konnte einen vollen beruflichen Bildungsabschluß erwerben. (Insgesamt gingen 99% der Schulabgänger in eine berufliche Ausbildung oder weiterführende Bildungseinrichtung und waren 90% der erwerbsfähigen Frauen berufstätig.) Das ist quantitativ ein international hoher Stand gewesen (Döbbeling u.a. 1990, 2f.). Dieser hing allerdings nicht nur mit der Gleichberechtigung zusammen, sondern auch mit der Tatsache, daß die industrielle Gesellschaft der DDR nur einen geringen Dienstleistungssektor besaß, technisch veraltet, daher sehr arbeitskräfteintensiv war. Qualitativ brachte weder das hohe Bildungsniveau, das bis zum 45. Lebensjahr bei beiden Geschlechtergruppen gleich war, noch der hohe Frauenanteil in Industrie— und anderen "Männer"berufen den Durchbruch zur realen Gleichstellung im Beruf. Im Gegenteil, trotz aller offiziellen Beschlüsse, Appelle und Frauenfördermaßnahmen (z.B. Frauensonderklassen bei technischen und ökonomischen Studienrichtungen, Frau-

enförderpläne in Betrieben, bezahlte Weiterbildung wärend der Arbeitszeit, ganztägige Kinderbetreuung) gab es in den 80er Jahren Stagnation, schließlich tendenziellen Rücklauf bei der Positionierung von Frauen in technischen Berufen sowie an verantwortungsvollen Arbeitsplätzen und im Management insgesamt.

Ein Bündel von Gründen führte dazu:
— Nach einem Abbau von sozialen Geschlechterunterschieden während der Aufbruchsphase zur Gleichberechtigung (vor allem in den 50er/60er Jahren) blieben die geschlechtstypischen Sozialisationsmechanismen in der Kindheit unverändert. Das heißt unter anderem, Mädchen entwickelten auf der Grundlage einseitiger Einflüsse in Elternhaus, Schule, Freizeitbereich usw. weniger technische Interessen und Eignungsvoraussetzungen als Jungen (Müller/Pollmer 1989; Nickel 1987; Schlegel/Kabat vel Job 1986). Um das zu verändern, hätte es tiefgreifender gesellschaftlicher Strategien bedurft.
— Frauen hatten weitaus geringere Entwicklungs— und Aufstiegschancen in technischen Berufen als Männer. Auch eine Vielzahl von Ingenieurinnen—Diplomen, die Bereitschaft zur Mehrschichtarbeit und eine hohe Belastung an Arbeitstagen verhinderten nicht, daß Frauen auf allen Qualifikationsebenen die weniger anspruchsvollen Arbeiten zugewiesen bekamen. Junge Hochschul—Ingenieurinnen wurden oft völlig berufsfremd eingesetzt — weil sie Kinder bekommen (könnten).
Anforderungsvielfalt, geistige Beanspruchung, Verantwortung und Entscheidungsfreiheit sind an Frauenarbeitsplätzen nach Untersuchungen wesentlich geringer — nicht nur aus Zeit— und Belastungsgründen, sondern durch Vorurteile vorgesetzter Leiter. Gleichzeitig gab es bis 1989 weder stark wirkende gesellschaftliche Anreize noch Zwänge zur Übernahme von Verantwortung. Auch denen, die nicht motiviert waren zur hohen Leistung im technischen Bereich, passierte nichts Existenzbedrohliches.
— Eine zunehmende Überalterung von technischen Ausrüstungen und Gebäudesubstanz vieler Betriebe (teils aus der Jahrhundertwende) ließ Frauenausbildungs— und Arbeitsplätze mancherorts nicht mehr zu. Mit mangelhaften Arbeits— und hygienischen Bedingungen, auf Verschleiß gefahrenen Maschinen, großer Reperaturanfälligkeit und Unfallrisiken kamen Frauen noch weniger zurecht als Männer, für die viele solcher Arbeitsbedingungen im Zeitalter der modernen Computertechnik und der "Selbstentfaltung" bei der Arbeit auch unzumutbar sind.
— Technische Berufe sind männlich dominiert. Das betrifft nicht nur die Geschlechterproportionen schlechthin, sondern die gesamte Organisation der Arbeit. Berufsbedingungen, —anforderungen wie auch die Arbeitsplatz-

zuweisung (die soziale Arbeitsteilung) sind nach männlichem Lebensmuster geprägt, wenig auf Frauen und deren Lebensbedingungen zugeschnitten. Das gilt besonders für die traditionelle ("harte") Technik, die herkömmlich "männliche" Arbeitseigenschaften erfordert und auf Männerbedürfnisse abgestimmt ist. Die moderne ("weiche"), frauenfreundlichere Informations — und Kommunikationstechnik hatte in der DDR etwa 10 Jahre zu spät Einzug gehalten und sich noch nicht durchgesetzt. Zudem zeigt sich auch in modernen Betrieben die Männerdominanz bei der qualitativen Verteilung der Arbeit (Frauen mehr in Produktionsvorbereitung und Absatz, Männer mehr in der Produktion, Forschung und Entwicklung, Frauen mehr am Band, Männer mehr in computerintegrierten Systemen).
— Die notwendige Zeit für die Reproduktion der Familie nach Feierabend ist in den letzten Jahren nicht geringer geworden. Die meisten berufstätigen Frauen hatten zwei Kinder. Die bis 1989 zunehmenden Mängel bei Dienstleistungen, im Handel, Verkehrsnetz oder in der Qualität mancher öffentlichen Kindereinrichtungen und die 1990 einsetzenden Preiserhöhungen führten dazu, daß Frauen wieder mehr kochen, backen, nähen, anpflanzen, einkochen, ihre Kinder länger selbst betreuen möchten und familienfreundliche Arbeitszeiten bevorzugen. Eine inhaltliche Verbindung zu solchen Frauentätigkeiten ist im technischen Bereich gering, die Arbeitszeit war sehr ungünstig (43 3/4— oder 40—Stundenwoche, oft mehrere Schichten, weniger Teilzeit als gewünscht). Auch der private Nutzen von Erwerbsarbeit nach Feierabend wurde in der DDR für die Familien existentiell zunehmend wichtiger. Dazu gehörte beispielsweise, eine "freiberufliche 2. Schicht" für Privathand zu übernehmen, "Beziehungen" aufzubauen, die eigene Wohnung selbst instandzuhalten... Aber solches fiel im Rahmen der häuslichen Arbeitsteilung immer mehrheitlich den Männern zu, obwohl Frauen 1989 etwa drei Viertel der anfallenden Hausarbeit verrichteten. Da zudem die individuellen Ansprüche an Zuwendung zum Kind, Familienleben, Wohnen, persönliche Reproduktion sehr hoch sind, verhalten sich Frauen für Erwerbszwecke weitaus unflexibler als Männer.
— Einfluß auf den Rückgang technischer Berufs— und Managementinteressen bei Frauen hatte auch der in den letzten Jahren mehr und mehr gewollte Rückzug vieler Familien ins Private, der durch die gesellschaftlichen Bedingungen hervorgerufen wurde. Dieser bestärkte in gewissem Umfang die alte Frauenrolle wieder.

Auf Ganze gesehen kommen die bis 1989 in der DDR üblichen technischen Berufe der traditionellen Arbeitsteilung zwischen Frau und Mann wie auch dem, was heute noch verbreitet als "weiblich"/"frauentypisch" gilt, wohl am wenigsten von allen Berufsgruppen entgegen (Schlegel/Gantz 1989, 83). Das reicht bis hin zu Partnerschaftserfahrungen: Mädchen fürchten bei harten Arbeitsbedingungen zu "vermännlichen", sehen sich durch Schmutz— und Geruchsbelästigungen in ihrer Wirkung als Frau beeinträchtigt, erfahren bei manchen Berufstätigkeiten Prestigeminderungen — symptomatisch z.b. jahrelang in Leipziger Spinnereibetrieben —, können ihrem Bedürfnis nach Kosmetik, Mode, Kommunikation, Gefühlsbezeugung zu wenig Raum geben oder haben eine Arbeitszeit, die mit den Freizeitbedürfnissen — wie Disco, Kino, Partnerfindung — kollidiert. Ob jedoch die Durchsetzung moderner Hochtechnologien gravierende Änderungen in der Zuwendung von Frauen zur Technik bringt, wird auch künftig von den Sozialisationsmustern und —bedingungen abhängen.

Wirkliche Gleichstellung der Frau schließt Chancengleichheit beim Zugang zu allen Erwerbsbereichen in der Horizontale und Vertikale ein. Der technische Bereich erweitert Rechte und Möglichkeiten zur Lebensgestaltung und Individualitätsentfaltung: Das Berufswahl— und Erwerbsfeld weitet sich, zumal technische Berufe oft mehr Arbeitsplätze als traditionell "frauentypische" haben. Bestimmte Positionen in der Gesellschaft sind nur durch solche Berufe erreichbar, z.B. in etwas krisenfesteren Kernindustrien (soweit solche vorhanden) oder im Bereich wissenschaftlich—technischer Innovationen. Die erworbene Bildung befähigt für ein größeres Spektrum von Tätigkeiten, während das Können für viele traditionelle "Frauenberufe" teilweise auch durch häusliche Arbeit erworben wird. Das Einkommen in technischen Berufen liegt durch Tarifabstufungen meist höher als in den "Frauenberufen". Zugleich ist anzustreben, daß die Arbeit im technischen Bereich gerade die typisch weibliche Lebensart nicht beschneidet, sondern besser entfaltet, weil hier die Sozialisation nach männlichen Mustern besonders deutlich ist. Immerhin ist es auch wirtschaftlich hoch effektiv, wenn die Erwerbstätigen unabhängig vom Geschlecht nach Eignung und Leistung eingesetzt werden können.
Unsere Untersuchungen zu "Berufswahl und deren Folgen" im technischen Bereich zeigen: Frauen, die durch eine entsprechende frühzeitige Sozialisation in der Kindheit und Jugend eine positive Einstellung zur Technik haben, entwickeln ähnlich hohe Berufsinteressen, Fähigkeiten, Leistungen und Zufriedenheiten bei der Arbeit in technischen Berufen wie Männer. Aufgegangen ist allerdings bisher das Gleichstellungsprinzip auch hier nicht, denn Frauen gelangen in technischen Berufen nach wie vor nur auf die zweiten oder dritten Plätze — soweit sie bei krisenhaften Arbeitsmarktlagen nicht ganz verdrängt werden.
Die Positionen, die Frauen im Erwerbsleben einnehmen können, hängen nicht nur von der "technischen" Arbeitsteilung ab (Arbeitszerlegung — Teilung der Arbeitsgänge), sondern zugleich von der "sozialen" Arbeitsteilung (soziale

Spezifizierung von Arbeitsrollen nach Berufs—, Geschlechtergruppen usw. — Verteilung der geteilten Arbeitsgänge; Schmidt 1989, 35). An beiden Schwellen entscheidet sich die Positionierung geschlechtstypisch zuungunsten der Frauen. Gerungen werden muß aber nicht um Gleichheit schlechthin (etwa Gleichmacherei, fifty—fifty—Arbeitsteilung). Es gilt vielmehr, eine von vornherein nach dem Geschlecht festgelegte soziale Ungleichheit aufzuheben, die andere Kriterien, wie z.B. die gesamte Lebensleistung, völlig beiseite drückt. Bestünde Chancengleichheit der Geschlechtergruppen bei der Ausbildung und Berufsarbeit, wäre für beide Geschlechter die Auswahlmöglichkeit aus verschiedenen beruflichen Lebensentwürfen größer, dann müßten auch beide zwischen verschiedenen familiären Lebensentwürfen wählen (können) — vom Bekenntnis zu mehreren Kindern bis zum Verzicht auf Kinder oder Ehe. Eine berufsgebundene soziale Ungleichheit, die sich in Differenzierungen von Bildung, Einkommen, Position in der Gesellschaft, materiellem Lebensniveau, Einfluß, Macht, Ansehen oder Freizeitbedingungen ausdrückt, wäre dann von der einzelnen Frau (dem Mann) eher zu beeinflussen, weniger "schicksalhaft".

In einer marktorientierten Gesellschaft wird das Ganze über den Marktwert des beruflichen Könnens, Arbeitsplatzangebote und Rollenzuweisungen gesteuert, was Ungleichheit bereits 1990 in der DDR immens verschärft hat. Berufe bringen Arbeitsmarktungleichgewichte (Beck u.a. 1980, 109), d.h. verschiedenartige Chancen für Wettbewerbsfähigkeit, Sicherheit, Aufstieg oder beruflichen bzw. sozialen Abstieg in Krisenzeiten. Vom sozialen Abstieg sind DDR—Frauen 1990 nicht nur wegen ihrer familialen Rolle stark betroffen. Die weniger exponierten Arbeitspositionen machen sie leichter austauschbar und abkömmlich, nicht nur bei Rationalisierung. Bei technischen Innovationen sind ihre Arbeitsplätze — wie Untersuchungen belegen — mehr von Monotonie und anderen Belastungen gekennzeichnet, während positive Auswirkungen von modernen Techniken stärker die Männerarbeitsplätze betreffen (z.B. in den Bereichen Montage, Wartung, Fertigung, Konstruktion, Forschung und Entwicklung). Hier laufen jetzt ähnliche Prozesse ab wie schon vor Jahren in der BRD (Krebsbach—Gnath 1988, 1098f.; Faulstich—Wieland/Horstkemper 1987, 115; Gensior/Lappe 1990, 3). Das sind auch Folgen davon, daß Frauen kaum im Management und in den Kernprozessen des technischen Know—how stehen. Frauen sind nicht zuletzt dadurch in den gegenwärtigen Krisenzeiten als soziale Gruppe verletzlicher als Männer.

2. Individuelle Ansprüche an und Voraussetzungen für die Arbeit im technischen Bereich

Das Verhältnis zur Technik äußert sich bei Frauen und Männern in verschiedenartigen individuellen Lebenswerten, Interessen, Wünschen, Sollbildvorstellungen, Befähigungen, Verhaltensweisen.
Es läßt sich feststellen, daß die hohe Quote von Frauenberufstätigkeit in der DDR der 80er Jahre mehrheitlich den persönlichen Wertorientierungen entsprach. Für Mädchen und junge Frauen zählen Ausbildung und eine befriedigende Berufstätigkeit zu den höchsten Lebenswerten, übertroffen allerdings noch von dem Wunsch nach einer harmonischen Familie (feste Partnerschaft, Kinder) − über 90% äußerten sich so in den verschiedenen Studien. Junge Frauen gründeten eine Familie und waren gleichzeitig berufstätig − ausgenommen Baby− (Mütter−) Urlaub. Da die meisten Frauen davon ausgehen, daß ihr Beruf nicht auf Kosten der harmonischen Entwicklung von Kindern und Familie gehen darf, benötigen sie günstige Bedingungen zur Vereinbarkeit beider Lebensbereiche. Das Interesse, einen technischen Beruf auszuüben, sich mit Technik in der Freizeit zu befassen, entsprechende Fähigkeiten auszubilden oder technisch−wissenschaftliche Entwicklungstrends zu verfolgen, wird daher von diesem doppelten Lebensentwurf − Familie und Erwerbstätigkeit gleichzeitig zu haben − mitbestimmt. Darüber hinaus beeinflussen gesellschaftliche Normen − auch informelle − und Leitbilder das Technikinteresse wie den Mut, einen technischen Beruf zu ergreifen. Insofern haben öffentliche Diskussionen zu diesem Themenbereich einen Sinn. Sie wurden allerdings während der letzten Jahre in der DDR immer seltener geführt. Es blieb der offizielle und individuelle Anspruch, den Frauen mehr Chancengleichheit zu ermöglichen − wenn auch bei einer offiziellen Überschätzung des erreichten Standes von realer Gleichstellung. Aber die auftretenden Probleme wurden nur zum Teil öffentlich thematisiert, was ihre Beseitigung behinderte.

Bei empirischen Untersuchungen (jüngere und ältere Erwerbstätige im technischen Bereich mit Facharbeiter− oder Hochschulqualifikation) stellte sich heraus, daß von den Frauen Verständnis und Mitbestimmung auf technischem/technisch−wissenschaftlichem Gebiet erwartet wird − allerdings weniger als von Männern.

Tab. 1: Sollbildvorstellungen (Zahlen ohne Klammern: "Das sollte bei Frauen ausgeprägt sein"; Zahlen in Klammern: "Das sollte bei Männern ausgeprägt sein".)
(Angaben in %)

	1 sehr stark	2	3	4	5 gar nicht
den technisch–wissenschaftlichen Fortschritt mitbestimmen					
Frauen	14 (27)	46 (47)	31 (20)	8 (5)	1 (1)
Männer	16 (28)	41 (44)	33 (22)	8 (4)	2 (2)
das Funktionieren technischer Systeme begreifen					
Frauen	13 (33)	37 (45)	39 (17)	8 (3)	3 (2)
Männer	14 (43)	38 (44)	34 (11)	11 (2)	3 (0)

Frauen selbst hegen hierbei geringere Erwartungen an ihre eigene Geschlechtergruppe als an die andere. In sonstigen Fragen zu Gleichberechtigung und Erwerbsarbeit sind Frauen bei unseren Untersuchungen meist offensiver und fordernder als Männer. Hier urteilten beide Gruppen ähnlich. Da heißt, Frauen wie Männer wünschen weiterhin bestimmte quantitative Unterschiede im Umgang der Geschlechter mit der Technik. Das hängt allerdings von den differenzierten häuslichen Orientierungen und technischen Neigungen ab. Beispielsweise betonen stark auf Hausarbeit der Frau Fixierte (auch Männer) diese Unterschiede deutlicher als die übrigen. Es wird jedoch generell nicht gewünscht, Frauen aus dem technischen Bereich (einschließlich führender Positionen) auszuschließen.

Diese Haltungen widerspiegeln sich in differenzierten Erziehungszielen für Söhne und Töchter. Junge Frauen wie Männer meinen zwar zu über 90%, für die Erziehung von Töchtern und Söhnen seien gleichermaßen wichtig: nach hohen Schul–und Berufsleistungen zu streben, einen starken Willen und Durchsetzungsvermögen zu entwickeln, die eigene Meinung zu vertreten, klug zu sein. Solche Erziehungsvorstellungen entsprechen der gewandelten Stellung von Frauen im Erwerbsleben, aber traditionelle Denkweisen vermischen sich damit: Zum Technikinteresse wollten nach unseren Analysen nur die Hälfte der Frauen und ein Drittel der Männer Töchter wie Söhne erziehen. Hier liegen entscheidende Wurzeln für die differenzierte Technikakzeptanz der heranwachsenden Generation, die allerdings durch das künftige, möglicherweise frauenfreundlichere Know–how modifiziert werden kann.

Immerhin bekunden viele DDR—Frauen Interesse an den wissenschaftlich—technischen Entwicklungen der Zukunft (besonders Hochschulabsolventinnen), mehr noch an moderner Technik am Arbeitsplatz (s. Tab. 2). Ältere Frauen sind etwas skeptischer bei Umstellungen auf neue Technik, teils aus Berührungsängsten, teils aus Furcht, dem Lernprozeß nicht mehr gewachsen zu sein. Aber auf dem Hintergrund steigender Arbeitslosigkeit wuchsen 1990 die Lernbereitschaften zum Umgang mit neuer Technik enorm. Das gilt für alle Berufe.

Analysen zur Befähigung für technische Berufe ergaben keine Abhängigkeiten vom Geschlecht — von schwerer körperlicher Arbeit abgesehen —, wohl aber von der Sozialisation. Da diese jedoch oft in der Kindheit geschlechtstypisch erfolgt, bilden Mädchen ihre technisch—handwerklichen Fähigkeiten und Kenntnisse schon vor der Entscheidung für bestimmte Berufe allgemein weniger aus als Jungen. Daraus entstehende Leistungsdefizite werden auf der Facharbeiterebene meist im ersten ersten Ausbildungsjahr, spätestens im zweiten aufgeholt. Auf der Hochschulebene ist das infolge der höheren Anforderungen stärker von der herausgebildeten Studienmotivation und vom Arbeitsstil abhängig. Forschungen weisen nach, daß Studentinnen auch im technischen Bereich prinzipiell zu gleichen Leistungen fähig sind wie Studenten, wenn sie Gelegenheit bekommen, ihre fachentsprechenden kognitiven und motivationalen Leistungsdispositionen zu entfalten (Lange 1989, 122—129).

Tab. 2: Eigene Lebenswerte: Technik und Wissenschaft
(Angaben in %)

	Das ist für mich ...				
	1 sehr bedeutsam	2	3	4	5 nicht bedeutsam
Interesse an technisch—wissenschaftlichen Entwicklungen					
Frauen	20	44	24	8	4
Männer	47	38	13	3	1
Einsatz und Anwendung der modernen Hochtechnologien im eigenen Tätigkeitsbereich					
Frauen	36	35	19	6	4
Männer	42	34	16	5	3

Untersuchungen zeigen, wie weit wirtschaftliche und soziale Wirkungen der Technikentwicklung im Betrieb auseinanderklaffen können. Technische Innovationen bauen soziale Ungleichheit zwischen den Geschlechtergruppen nicht ab. Dafür ist das soziale Umfeld entscheidend: Wie wird Technik weiterentwickelt und eingesetzt? Wer gelangt an welche Arbeitsplätze? usw. Trotz formaler Rechtsgleichheit in der DDR oder Fördermaßnahmen zur Vereinbarkeit von Familie und Beruf hat sich ein Geflecht von Seins− und Bewußtseinsstrukturen stabilisiert, das den beruflichen Kreislauf für Frauen im technischen Bereich tendenziell immer wieder auf der zweiten Position in Gang setzt: weniger technische Interessen − geringere Eignungsentwicklung auf diesem Gebiet − weniger Leistungs− und Positionierungschancen − mehr Zurückdrängung auf die hauswirtschaftliche Position einschließlich geringerer Möglichkeiten, diese Mechanismen zu durchbrechen. Der Kreislauf auf der ersten Position (hohe technische Interessen − Entwicklungsmöglichkeiten − Leistungen − Befugnisse) ist männlich dominiert. Er grenzt den weiblichen Lebenszusammenhang als bestimmende Einflußgröße aus, funktioniert aber gerade deshalb in dieser Form (Kulke 1989).

Sollen sich die Kreisläufe mehr öffnen, wäre an allen Determinanten anzusetzen − bei Interessen, Eignung, Familienbedingungen usw. Für alles sind gegenwärtig sowohl fördernde als auch hemmende Tendenzen erkennbar: eine mögliche Festschreibung der Geschlechterunterschiede durch die Art der vorhandenen Leitbilder, Erziehungsvorstellungen, familiären Arbeitsteilung durch fehlende Arbeitsplätze ..., ein möglicher Abbau von Geschlechterdifferenzierungen durch "weiche" Technik, öffentliche Thematisierung und Bewußtmachen der Ungleichheit, Forderungen der Frauenbewegung, weniger Vorurteile und Behinderungen, mehr Selbstvertrauen der Frauen ...

Die dargestellten Trends galten bis zur Wende in der DDR. Neue Trends nach dem gesellschaftlichen Umbruch in der DDR und der Vereinigung Deutschlands kann man vage erkennen, aber in ihren vollen historischen Dimensionen noch nicht absehen. Einige Merkmale sind:
− tiefe Umbrüche durch Umstellung von der Plan− zur Marktwirtschaft;
− gleichzeitig mit den wirtschaftlichen Strukturveränderungen sowie (Des− und Neu−) Orientierungen eine Umbewertung von Leistungsmotiven, Lebenszielen und Geschlechterrollen, wobei − vor allem arbeitsmarktbedingt − traditionelle Rollen gegenwärtig an Boden gewinnen;
− eine radikale Entwertung ganzer Qualifikationsstrukturen und Berufe, die in der Marktwirtschaft überflüssig werden, zugleich aber auch ein Massenbedarf an neuen Berufen bzw. Berufsinhalten (vor allem in gesellschaftspolitischen, aber auch in naturwissenschaftlich−technischen Bereichen, im

Finanz—, Steuer—, Beratungs— und Sozialwesen, in der Mikroelektronik und Computertechnik usw.); Bedarf besteht an neuen Arbeits— und Führungseigenschaften (auf Eigenverantwortung, Kreativität, Spitzenkönnen, Fachkompetenz, Flexibilität und Höchstleistung bezogen);
— der Zwang, sich internationalen Trends im Wandel der Arbeit, der Wirtschaftsstrukturen und Werte anzupassen. Dieser Wandel geht vermutlich hin bis zur modernen Industrie— und Dienstleistungsgesellschaft. Er wird weniger Arbeitskräfte in herkömmlichen technischen Berufen binden, dafür eine Vielzahl von neuen, frauenfreundlicheren Arbeitsplätzen im Dienstleistungssektor mit modernen Informations— und Kommunikationstechniken bringen. Die Aufgabe, den Frauen mehr reale Chancen im technischen Bereich einzuräumen, wird sich in den folgenden Jahren dadurch inhaltlich verändern. Aber Anspruch und Notwendigkeit, als Frau auch technische "Männerberufe" zu ergreifen und sich der Technik überhaupt mehr zuzuwenden, wird bleiben. Er muß allerdings ständig öffentlich eingefordert werden.

Prognosen zur künftigen Entwicklung der Problematik "Frauen und technische Berufe" sind schwierig. Geht man von den heutigen Bedingungen aus, ist keine Verringerung der Schwierigkeiten zu erwarten:

1. Die Frauenarbeitslosigkeit in den fünf neuen Bundesländern ist Ende des Jahres 1990 leicht höher als die der Männer. Wo neue Arbeitsplätze vorhanden sind, kommen Männer viermal schneller dazu als Frauen; aber es wird für 1991 ein starker Anstieg der Arbeitslosigkeit erwartet. Betriebe vergeben Arbeitsplätze im technischen Bereich vorwiegend an Männer, ebenso Ausbildungsplätze im Dualen System.

2. Männer sind real immer die "Hauptverdiener" in der Familie geblieben, sie hatten weniger Teilzeitarbeit und Arbeitsausfälle, dafür die besser bezahlten Positionen. Frauen brachten Ende 1989 mit ihrer hohen Quote an Erwerbstätigen durchschnittlich "nur" 40 Prozent des Familienbudgets ein. Die Hauptverdienerideologie führt dazu, daß Frauen oft nicht um die Arbeitsplätze kämpfen ("Zuerst muß der Mann verdienen.").

3. Gegenwärtig zeichnen sich bereits Trends ab, Frauen aus traditionellen Frauenberufsfeldern zu verdrängen (Verwaltungen, Banken, Versicherungen). Dabei vollziehen sich ähnliche Prozesse wie vor ein bis zwei Jahrzehnten in der alten Bundesrepublik: Männer steigen in frauentypische Berufsfelder ein, wenn es sich um neue, zukunftsträchtige Berufe handelt (Bank—, Versicherungskaufmann/—frau), wenn neue Technik die Arbeit bestimmt und Arbeitsplatzkrisen bestehen.

Voraussetzungen für Lösungen kann nur ein Wirtschaftsaufschwung in den neuen Bundesländern bringen; aber auch dieser garantiert noch keine Frauenarbeitsplätze im technischen Bereich, denn die Gleichstellung der Frau setzt sich nicht im Selbstlauf durch. Wie aus der ehemaligen DDR erkennbar ist, führen noch nicht einmal Zeiten des Arbeitsplatzüberschusses dazu, daß Frauen überall an gleichwertige Arbeitsplätze wie Männer gelangen. Ein Ausgleich von Arbeitsplatzangebot und −nachfrage oder gar Angebots−Überschuß ist jedoch nicht zu erwarten. Im Gegenteil: Die Wirtschaftsentwicklung der alten Bundesländer in den 80er Jahren beweist, daß auch hohe Prosperität die Arbeitslosigkeit nicht beseitigt. Frauen werden demnach um ihre Positionen im technischen Bereich wie im Erwerbsleben überhaupt künftig ringen müssen.

Literatur

Beck, U./Brater, M./Daheim, H.J.: Soziologie der Arbeit und der Berufe. Reinbek bei Hamburg 1980

Bertram, B./Friedrich, W./Kabat vel Job, O.: Adam und Eva heute. Lepzig 1988

Döbbeling, K. u.a.: Wozu Forschungen über Frauen im Hochschulwesen? Zentralinstitut für Berufsbildung. Berlin 1990

Faulstich−Wieland, H./Horstkemper, M.: Der Weg zur modernen Bürokommunikation. Bielefeld 1987

Gensio, S./Lappe, T.: Neue Techniken. Düsseldorf 1990

Krebsbach−Gnath, C.: Technik/Technologien. In: Frauenlexikon. Freiburg/Basel/Wien 1988

Kulke, Ch.: Zur Rationalität des gewöhnlichen Skandals. In: Skandalon. Deutscher Studentenverlag 1989

Lange, G.: Leistungsentwicklung im Hochschulstudium. In: Typisch weiblich − typisch männlich? Berlin 1989

Müller, H./Pollmer, K.: Interessen, Wertorientierungen und Selbstbilder. In: Typisch weiblich − typisch männlich? Berlin 1989

Naisbitt, J./Aburdene, P.: Megatrends 2000. Düsseldorf u.a. 1990

Nickel, H.M.: Geschlechtersozialisation im Jugendalter. In: Mitteilungen aus der kulturwissenschaftlichen Forschung 22, 1987

Schlegel, U./Gantz, H.: Gesellschaftliche Erfordernisse − Lebensweise Jugendlicher − Geschlecht. In: Jugendsoziologische Forschungen zum 4. Soziologiekongreß. Leipzig 1985

Schlegel, U./Kabat vel Job, O.: Junge Frauen heute. Wie sie sind − was sie wollen. Leipzig 1986

Schmidt, G.: Arbeitsteilung. In: Wörterbuch der Soziologie, Band 1. Stuttgart 1989

Arnold Pinther

Junge Ehen in den 70er und 80er Jahren

In der Zeitspanne von 15 Jahren gab es erhebliche ökonomische, politische und normative Veränderungen, die sich auf mentale Prozesse junger Verheirateter auswirkten. Es wurde ein Nachlassen ehestabilisierender Standpunkte festgestellt (regressive Tendenzen der Gattenbeziehungen spiegelten sich in zunehmenden Scheidungserwägungen nieder); gleichzeitig erhöhte sich die Belastung junger Frauen und Mütter im gegebenen Zeitraum durch Beruf und Familie. Familienstimulierende Maßnahmen des Staates erwiesen sich als kurzlebig, später als völlig wirkungslos. Höhere Ansprüche an Partnerschaft einerseits und mangelnde Befähigung zur Lösung von Ehekonflikten andererseits vergrößerten die Labilität junger Ehen. Ungeachtet dessen wird auch weiterhin die Ehe die überwiegend bestimmende Lebensform bleiben.

Am Zentralinstitut für Jugendforschung wurden seit Anfang der 70er Jahre mehrere größere Untersuchungen zur Entwicklung junger Ehen durchgeführt. In diesem Zeitraum erfolgten aufgrund der politischen Situation Mentalitätswandlungen, die sich auf junge Ehen und Familien objektiv sowie subjektiv auswirkten.
Als Beispiel können die damaligen staatlichen Maßnahmen genannt werden, die die demografischen Entwicklungen forcieren, zugleich aber die Berufstätigkeit der Frauen fördern sollten. Hierzu zählen geburtenstimulierende Leistungen wie auch erweiterte Möglichkeiten zur geplanten Geburtenkontrolle sowie zusätzliche rechtliche und moralische Festlegungen zur Gleichstellung unverheirateter Mütter.
Die Berufsarbeit der Frau war früher gesellschaftlich uneingeschränkt hochbewertet worden. Zumeist wurde sie auch subjektiv als notwendig akzeptiert, um einen für junge Paare bedürfnisentsprechenden Lebensstil anzielen zu können. Diese Eheleute kamen – wie andere Bürger auch – einerseits in den Genuß bestimmter Vorzüge der damaligen Subventionspolitik – wie niedrige Mieten, geringe Kosten für Energie, öffentliche Verkehrsmittel, Kindernahrungsmittel, Kinderbetreuung. Andererseits verteuerten sich die Lebenshaltungskosten durch Preissteigerungen für Industriewaren, Genußmittel und bestimmte Nahrungsmittel. Auch verstärkte sich das Defizit an Dienstleistungen. Mehr und mehr sank durch ökonomische Fehlplanungen,

Kommandowirtschaft und Gleichmacherei im Lohnsystem die Leistungsbereitschaft. Kennzeichnend für die diskontinuierlichen Entwicklungen, für die sich modifizierenden Wertorientierungen in bezug auf Ehe und Familie und entsprechenden Verhaltensunsicherheiten war z.B. ein weiterer Anstieg der Scheidungen — insbesondere bei jungen Ehen. Sogenannte Halb— oder Minifamilien, alleinerziehende Mütter, alleinstehende Personen machten einen zunehmend beträchtlichen Teil der jungen Bevölkerung aus.

Trotz des Einsatzes erheblicher Mittel gingen die demografischen Konzeptionen nicht auf, stiegen die Geburtenzahlen nicht im gewünschten Maße an. Im Gegenteil: Seit 1980 gab es eine anhaltende Geburtenregression, wobei mehr als ein Drittel der Kinder von nichtverheirateten Müttern zur Welt gebracht wurden. Der Wegzug vorwiegend junger Leute in die BRD vertiefte die demografischen Einschnürungen. Das Durchschnittsalter der Bevölkerung erhöhte sich, die Balance zwischen Geburten und Sterbefällen war gestört.

Solche Prozesse blieben nicht ohne Auswirkungen auf die Verhaltensweisen junger Paare. Für viele junge Menschen änderten sich die Anforderungen an den Partner und die Partnerschaft. Erwartungen nach gegenseitiger Achtung, Verständnis und Verläßlichkeit, nach Vielseitigkeit in den Interessen und beiderseits befriedigenden Sexualbeziehungen stiegen. Nachdrücklicher als bisher wurde Gleichanteiligkeit bei Alltagsaufgaben verlangt, waren optimale Kooperation und Kommunikation bei der Kindererziehung und im Freizeitbereich erwünscht. Angesichts solch qualitativ höherer Anforderungen gestalteten sich manche Ehebeziehungen sensibler, bewerteten Eheleute das Verhalten ihres Partners kritischer als früher, wurde eheliche Partnerschaft verletzlicher. Demgegenüber verloren traditionell stärker bewertete Merkmale wie öffentliches Ansehen, berufliche Position der Ehemänner, hauswirtschaftliche Perfektion der Frau, Führerrolle des Mannes, Virginität an Bedeutung. Diese Tendenzen können durch Forschungsergebnisse zur Lebenslage und Lebensweise junger Verheirateter aus den Jahren 1973 und 1988 untersetzt werden. Beiden Untersuchungen lagen vergleichbare Populationen sowohl hinsichtlich des Altersdurchschnitts (männlich 27 und weiblich 25 Jahre) wie auch der Anteile an Elternschaft (1973 hatten 77%, 1988 80% Kinder) zugrunde. Die Vergleichbarkeit war durch identische Fragen und Antwortmodelle gesichert. 1973 umfaßte die Untersuchungsgruppe = 1000, 1988 = 730 berufstätige Frauen und Männer. Aus den umfangreichen Ergebnissen werden im folgenden einige vorgestellt.

Voraussetzungen für eine glückliche Ehe

Eheglück resultiert aus vielen Faktoren. Aus ihnen kristallisieren sich jene heraus, die man gemeinhin als Säulen ehelicher Gemeinschaft verstehen kann. Sie tragen häufig auch zu den Bemühungen der Partner bei, entsprechende Verhaltensweisen im Zusammenleben zu realisieren. Welche Merkmale und Eigenschaften dabei "früher" und "heute" (1988) bedeutungsvoll für die Erfüllung von Glücksansprüchen sind, zeigt Tab. 1:

Tab. 1: Eine Ehe kann nur dann glücklich sein, wenn ...
(nur völlige Zustimmung in %)

	Ehen von 1973	Ehen von 1988
sich die Partner lieben	85	84
beide einander treu sind	78	85
beide füreinander Verständnis haben	74	70
beide ein erfülltes Sexualleben führen	52	71
die Partner in materieller Sicherheit leben	63	38
beide in den Freizeitinteressen im wesentlichen übereinstimmen	20	26
beide sich beruflich weiterbilden	21	4

Aus der gestrafften Darstellung geht hervor, daß Liebe und Treue nach wie vor als wesentlichste Voraussetzungen für eine glückbringende Partnerschaft bewertet wurden. Demgegenüber nahmen die meisten anderen Merkmale 1988 einen niedrigeren Rangplatz als 1973 ein. Deutet einiges ein Nachlassen ehestabilisierender Standpunkte an, so fungiert andererseits die materielle Sicherheit viel weniger als bestimmendes Element ehelichen Glücks. Berufliche Weiterbildung, vor allem zum Erreichen einer bestimmten Position, wurde zunehmend geringer als ehefördernd empfunden. In diesem Zusammenhang sind Aussagen über die tatsächlich erlebte Qualität des Ehelebens aufschlußreich.

Das "Klima" der Ehe wird wesentlich von der gegenseitigen Kommunikation und Kooperation, von individuellen Regeln und Ritualen, von spezifisch-intimen Verhaltensweisen bestimmt. In welchem Maße Erwartungen erfüllt oder enttäuscht wurden und die eigene Ehe als stabil angesehen wurde, geht aus Tab. 2 hervor.

Tab. 2: Einschätzung der eigenen Ehe (Reste auf 100 = keine Antwort)
(Angaben in %)

	1973	1988
"Meine Ehe ist glücklich		
— sehr	60	51
— mit Vorbehalten/Einschränkungen	35	45
— kaum/gar nicht"	5	4
"Ich bin sicher, auch künftig eine dauerhafte Ehe zu führen		
— sehr sicher	57	35
— mit Vorbehalten/Einschränkungen	35	46
— kaum/gar nicht"	5	16
"Ich würde mich heute wieder für meinen Ehepartner entscheiden		
— bestimmt	70	68
— wahrscheinlich	18	23
— kaum/gar nicht"	8	9
"Ich habe eine Trennung von meinem Partner/ meiner Partnerin erwogen		
— ernsthaft noch nie	69	61
— gelegentlich doch	22	29
— ja, ernsthaft"	9	10

Regressive Tendenzen in den die eheliche Harmonie mitbestimmenden Orientierungen sind unschwer zu erkennen. In der jüngeren Untersuchung werden mehr vorbehaltliche Positionen deutlich. Das fällt besonders dort auf, wo über die Beständigkeit der eigenen Ehe geurteilt wurde. Die Ursachen des negativen Trends sind größtenteils Auswirkungen der eingangs beschriebenen Gesamtsituation. Daneben erwiesen sich die Wertungen auch als geschlechterabhängig. Während die Positionen junger Ehemänner nach 15 Jahren relativ gleichgeblieben waren, veränderten sich die Urteile vieler junger Frauen ziemlich kraß. So sind die 1988 gegebenen Einschätzungen auf die nunmehr kritischeren, unduldsameren und weniger traditionellen Ansprüche der Frauen an Partner und Partnerschaft zurückzuführen.

Einvernehmlichkeit der Partner

Der Zusammenhalt in der Ehe wird mit konstituiert, entwickelt und aufrechterhalten, indem sich die Partner über grundlegende Fragen verständigen und einigen. Das Ausmaß an Einvernehmlichkeiten wird um so größer, je umfassender die Verträglichkeit über sachspezifische Kompetenzen bei der Arbeitsteilung ist, je deutlicher die Ranggleichheit beider Partner gewährleistet wird, je toleranter und akzeptionsbereiter strittige Fragen angegangen werden.
Bei widersprüchlichen Standpunkten können sich einerseits neue Erkenntnisse, Wertungen und Verhaltensweisen entwickeln − sofern man Gegenmeinungen als berechtigt, bedenkenswert und die eigene Auffassung als korrekturbedürftig empfindet. Andererseits werden allzu große Differenzen und starres Beharren häufig als Beziehungsstörungen, als Konflikte erlebt.
Zu den Bereichen, für die Einvernehmlichkeit dringend erforderlich ist, gehört die Regelung finanzieller Fragen, denn damit werden objektive und subjektive Probleme der Ehe berührt. Objektiv sind sie im Sinne der Einkommenshöhe und der Bildung von Rücklagen; subjektiv jedoch in bezug auf die sachdienliche Verwaltung des Geldes unter Berücksichtigung der Ebenbürtigkeit von Mann und Frau.

Tab. 3: Einen festen Plan für größere Anschaffungen und Ausgaben bestätigten ...
(Angaben in %)

	1973	1988
uneingeschränkt	49	25
mit Einschränkungen	33	51
kaum/gar nicht	18	24

Die rückläufige Tendenz für gemeinsame finanzielle Vorausschau spiegelte ein Defizit wider, zu welchem sich junge Leute auch selbst äußerten. Auf die Frage, worauf "Heiratskandidaten" hätten besser vorbereitet werden sollen, wurden 1988 in erster Linie Probleme des Umgangs mit Geld, des Verhältnisses zwischen Bedürfnis und Möglichkeiten der Anschaffung genannt. Zudem mag auch die instabile Situation des Angebots an Industriewaren und die Wohnraumproblematik zur Verunsicherung der Heiratswilligen beigetragen haben. Allerdings stellten sich hier deutliche Zusammenhänge mit der Qualität der Partnerbeziehungen heraus. In harmonisch verlaufenden Ehen wird in der Regel gründlicher miteinander beraten als bei disharmonischen Ehebeziehungen (79% : 59%).

Anteile an familiären Aufgaben und Pflichten

Die von den allermeisten Ehepartnern theoretisch und verbal bekräftigte Gleichstellung zwischen Mann und Frau stimmt mit der Praxis des Ehelebens durchaus nicht immer überein; insbesondere bezieht sich das auf kooperatives Verhalten bei der Erledigung familialer Aufgaben. Wenngleich am Thema "Hausarbeit" der Stand der Gleichberechtigung nicht generell gemessen werden darf (angesichts der meist längeren beruflichen Arbeitszeit und der verbreiteten zusätzlichen außerhäuslichen Arbeit der Männer), so zeigen die Ergebnisse doch, daß die öffentlich bekundeten Erfolge sozialistischer Erziehung zur Gleichberechtigung oft nur politisches Wunschdenken waren.
In Wirklichkeit gab es kaum einen Fortschritt. Das belegen Einschätzungen der jungen Ehefrauen und Ehemänner (s. Tab. 4).

Tab. 4: Zeitanteile an allen familialen Aufgaben im Haushalt
(Angaben in %)

	1973	1988
ca. 100% aller Aufgaben wurden erledigt		
— durch Männer	1	0
— durch Frauen	13	15
ca. 75% aller Aufgaben wurden erledigt		
— durch Männer	50	46
— durch Frauen	38	40
bis ca. 50% aller Aufgaben wurden erledigt		
— durch Männer	50	46
— durch Frauen	40	41
bis 25% aller Aufgaben wurden erledigt		
— durch Männer	39	49
— durch Frauen	9	4

Die ungleich stärkere Belastung junger Frauen gegenüber den Männern hat sich im Laufe der Jahre sogar noch etwas erhöht. Geschlechterrollen–Stereotype haben sich demzufolge nicht aufgelöst. Die ideologische Propaganda vermochte es nicht, bei Männern generelle Einstellungswandlungen zu bewirken, noch Frauen aus ihrer häufig selbstgewählten Einsatzbereitschaft für den Haushalt zu lösen. Auch die nachweislich stärkere Hinwendung junger

Männer zu den Kindern, zur Kinderpflege, zur Mithilfe in der Küche hat nichts entscheidendes verändern können — die Doppelbelastung der Frauen ist erhalten geblieben, damit auch ein längerer Arbeitstag.
In dem Zusammenhang sind diese und andere Erschwernisse, die einer gemeinsamen Freizeit entgegenstehen, nicht ohne Belang. Durchschnittlich gab es in jeder fünften bis sechsten Ehe Schwierigkeiten, die eine gemeinsame Freizeit der Partner beeinträchtigen. Als wesentlichster Hinderungsgrund erwies sich die unterschiedliche Arbeitszeit, vor allem zunehmende Schichtarbeit. 1973 bestätigten 18% derartige Erschwernisse, 1988 dagegen 27%. Solche Erscheinungen beeinflussen den Zustand mancher Ehen. In beiden Untersuchungen ließ sich jedoch nachweisen, daß mit der Zustimmung des Partners für die Schichtarbeit des anderen zugleich das allgemeine Einvernehmen für die Gestaltung der "Restfreizeit" wächst.
Neben den arbeitszeitlichen Gründen wurden Aufgaben innerhalb des Haushaltes — vor allem durch junge Frauen — als Erschwernis bestätigt. Meist hing das mit der Familiengröße zusammen. Sind Kinder im Hause, so schränkt das zumindest die "Freizeit für sich selbst" ein. Aufschlußreich ist die relative Konkordanz der vergleichbaren Resultate im Abstand von 15 Jahren (s. Tab. 5).

Tab. 5: Freizeiteinschränkungen wegen der Belastungen durch Kinder und Haushalt (Auszug) (Angaben in %)

	1973		1988	
	stark	mittel	stark	mittel
kinderlose Paare	11	13	14	11
mit einem Kind	23	27	21	29
mit zwei Kindern	33	35	31	37

Weitere Erschwernisgründe waren berufliche Beanspruchungen (Überstunden, 1973 mit 21%, 1988 mit 19% bestätigt); verschiedene Arbeitsorte (1973 = 11%, 1988 = 16%) und auch subjektiv verursachte Gründe wie unterschiedliche Freizeitinteressen (1973 bestätigten dies 12%, 1988 15%).

Kinderwunsch und Familienplanung

Bereits gegebene Möglichkeiten der Geburtenregelung wurden durch hormonell—orale Mittel und die Fristenregelung für einen legalen Schwangerschaftsabbruch deutlich erweitert. Die als "Pille" bekannten Ovulationshemmer haben unter allen Mitteln und Methoden der Schwangerschaftsverhütung die Priorität bekommen. 1973 schützten sich auf diese Weise 36% der jungen Frauen, 1988 72%. Trotz der unstrittigen Vorzüge der "Pille" wandten aber noch immer 15% bis 20% der jungen Frauen und ihrer Partner bis in letzter Zeit keine Vorkehrungen an. Die Ovulationshemmer wurden aus Angst vor gesundheitlichen Schäden, wegen Bedenken über unangenehme Begleiterscheinungen (u.a. Gewichtszunahme, Libidoverlust, Unverträglichkeit) oder auch aus Glaubensgründen gemieden. Die Nutzung der "Pille" erfolgte auch abhängig von der aktuellen Familiengröße: kinderlose Frauen 60%, junge Mütter dagegen 75%.

Hinsichtlich des Kinderwunsches junger Eheleute konnte in allen Untersuchungen nachgewiesen werden, daß er über dem realen Geburtenniveau lag. Der durchschnittliche Kinderwunsch junger Leute blieb seit vielen Jahren nahezu unverändert bei 1, 73 pro Paar; das Geburtenniveau dagegen war rückläufig und betrug 1989 1,69 pro fertile Frau. Alle in der Vergangenheit mit teilweise beträchtlichem finanziellen Aufwand verbundenen Stimulierungsmaßnahmen ließen letztlich eine sehr kurzlebige Wirkung erkennen, vielfach wurden sie von den jungen Verheirateten lediglich als Ausgleich zu den angestiegenen Preisen betrachtet.

86% der Ehepartner vom Untersuchungsjahr 1988 gaben an, daß sich durch die sozialpolitischen Maßnahmen ihr Kinderwunsch nicht positiv verändert habe. Als einschränkender Faktor für die Familienplanung wurden Wohnungsprobleme genannt; eine Wohnungszuweisung erfolgte stets nach der gegenwärtigen, nicht aber nach der geplanten Familiengröße.

Die Förderung des Kinderwunsches und die Begrenzung der Kinderzahl sind zwei Seiten derselben Problematik. Wurden 1973 etwa 30% aller Schwangerschaften durch einen medizinischen Abort beendet, so waren es im Jahr 1988 bei unserer Population noch 25%, davon 3% Mehrfachunterbrechungen. Im Jahr 1989 wurden mehr als 76.000 Unterbrechungen für das Gebiet der DDR registriert. Häufige Begründungen waren: bereits erfüllter Kinderwunsch, weiterhin arbeiten wollen, ungünstige Altersabstände der Kinder, Mängel in der partnerschaftlichen Gestaltung des Familienlebens u.a.m. Zur Veranschaulichung für zwei Begründungen aus dem Ehejahrgang 1988 s. Tab. 6.

Tab. 6: Mitbedingende Faktoren für Schwangerschaftsunterbrechungen
(Angaben in %)

	keine Unter- brechung	einmal	mehr- mals
Kinderzahl			
ohne	98	2	0
mit einem Kind	86	12	2
mit zwei Kindern	78	17	5
Ehequalität			
sehr harmonisch	91	5	4
bedingt harmonisch	86	12	2
disharmonisch	79	16	5

Vielfach erwiesen sich jedoch Motive für eine Interruptio als vernetzt, so daß ein einzelner Grund eher als letztlich nur auslösend für diesen nicht leichten Entschluß angegeben wurde.

Ehekonflikte

Idealisierte Erwartungen an die Partnerbeziehung, emotionale Überforderungen, Einstellungen zum Partner als "Eigenbesitz", verschiedene Auffassungen über Kindererziehung, Bevorzugung von Kritik statt Anerkennung im beiderseitigen Umgang, sexuelle Unstimmigkeiten — häufig fehlinterpretiert als Mangel an Liebe — und andere Faktoren bilden oft Motivkomplexe für das Entstehen oder Verschärfen von Unstimmigkeiten. Dazu kommt, daß junge Leute in der Krisenbewältigung unerfahren sind und die Einsicht, daß das Austragen von Konflikten durchaus produktiv sein kann, nur langsam wächst. Zu den inneren Konflikten treten nicht selten äußere belastende Faktoren wie unsichere berufliche Perspektiven, Wohnungsprobleme, Unterbringung der Kinder in den Krippen, Mängel in der Organisation des Alltags durch Versorgungslücken, langes Anstehenmüssen beim Einkauf und anderes. Trotz mancher Akzentverschiebung haben sich die möglichen Bedingungen für Konflikte während der vergangenen 15 Jahre nicht allzu sehr verändert. Deutlich verändert hat sich dagegen das Problembewußtsein in Richtung auf stärkere Sensibilität bei höheren Ansprüchen an Partnerschaft einerseits und geringere "soziale Kontrolle" durch die Umwelt andererseits.
Zu einigen Störfaktoren s. Tab. 7.

Tab. 7: Konfliktvorkommen in jungen Ehen (Auszug)
(Angaben in %)

	1973	1988
sexuelle Unstimmigkeiten	32	43
mangelnde Bereitschaft, häusliche Aufgaben zu übernehmen	34	37
ungünstige Wohnverhältnisse	31	36
Unzuverlässigkeit des Partners	11	35
tatsächl. oder vermutete Untreue	15	27
gestörte Beziehungen zu Eltern/ Schwiegereltern	23	34

Zunehmende Konfliktanlässe sind sexuelle Probleme, Unzuverlässigkeit, Untreue und gestörte Beziehungen zu nahen Verwandten. Bezüglich sexueller Dissonanzen bezeichneten sich die Männer deutlich häufiger als Verursacher ("durch mich hervorgerufen") als die Frauen.

Ehestörungen wegen Unzuverlässigkeit haben ihre Ursachen vor allem im Nichteinhalten von Zusagen. Verläßlichkeit als "moralische Tugend" hat demnach stark an Bedeutung verloren. 1973 schätzten noch 86% die Eigenschaft beim Partner hoch ein, 1988 nur noch 65%.

Die gestiegene Zahl von Untreue ist primär subjektiv verursacht. Doch spielen wohl auch die öffentliche Toleranz gegenüber der Aufnahme von Fremdkontakten, eine weniger verbindliche Einstellung zur Ehe als lebenslang eine mitbestimmende Rolle.

Auch für die häufigeren Störungen in der Beziehung zu den Eltern gibt es mannigfache Ursachen. Junge Leute haben heute einen anderen Lebbensstil, zum Teil sehr unterschiedliche Geschmacks– und Moderichtungen, zumeist eine andersgeartete Bedürfnisstruktur. Die Akzeptanz elterlicher Auffassungen und Beratungen ist rückläufig; mancher Hinweis wird schnell als Einmischung bewertet.

Angesichts solcher und weiterer Konfliktpotentiale muß dennoch vor vereinfachten Prognosen gewarnt werden.

Zwar sind heute 10 bis 15% junger Ehen scheidungsanfällig (1973 9 bis 12%), doch geht die Tendenz nicht zwingend in Richtung steigender Widersprüche. War bisher das Familienleben sozusagen der einzig mögliche Rückzugsraum aus gesellschaftlichen Zwängen, so wird die durch neue demokratische Verhältnisse determinierte Privatheit der jungen Ehe und Famile auch gesellschaftlich einen neuen, höheren Stellenwert erhalten.

Unter der Voraussetzung einer künftig gesicherten sozialen und materiellen Lebenslage, einer geförderten Individualisierung des Familienlebens werden bisherige Einbußen an persönlichem Lebensglück durch politische und ideologische Reglementierungen verschwinden. Die Bedeutung elterlicher Sozialisations— und Betreuungsleistungen für die Kinder wird zunehmen. Der Wert "Familie" gewinnt voraussichtlich wieder mehr an Gewicht. Echt alternative Modelle zur Familie sind bei jungen Leuten nicht erkennbar. Daran ändern weder die Lebensgemeinschaften noch die Gruppe Alleinerziehender etwas, denn beide Formen bedeuten für die jungen Menschen von heute keine Abkehr vom Wunsch nach einem harmonischen Zusammenleben von Mann und Frau und Kindern.

Zunächst aber steht für nicht wenige junge Paare und junge Familien in den neuen Bundesländern im Zusammenhang mit der gravierenden Umstellung der ostdeutschen Wirtschaft deren aktuelle Befindlichkeit im Vordergrund. Darum gehören Ängste wegen fehlendem Arbeitsplatz oder drohendem Verlust der Erwerbstätigkeit zu dominanten Problemen der frühen Nach— Vereinigungs—Epoche. Weil aber dieser Zustand kein lebensbegleitender auf lange Sicht sein wird, kann er insofern auch keinesfalls das Charakteristikum künftiger Lebensweise der jungen Paare, der jungen Eltern aus der Ex—DDR sein. Dennoch erfordert der prozessuale Übergang im Rahmen der Angleichung von Lebensverhältnissen zwischen den alten und den neuen Bundesländern auch das Aufgeben bisheriger Gewöhnungen und Haltungen.

o In bezug auf die Institution Ehe und Familie muß sich das Verständnis auf die neue Rechtslage einrichten. Diese Institution ist primär Inbegriff des Privaten. Die Ehe wird nunmehr zur privaten Rechtsangelegenheit, in die der Staat nur im äußersten Notfall einzugreifen hat. Das ist gegenüber dem bisher geltenden Familienrecht der DDR mit seinem Anspruch auf größtmögliche Involvierung in das damals herrschende Gesellschaftssystem ein großer Vorzug.

o Bezüglich sozialer Leistungen haben sich junge Familien ebenfalls auf Veränderungen einzustellen: Anstelle der bisherigen Geburtenbeihilfe von 1.000,00 Mark bekommen Mütter nunmehr ein Entbindungsgeld von 150,00 DM. Der bisherige Schwangerschaftsurlaub von sechs Wochen vor und 20 Wochen nach der Geburt wird ersetzt durch ein Beschäftigungsverbot für werdende Mütter, das sechs Wochen vor der Entbindung beginnt und acht Wochen danach endet. Anstelle des bisherigen "Babyjahres" tritt ein Erziehungsurlaub für einen Elternteil bis zum 18. Lebensmonat des Kindes mit einem monatlichen Erziehungsgeld von 600,00 DM. Das würde z.B. bedeuten, daß innerhalb einer Familie, deren erstes Kind 1990 geboren wurde, bisherige Regelungen in Kraft blieben, während für ein für 1991 erwartetes

Kind die neuen Bestimmungen Gültigkeit haben. Das Kindergeld für das erste Kind bleibt — wie zuvor — bei 50,00 DM, steigt aber für das zweite auf 130,00 DM und für ein drittes auf 220,00 DM.

o Entgegen dem geltenden Bundesrecht für die bisherige BRD behält voerst in den neuen Bundesländern die Fristenregelung zum Schwangerschaftsabbruch ihre Gültigkeit. Übere weitere Festlegungen im Abtreibungsrecht wird gesamtdeutsch später entschieden werden. Gleichfalls ist es einer Vereinbarung fast aller Gesundheitsminister der Länder zu danken, daß die ins Auge gefaßte kostenpflichtige Verordnung der "Pille" ausgesetzt wurde und diese für die Frauen und Mädchen der Ex—DDR weiterhin kostenfrei verschrieben wird.

o Auf bestimmte Schwierigkeiten im Hinblick auf die Weiterführung des bisherigen Betreuungssystems für Kinder müssen sich allerdings die jungen Eltern einrichten. Einerseits wird sich beispielsweise aus dem längeren Erziehungsurlaub die Krippenunterbringung vermutlich stark reduzieren; damit die Besetzung des Betreuungspersonals erheblich verringern müssen, andererseits ist mit einer höheren Kostenbeteiligung seitens der Eltern für alle Kindereinrichtungen zu rechnen. Doch sollte das gegenüber der notwendigen Balance zwischen Familie und Arbeitswelt als das sekundäre Problem begriffen werden.

o Bezüglich des innerfamiliären Lebens ist zu prognostizieren, daß sich heute und künftig junge Väter intensiver mit Kindern und deren Versorgung beschäftigen werden als deren eigene Väter es taten. Allerdings werden sie einen deutlich höheren quantitativen Anteil an Betreuung kaum bzw. nur dann übernehmen, wenn sie anstelle der Mütter den Erziehungsurlaub wahrnehmen. Das Problem Berufstätigkeit der Frauen plus Kinder plus Familie muß durch Männer noch deutlicher begriffen werden.

o Die Vollerwerbstätigkeit der Frau und Mutter als entscheidende Voraussetzung für ihre Persönlichkeitsentfaltung hat sich als Mythos erwiesen. Teilzeitarbeit war früher schon ein mit größter Mehrheit erklärtes Ziel der Frauen, nur wurde es seitens der Staatsführung niemals akzeptiert. Künftig werden weitaus mehr Frauen mit Einverständnis ihrer Männer die Teilzeitbeschäftigung bevorzugen.

o Im Gegensatz zu bisherigen Behauptungen mancher Frauen— und Familienforscher der Ex—DDR wird durch Vollerwerbstätigkeit der Frauen die Partnerbeziehung in Ehe und Familie nicht verbessert. Allerdings lehnen die jungen Frauen der neuen Bundesländer einen Hausfrauenstatus als soziales Privileg der Verdienstkraft ihres Mannes ebenfalls ab.

o Unter der Voraussetzung einer künftig gesicherten sozialen und materiellen Lebenslage, einer geförderten Individualisierung des Familienlebens werden bisherige Einbußen an persönlichem Lebensglück durch politische und ideologische Reglementierungen verschwinden. Die Bedeutung elterlicher Sozialisationsleistungen für die Kinder wird zunehmen. Der Wert "Familie" gewinnt voraussichtlich wieder an Gewicht.

Intelligenz

Werner Hennig

Zur Entwicklung geistiger Fähigkeiten

Geistige Fähigkeiten stellen eine wichtige Seite der Handlungskompetenz eines Menschen dar. Sie bedingen im Zusammenwirken mit seinen Kenntnissen und Erfahrungen, seinen Interessen und seiner Zielstrebigkeit, wie gut intellektuelle Anforderungen in Beruf und Freizeit, wie fachliche, soziale und kulturelle Aufgaben und Probleme bewältigt werden können.
In dem Beitrag werden unter Nutzung eines umfangreichen empirischen Materials von jugendlichen Schülern Antworten gesucht auf die Frage nach der leistungsbedingenden Wirkung von Fähigkeits−Konfigurationstypen sowie der Entwicklung von Fähigkeiten in den Geschlechter− und Leistungsgruppen.

Am Zentralinstitut für Jugendforschung wurde von 1968 bis 1978 eine Längsschnittstudie durchgeführt, in die ca. 1000 Leipziger Schüler (ab Klassenstufe 6, also 12− bis 13jährige) einbezogen waren. Die Analyse von Fähigkeiten stellte dabei einen mehr peripheren Teilaspekt dar. Ergebnisse wurden von Friedrich/Müller (1980) sowie Mehlhorn/Mehlhorn (1981) vorgestellt. Eine weitere Längsschnittstudie an zwei Kohorten Leipziger Schüler begann 1985 bei je ca. 1200 Schülern der Klassenstufe 3 und 6. Die Arbeit mit der älteren Kohorte wurde 1990 abgeschlossen, die mit der jüngeren Kohorte ist bis 1993 geplant. Eine wichtige Zielstellung der Studie ist die Analyse der Fähigkeitsentwicklung bei hochleistungsfähigen Schülern. Von den vielfältigen empirischen Ergebnissen dieser Studie können hier nur wenige dargestellt werden.

Da die geistigen Fähigkeiten (oft auch als kognitive oder intellektuelle bezeichnet) zahlreich und verschiedenartig sind, hat man sie unter wechselnden Aspekten in Gruppen gegliedert oder klassifiziert. Für uns sind zwei Gruppierungen interessant:
(1) In der einen werden allgemeine und besondere Fähigkeiten unterschieden. Erstere fungieren in *allen* Tätigkeiten und Verhaltensweisen, in denen überhaupt geistige Anforderungen enthalten sind, also in Lern−, Arbeits− und vielen Freizeittätigkeiten. Besondere Fähigkeiten sind dagegen nur in einer umgrenzten Teilgruppe von Tätigkeiten zu deren erfolgreichen Ausführungen notwendig. Eine solche besondere Fähigkeit ist beispielsweise das räumliche Vorstellungsvermögen.

(2) Unter einem anderen Aspekt ergibt sich eine Gruppierung in strukturale und verlaufsbezogene Fähigkeiten. Strukturale Fähigkeiten bestehen mit bestimmten geistigen Operationen, die in Phasen eines Problemlöseprozesses gesondert oder komplex wirken. Vergleichen, differenzieren, abstrahieren, kombinieren, verallgemeinern u.a.m. sind solche Operationen bzw. strukturale Fähigkeiten (vgl. Lompscher 1975). Die zweite Gruppe kennzeichnet Besonderheiten des Verlaufs geistiger Prozesse. dazu gehört die Fähigkeit, ein Problem rasch unter wechselnden Aspekten sehen zu können, kurz als Fähigkeit zum Umstrukturieren bezeichnet. Konzentrationsfähigkeit und Informationsverarbeitungsgeschwindigkeit kennzeichnen in anderer Weise den Verlauf kognitiver Prozesse.

1. Fähigkeiten und schulische Leistungen

Die Frage, in welchem Maße Fähigkeiten schulische Leistungen bedingen, ist theoretisch und praktisch bedeutsam.
Für eine erste Antwort prüften wir zunächst, wie eng einzelne Fähigkeiten und Zensuren (als Leistungsindikatoren) zusammenhängen. Eine solche Auswertung ist in vielen vergleichbaren Studien verbreitet.
Tab. 1 zeigt das für die strukturale Fähigkeit zum logischen Denken bei Schülern der Klassenstufe 6. Die neun Ausprägungsgrade ergeben sich mit der C−Standardwert−Skala; die Durchschnittszensur wurde aus den Einzelzensuren für die Fächer Deutsch, Russisch, Mathematik, Biologie, Geographie und Geschichte berechnet und durch folgende Gruppierung der Normalverteilung angenähert:

skalierte Durchschnitts− zensur	berechnete Durchschnitts− zensur
1	1,0 − 1,5
2	1,6 − 2,1
3	2,2 − 2,7
4	2,8 − 3,3
5	3,4 − 5,0

Die Fähigkeit zum logischen Denken wurde mit dem "Frankfurter Analogie−Test" ermittelt.

Die Verteilung der Zensuren für die verschiedenen Ausprägungsgrade der Fähigkeit verdeutlicht einen klar erkennbaren Trend: Je ausgeprägter die Fähigkeit ist, um so häufiger finden sich gute Zensuren und um so seltener weniger gute.

Tab. 1: Ausprägung der strukturalen Fähigkeit zum logischen Denken und Durchschnittszensur (r = 0.60)
(Angaben in %)

Fähigkeit zum logischen Denken		Durchschnittszensur				
		1	2	3	4	5
unter– durch– schnittlich	1	–	2	12	53	33
	2	1	1	15	44	38
	3	1	3	31	47	18
durch– schnitt– lich	4	2	9	45	32	12
	5	6	16	44	30	4
	6	13	30	42	12	3
über– durch– schnittlich	7	30	26	32	10	2
	8	38	27	33	3	–
	9	50	30	20	–	–

Logisches Denken korreliert relativ hoch mit der Durchschnittszensur (r = 0,60) und erweist sich damit als eine wichtige kognitive Bedingung für Leistungen in sogenannten wissenschaftlichen Unterrichtsfächern. Das ist hervorzuheben, ohne zu übersehen, daß auch weitere Bedingungen wirken. Diese deuten sich in spezifischer Weise an, wenn Fähigkeitsausprägung und zu erwartende Zensur einander nicht entsprechen. So erreichen 20% der Befähigsten nur eine Durchschnittszensur von 2,2 bis 2,7. Ihre überdurchschnittlich entwickelte Fähigkeit setzt sich offensichtlich nicht voll in schulische Leistung um. Negative Lerneinstellungen, mangelnde Lernmotive, ungenügend entwikkelte andere Fähigkeiten, starke außerschulische Interessen, Belastungen im Verhältnis zu einem Lehrer oder zu Mitschülern u.a. können solche Diskrepanzen bewirken.

Wenden wir uns verlaufsbezogenen Fähigkeiten zu. Wie stellt sich ihr Zusammenhang mit Zensuren als Indikator schulischer Leistung dar? Tab. 2 enthält entsprechende Daten für Konzentrationsfähigkeit (diagnostiziert mit dem Aufmerksamkeits–Belastungstest von Brickenkamp). Es zeigen sich die bei der logischen Denkfähigkeit bereits festgestellten Tendenzen, wenn auch in etwas schwächerem Ausmaß. Schüler mit überdurchschnittlicher Konzentrationsfähigkeit finden sich weitaus häufiger in den Zensurengruppen 1 und 2 als Schüler mit durchschnittlicher und unterdurchschnittlicher.

Tab. 2: Ausprägung der verlaufsbezogenen Fähigkeit zur Konzentration und Durchschnittszensur ($r = 0{,}37$)
(Angaben in %)

Konzentrations-fähigkeit		Durchschnittszensur				
		1	2	3	4	5
unter-	1	—	6	35	39	20
durch-	2	3	8	24	45	21
schnittlich	3	4	10	36	38	12
durch-	4	6	16	38	28	13
schnitt-	5	9	13	43	27	8
lich	6	17	22	39	19	4
über-	7	19	23	40	14	4
durch-	8	26	31	40	9	4
schnittlich	9	38	26	20	14	2

Insgesamt ist zu sehen: Die genannten Fähigkeiten erweisen sich — mit gewissen Abstufungen — durchweg als Bedingungen schulischer Leistungen. Je ausgeprägter die Fähigkeiten sind, um so häufiger zeigen sich gute und sehr gute Leistungen. Das gilt für unterschiedliche strukturale und verlaufsbezogene Fähigkeiten.

Die angeführten Erkenntnisse bestätigen die Ergebnisse anderer Untersuchungen. Allerdings ist auch ihre Gebundenheit an eine punktuelle Auswertungsorientierung anzumerken, nach der nur eine isoliert gesehene Fähigkeit mit Leistungsindikatoren korreliert wird. Die Lösung intelligenzfordernder Aufgaben und Probleme verlangt aber in der Regel mehrere Fähigkeiten, also problemgemäße Fähigkeitskonfigurationen. Folgt man einer entsprechenden Auswertungsorientierung — das wird im folgenden getan —, so dürfte sich die leistungsbedingende Wirkung von Fähigkeiten realer und präziser abzeichnen.

Wir kombinierten je zwei Fähigkeiten unter Beachtung ihrer Ausprägung zu Konfigurationstypen:
Typ 1 ergibt sich bei sehr starker Ausprägung beider Fähigkeiten, Typ 2 bei sehr schwacher und Typ 3 bei mittlerer Ausprägung. Neben diesen konsistenten Typen lassen sich weiterhin diskrepante Typen bilden, in denen eine Fähigkeit sehr schwach, die andere sehr stark entwickelt ist.
Für jeden Typ ist zu ermitteln, wie häufig sich für ihn die fünf möglichen Durchschnittswerte finden.

Wir nutzen die vorgestellte Typenbildung, um das Zusammenwirken strukturaler und verlaufsbezogener Fähigkeiten als komplexe Leistungsfähigkeit zu prüfen. Die beiden unterschiedlichen Seiten der Intelligenz werden durch die Fähigkeit zum logischen Denken und die Konzentrationsfähigkeit repräsentiert. Tab. 3 weist bei der zum Vergleich mitbeachteten punktuellen Orientierung aus, daß 41% der sehr guten "Denker" und 28% der guten "Konzentrationsfähigen" die Durchschnittsnote 1 erhielten. Diese Zahlen überraschen nicht. Sie entsprechen dem vorn dargestellten bedingenden Einfluß jeder einzelnen Fähigkeit. Erstaunlich hoch ist jedoch die entsprechende Zahl für Schüler von Typ 1. Sie beträgt 83%! Etwa acht von zehn Schülern, die sowohl sehr gut logisch denken als auch sehr konzentriert arbeiten können, erlangen die Durchschnittszensur 1. Typ 1 fungiert offensichtlich als ein klares und strenges Kriterium für allgemein Hochbefähigte.

Tab. 3: Fähigkeitskonfiguration (sehr gute Fähigkeit zum logischen Denken und sehr gute Konzentrationsfähigkeit) und Durchschnittszensur
(Angaben in %)

Durchschnittszensur	einzelne Fähigkeiten		Fähigk.konfig.
	log. Denken sehr gut (8 u. 9)	Konzentr. sehr gut (8 u. 9)	sehr gute Denk u. sehr gute Konzentrationsfähigkeit
1	41	28	83
2	19	16	39
3	8	9	13
4	1	4	0
5	0	4	0

Tab. 4 enthält die Häufigkeitswerte für schlechte "Denker" und wenig "Konzentrationsfähige". Es sind analoge Proportionen wie für Typ 1 erkennbar, allerdings in bezug auf die Zensur 5 (39% und 25% gegenüber 67%). Die Zahlen differieren zwar etwas weniger als für gute Zensuren, Unterschiede sind aber durchaus ausgeprägt. Typ 2 stellt speziell ein Kriterium für schwach befähigte Schüler dar.

Tab. 4: Fähigkeitskonfiguration (sehr geringe Fähigkeit zum logischen Denken und sehr geringe Konzentrationsfähigkeit) und Durchschnittszensur
(Angaben in %)

Durchschnitts-zensur	einzelne Fähigkeiten		Fähigk.konfig.
	log. Denken sehr gering (1 u. 2)	Konzentr. sehr gering (1 u. 2)	sehr gerige Denk- u. sehr geringe Konzentrationsfähigkeit
1	1	1	0
2	0	5	0
3	4	8	6
4	18	18	25
5	39	25	67

Die Ergebnisse belegen den Wert einer typ- oder konfigurationsorientierten Auswertung.

Strukturale und verlaufsbezogene Fähigkeiten entwickeln sich unabhängig voneinander, sie sind also eigenständige Seiten der Intelligenz und können in einer gegebenen Entwicklungsphase abhängig von den jeweils spezifischen Förderungsbedingungen unterschiedlich oder gleich ausgeprägt sein.

Verallgemeinernd läßt sich sagen: Hochbefähigte Schüler verfügen sowohl über ausgeprägte strukturale als auch verlaufsbezogene Fähigkeiten. Sie könne sehr gut abstrahieren, kombinieren, verallgemeinern, und sie leisten das mit hoher Konzentration und Denkbeweglichkeit.

Die Aussagen legen Folgerungen und praktische Empfehlungen nahe.

Spätere schöpferische oder kreative Leistungen der Schüler dürften von einem gleichermaßen hohen Entwicklungsstand beider Fähigkeitsgruppen wesentlich mitbedingt sein. Die Suche nach ganz besonderen, ganz spezifischen Fähigkeiten für kreative Leistung dürfte erfolglos bleiben.

Um einen Menschen als hochbefähigt zu beurteilen, sind gültige Aussagen über seine strukturalen und — auf jeden Fall — auch über seine verlaufsbezogenen Fähigkeiten zu nutzen. Wird nur diese oder jene Gruppe von Fähigkeiten oder nur ein komplexer Intelligenzwert beachtet — was durchaus nicht seltene Vorgehensweisen sind — so resultiert ein einseitiges oder unsicheres Urteil, wichtige Ansatzpunkte zur weiteren Fähigkeitsentwicklung bleiben unbeachtet.

Fähigkeitsförderung ist generell eine komplizierte Aufgabe. Sie wird noch komplizierter, wenn allgemeine geistige Fähigkeiten verschiedener Gruppen insgesamt entwickelt werden sollen. Eine solche breite Förderungsorientierung ist jedoch für die Gestaltung von Anforderungen in Schule und Freizeit notwendig, um ein hohes geistiges Leistungsvermögen zu sichern. Einseitige Orientierungen auf die Entwicklung einzelner Fähigkeiten oder nur einer Fähigkeitsgruppe — sie sind recht verbreitet anzutreffen — behindern dies und hemmen damit die Ausbildung gut befähigter junger Menschen.

2. Gruppenspezifische Fähigkeitsentwicklung

Wertvolle Erkenntnisse über Bedingungen der Fähigkeitsentwicklung ergeben sich, wenn letztere in besonderen Teilgruppen verfolgt wird. Gruppenbildende Kriterien können das Geschlecht, die berufliche Qualifikation der Eltern u.a. sein. Wir untersuchten die Fähigkeitsentwicklung von Klassenstufe 6 bis 8 (12— bis 15jährige Schüler) in verschiedenen Teilgruppen. Große Unterschiede fanden sich für die Teilgruppen gemäß der Durchschnittszensur, also zwischen den fünf Leistungsgruppen. Das soll am Beispiel der Fähigkeit zum logischen Denken dargestellt werden.

Abbildung 1 veranschaulicht wesentliche Befunde. Anzumerken ist, daß die zugrundeliegenden Daten gültige Entwicklungskennwerte darstellen. Sie entstanden, indem die Rohpunktsummen von den genutzten Tests für die Klassenstufe 7 und 8 auf die C—Normenskala der Klassenstufe 6 transferiert wurden. Entwicklungsdaten sind von Querschnittsdaten klar zu unterscheiden. Zunächst ist der Fähigkeitszuwachs zu beachten. Er beträgt von Klasse 6 zu Klasse 8 in allen Leistungsgruppen ca. zwei C—Normgruppen (was etwa — um einen bekannteren Maßstab zu gebrauchen — 15 Intelligenz—Quotient—Punkten entspricht). Beachtet man weiterhin den etwa gleichgroßen Zuwachs von 6. zu 7. und 7. zu 8. Klasse, dann ist eine beachtliche und zugleich kontinuierliche Entwicklung festzustellen. Offensichtlich objektivieren sich in diesen Befunden auch große fähigkeitsfördernde Effekte des Schulunterrichts.

Abb. 1: Entwicklung der Fähigkeit zum logischen Denken in den Schulleistungsgruppen

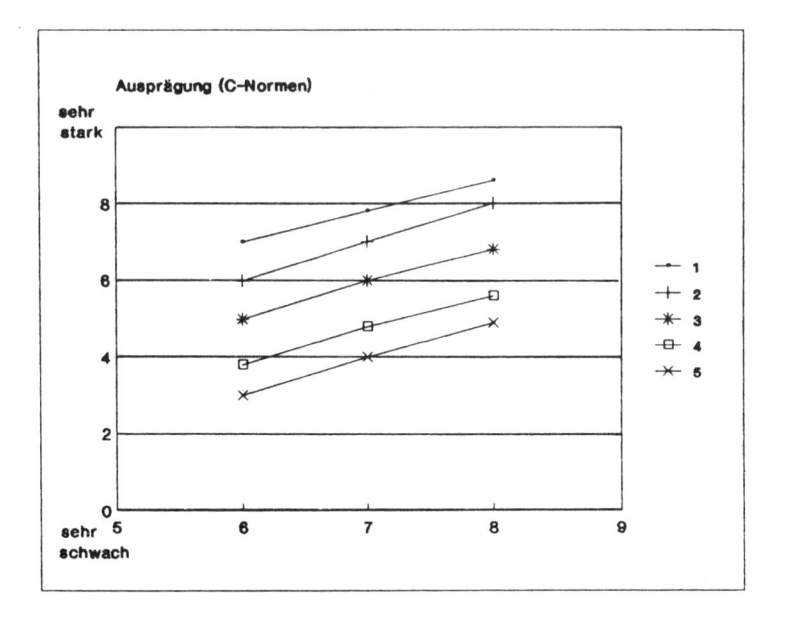

Der folgende Befund sei hervorgehoben: Der Zuwachs in den verschiedenen Leistungsgruppen ist etwa gleich groß. Das auf Klassenstufe 6 erreichte Fähigkeitsniveau bestimt das künftige Niveau und auch die künftige Leistung mit. Schüler der Klasse 6 mit überdurchschnittlicher Denkfähigkeit und sehr guter Leistung weisen in den folgenden Klassenstufen eine entsprechend hohe Fähigkeitsausprägung aus und gehören zur Leistungsgruppe 1. Analoges gilt für die niederen Fähigkeitsniveaus und Leistungsgruppen. Das in frühen Entwicklungsphasen erreichte und in entsprechenden Leistungen bekundete höhere oder niedere Fähigkeitsniveau bleibt also in folgenden Phasen erhalten. Wann diese Regelhaftigkeit vor dem 12. Lebensjahr beginnt und bis zu welchem Alter sie nach dem 15. Jahr auftritt, muß von unserem Material her zunächst offen bleiben.

Welche Bedingungen können der beschriebenen Regelhaftigkeit zugrunde liegen?

Der alleinige Verweis auf bessere oder schlechtere angeborene Anlagen bleibt einseitig und widerspricht dem anzunehmenden komplexen Bedingungsgefüge. Zu diesem dürften verschiedenartige personale und soziale Faktoren gehören: anhaltende Erfolgs— oder Mißerfolgsbestimmtheit, positives oder negatives Fähigkeitsselbstbild mit entsprechendem Anspruchsniveau, verfestigte lerngünstige oder —ungünstige Lernmotive, der gewohnte und weiterhin angestrebte Platz in der Leistungs—Rangreihe für die Schüler der Klasse, fähigkeitsanregendes Klima im Elternhaus.

Die Regelhaftigkeit gilt für die Mehrheit der Schüler. Einzelne Schüler "durchbrechen" sie und wechseln im Verlaufe der Zeit zu einem höheren oder niederen Fähigkeitsniveau. Solche "Pendler" werfen weitere Probleme auf, die hier nicht erörtert werden können.

Wenden wir uns der Frage nach oft diskutierten geschlechtsspezifischen Unterschieden in der Fähigkeitsentwicklung zu. Dabei ist aus unserer Sicht die Frage, wer denn nun das "intelligentere Geschlecht" ist, wenig konstruktiv. Die Frage, welche Fähigkeiten bei männlichen und weiblichen Kindern, Jugendlichen und Erwachsenen ausgeprägter sind, ist dagegen von großer sozialer Bedeutung.

Tab. 5 enthält die durchschnittliche Ausprägung von Fähigkeiten für Jungen und Mädchen, die in die Längsschnittstudie einbezogen waren. Die Zahlen entsprechen der neunklassigen C−Normierung. Die genaue Bezeichnung der eingesetzten Tests findet sich über die Kurzbezeichnung im Literaturverzeichnis.

Tab. 5: Geschlechtsspezifische Fähigkeitsausprägung Klassenstufe 6 (In bezug auf die Mittelwertdifferenzen bedeutet ns = nicht signifikant, ss = sehr signifikant auf 1 %− bzw. 0,1 %−Niveau)

	männ−lich	weib−lich	Signi−fikans
1. logisches Denken (FAT)	5,07	4,95	ns
2. Konzentrationsfähigkeit (d^2)	4,69	5,35	ss
3. Wortflüssigkeit (LPS 6)	4,71	5,19	ss
4. Wortstruktur (LPS 5)	4,51	5,66	ss
5. Informationsverarbeitungs−geschwindigkeit (ZVT)	6,16	6,75	ss
6. Merkfähigkeit (IST 9)	4,73	5,64	ss

Die zunächst heterogen erscheinenden Daten in der Tabelle erhalten Kontur, wenn wir das Begriffspaar "struktural − verlaufsbezogen" nutzen. Logisches Denken als (strukturale) "Kerneigenschaft" der Intelligenz ist geschlechtsunspezifisch. Jungen und Mädchen können gleichermaßen logisch denken. Dieser Befund ist um so gewichtiger, da er für die Schüler auch auf Klassenstufe 7 und 8 erhalten bleibt. (Die Auswertung höherer Klassen steht noch aus.)

Die schulisch geförderte Fähigkeitsentwicklung zeigt auch in dieser Hinsicht positive Ergebnisse.

Verlaufsbezogene Fähigkeiten lassen geschlechtsspezifische Tendenzen erkennen (2. — 5. in Tab. 5). Sie verweisen durchweg auf etwas ausgeprägtere Fähigkeiten bei Mädchen. Dieses Ergebnis beeindruckt angesichts der recht verschiedenen Fähigkeiten, die zur verlaufsbezogenen Gruppe gehören. Geschlechtsspezifische Tendenzen lassen sich bis zu den sehr starken Ausprägungsgraden verfolgen. Alle vier Fähigkeiten unterscheiden sich auch in den C−Normklassen 8 und 9 statistisch signifikant. Es finden sich also unter den Hochbefähigten in bezug auf verlaufsbezogene Fähigkeiten etwas mehr Mädchen als Jungen.

Die genannten Unterschiede bleiben — das ist hervorzuheben — in den folgenden Jahren erhalten. Entsprechende Entwicklungsdaten weisen das klar aus.

Sieht man strukturale und verlaufsbezogene Fähigkeiten in ihrer "funktionalen Einheit", so finden sich in der Mädchengruppe etwas bessere Voraussetzungen für hohe intellektuelle Leistungen. Zu diesem Leistungsvorteil kommt ein weiterer. Mädchen besitzen eine bessere Merkfähigkeit als die Vergleichsgruppe.

Die geschlechtsspezifischen Differenzen sind zu beachten, ihre statistische Absicherung besteht. Sie sollten aber zugleich in ihrer praktischen Bedeutung nicht überschätzt werden.

Literatur

Amthauer, R.: Intelligenz−Struktur−Test (IST). Göttingen 1953
Balser, H./Anger, R./Bargmann, R.: Frankfurter Analogietest FAT 4−6/7, 8. Weinheim 1965
Brickenkamp, R.: Aufmerksamkeits−Belastungs−Test (d^2). Göttingen 1962
Friedrich, W./Müller, H. (Hrsg.): Zur Psychologie der 12− bis 22jährigen. Berlin 1981
Horn, W.: Leistungsprüfsystem (LPS). Göttingen 1962
Mehlhorn, G./Mehlhorn, H.−G.: Intelligenz. Berlin 1981
Lompscher, J.: Theoretische und experimentelle Untersuchungen zur Entwicklung geistiger Fähigkeiten. Berlin 1975

Walter Friedrich

Über soziale Determinanten der Intelligenzentwicklung

(Vortrag auf dem Symposium der Gesellschaft für Psychologie der DDR zum Jahr der Jugend 1985)

Die Entwicklung und Förderung intellektueller Fähigkeiten sind sozialwissenschaftliche Probleme von großer gesellschaftlicher Relevanz.
In dem Beitrag werden Ergebnisse aus einzelnen Untersuchungen zum Zusammenhang von Intelligenzleistung und Lebensalter sowie zur Fähigkeitsentwicklung bei Zwillingen unter dem Aspekt biologischer und sozialer Bedingtheit diskutiert.

Die optimale Entwickluung und Nutzung der menschlichen Intelligenz gehört zweifellos zu den großen Herausforderungen unserer Zeit. Dafür beste soziale Voraussetzungen zu schaffen, ist heute eine Aufgabe hoher Priorität.
Weil das Intelligenzproblem heute gesellschaftlich so relevant und brisant ist, deshalb ist es für die Sozialwissenschaften so interessant (bzw. sollte es sein). Bekanntlich spielen Fragen der Intelligenzentwicklung (der ontogenetischen Herausbildung bestimmter intellektueller Fähigkeiten, "Denkprozesse"), ihrer biotischen und sozialen Einflußfaktoren, ihrer Diagnostik, ihrer schulischen Förderung seit jeher in der Psychologie eine wichtige Rolle. Schon Francis Galton hat mit großer Entschiedenheit die "Frage der Fragen", nämlich die nach den verursachenden Faktoren, nach dem Anteil von Erbe (nature) und Umwelt (nurture) aufgeworfen. Von seinen berühmten genealogischen und Zwillingsstudien her kam er zu einer sehr einseitigen, die Erbeinflüsse stark überschätzenden Interpretation der Intelligenz− und Begabungsentwicklung. In den letzten Jahrzehnten sind zu dieser Thematik von Psychologen Tausende Arbeiten publiziert worden. Das hat zu einem bedeutenden Erkenntniszuwachs über verschiedene Seiten des Intelligenzproblems, zu seiner sehr viel differenzierteren Bewertung geführt. Das methodische und statistische Niveau dieser Arbeiten ist teilweise imposant. Trotzdem überrascht immer wieder, wie traditionell, ja konservativ manche theoretische Teilfragen gestellt und beantwortet werden. Zu wenig werden traditionelle Erkenntnisse, Positionen, Methoden in Frage gestellt.
Ein Beispiel: Wenn bei Intelligenzuntersuchungen immer nur das Alter der Probanden als Hauptkriterium berücksichtigt wird, dann müssen die IQ−

Zuwachsraten zwischen den Altersjahrgängen (etwa zwischen Schulklassen) zwangsläufig als Resultat des biologischen Älterwerdens erscheinen. Die Reifungshypothese und die dahinterstehenden genetischen Annahmen werden damit scheinbar bestätigt.

Oder: Seit Jahrzehnten gibt es in den USA und in westeuropäischen Ländern kontroverse Diskussionen darüber, ob sich der mittlere IQ−Wert von Alters− oder anderen Populationen historisch verändert hat, ob er im Laufe der Jahrzehnte konstant geblieben, zugenommen oder sogar abgenommen hat.
Die meisten Forscher favorisierten noch bis in die 70er Jahre hinein die Konstanzhypothese, waren von der Unveränderlichkeit der durch Tests gemessenen Intelligenz überzeugt. Intelligenz wurde ja im wesentlichen als anlagebedingt, als Ausdruck des genetischen Potentials betrachtet. Erst in den letzten zehn Jahren wurde dieses Dogma, das theoretisch wie empirisch seit langem gut zu widerlegen war, beseitigt. Noch heute wirkt der Nachweis auf manche sensationell, daß sich in den USA im letzten Halbjahrhundert jährlich ein mittlerer Intelligenzzuwachs um etwa 0.35 IQ−Punkte vollzogen hat, wie Flynn (1984) in einem systematischen Vergleich exakt nachgewiesen hat. In der DDR konnte in den 70er Jahren sogar ein durchschnittlicher IQ−Anstieg bei älteren Schülern von über 10 Punkten (Mehlhorn und Schulze in ZIJ−Studien) festgestellt werden, also eine jährliche Zuwachsrate von etwa einem IQ−Punkt.
Im folgenden sollen einige Ergebnisse aus zwei größeren Untersuchungen des ZIJ mitgeteilt werden.

1. Zur Altersabhängigkeit der Intelligenzentwicklung

Eine der gegenwärtig selten angefochtenen Hypothesen von Intelligenztheorien ist, daß sich die Intelligenzentwicklung in Abhängigkeit vom Lebensalter der Individuen vollzieht und ihr letztlich ein biologischer Reifungsprozeß zugrunde liegt. Klassische IQ−Tests beanspruchen, genau diese reifungsabhängigen (culture fair) Prozesse zu erfassen. Die allgemeine Lebenserfahrung und die gesamte Testpraxis scheint dieser Hypothese recht zu geben: Ältere Kinder und Jugendliche sind klüger als jüngere, erreichen höhere Testwerte als diese. Die Standardisierung der Tests geht vom Modell einer linearen Steigerung der Testleistung nach dem Alter aus. Natürlich existiert ein Zusammenhang von Lebensalter und Testleistung. Nur darf er nicht vorschnell biologisch, als Folge eines Reifungsprozesses erklärt werden. Zumindest gilt das für das Schulkind− und Jugendalter.

Dieser Zusammenhang von Intelligenzleistung und Lebensalter kommt zustande, weil in jeder Gesellschaft das Lebensalter der Individuen mit einem bestimmten System sozialer Erfahrung, Bildung, intellektuellen Anforderungen verknüpft ist. Ein den jeweiligen sozialen Alterspositionen entsprechendes System von Kenntnissen, Fähigkeiten, Verhaltensweisen wird sozial vermittelt, muß vom Individuum in aktiver Tätigkeit angeeignet werden. Es versteht sich, daß die systematische Schulbildung auf die Entwicklung des kognitiven Bereichs einen starken Einfluß hat.

In mehreren Untersuchungen der letzten Jahre haben wir den Schuleinfluß auf die Intelligenzentwicklung näher analysiert. Ausgegangen sind wir dabei von der *Schulposition* der Schüler (ihrer Zugehörigkeit zu einer bestimmten Klassenstufe). Erst im Rahmen der betreffenden Klassenstufe wurden die Schüler nach ihrem kalendarischen Alter gruppiert. Zuerst haben wir − nach Jungen und Mädchen getrennt − Halbjahresgruppen, später auch Quartalsgruppen gebildet und diese bezüglich der Entwicklung bestimmter körperlicher Merkmale, des Sozialverhaltens sowie der intellektuellen Leistungsfähigkeit (PMT nach Raven, LPS nach Horn, Schulzensuren etc.) miteinander verglichen. Mehlhorn und Schulze haben sich verdient gemacht, dazu auch schon mehrfach Ergebnisse publiziert (Mehlhorn/Mehlhorn 1981; Schulze 1985). Es stellte sich heraus, daß weder beim Vergleich der Schulzensuren noch beim Vergleich der Intelligenztestwerte die älteren Schüler gegenüber denen um 1/2 Jahr bzw. denen bis zu 3/4 Jahren jüngeren überlegen sind (vgl. Friedrich 1984).

In allen unseren Untersuchungen an Tausenden von Schülern der 6. bis 10. Klassen konnte die Hypothese von der altersabhängigen Entwicklung intellektueller Fähigkeiten *nicht* bestätigt werden.

1984 ist Schulze noch einen Schritt weitergegangen. Er hat in der Stadt Leipzig aus über 40 Klassen der 7. bis 9. Schuljahre nur die altersmäßig extrem auseinanderliegenden Schüler ausgewählt (natürlich nicht die überalterten, zurückgebliebenen).

In der DDR werden die Kinder bekanntlich mit dem vollendeten 6. Lebensjahr eingeschult. Stichtag ist der 31. Mai des betreffenden Jahres. So haben wir lediglich die unmittelbar vor bzw. nach diesem Stichtag (d.h. die in den Monaten Mai/Juni) geborenen Schüler herausgegriffen und untersucht.

Diese Mai/Juni−Schülergruppen weisen *innerhalb einer Klassenstufe* eine Altersdifferenz von 11 Monaten auf, *zwischen den Klassenstufen* unterscheiden sie sich altersmäßig aber durchschnittlich *nur um einen* Monat. Tab. 1 zeigt die wichtigsten Ergebnisse.

Tab. 1: Rohpunktwerte pro Subtest des LPS (nach Horn), bezogen auf Mai/Juni – Schüler der 7. bis 9. Klassenstufen, klassifiziert nach den Leipziger Normen für 7. Klassen

	7. Klassen		8. Klassen		9. Klassen
	Mai 71	Juni 70	Mai 70	Juni 69	Mai 69
n	100	102	100	98	86
Verbaltests (1+2)	27.4	27.5	30.2	30.8	32.3
reasoning – Tests (3+4)	47.9	48.2	51.2	50.9	51.8
space – Test (8)	23.5	23.5	27.3	26.1	27.7
closure – Test (10)	22.1	22.1	23.3	23.9	23.4
Gesamtwert (3+4+8+10)	93.4	93.7	101.7	101.0	103.0

Dieselben Ergebnisse im Abweichungs – IQ, klassifiziert nach den Leipziger Normen für 7. Klassen

Verbalfaktor (1+2)	100.2	99.9	104.2	105.1	108.5
reasoning – Tests (3+4)	98.4	99.3	103.6	103.7	105.6
space – Test (8)	102.0	101.9	105.8	105.3	106.2
closure – Test (10)	100.9	101.1	103.8	105.1	104.0
Gesamtwert (3+4+8+10)	99.2	99.4	105.3	104.7	106.5

Die Tabelle bestätigt voll die mit den Halbjahres– bzw. Quartalsgruppen gewonnenen Befunde. Schüler ein und derselben Klassenstufe (Schuljahrgang) unterscheiden sich in ihren Testleistungen *nicht*, auch wenn sie 11 Monate auseinanderliegen. Bei *keinem* Subtest fanden wir signifikante Unterschiede, sogar tendenziell deutet nichts auf einen Reifungsfaktor hin.

Schüler verschiedener Klassenstufen unterscheiden sich dagegen *stark* voneinander, auch wenn sie altersmäßig *nur um einen* Monat auseinanderliegen. Damit ist der entscheidende Einfluß der Schulbildung auf die Entwicklung intellektueller Fähigkeiten (gemessen am LPS, PMT, Kurz—Amthauer) erwiesen. Dieses Ergebnis hat bedeutende theoretische und methodologisch—methodische Konsequenzen für die Intelligenzdiagnostik.

Erneut und sehr überzeugend wird bestätigt, daß man mit den gegenwärtig gebräuchlichen Intelligenztests nicht biologische Reifungs— oder gar genetische Hypothesen prüfen und verifizieren kann. Intelligenztests messen nicht culture fair, nicht schulunabhängig entstehende intellektuelle Fähigkeiten, sondern überwiegend die im Rahmen der Schule vermittelten intellektuellen Dispositionen. Mindestens gilt das für ältere Schüler nach dem 10. Lebensjahr, die in unserer Gesellschaft heranwachsen (in der ein differenziertes, auf hohe Leistungen orientiertes, die Denkanforderungen von Klassenstufe zu Klassenstufe konsequent steigerndes Schulsystem besteht). Folglich sollte die Intelligenzforschung primär von der Schulposition und erst sekundär von der Altersposition (vom Alter) der Probanden ausgehen.

Forschungen unter speziellen nationalen Bedingungen und Zielstellungen sollten anstelle des Lebensalters die Schulposition (Bildungsstufe) der Probanden unbedingt berücksichtigen. Das schließt den Hinweis ein, Intelligenztests künftig nicht mehr (wenigstens nicht mehr ausschließlich) nach dem kalendarischen Alter bzw. nach Altersgruppen der Probanden, sondern nach Klassenstufen (Schuljahrgängen) zu normieren. Wir haben das bereits für solche Tests wie PMT, LPS getan. Die Werte liegen am ZIJ vor.

Es liegt auf der Hand, daß altersnormierte Intelligenztests jüngere Schüler einer Schulklasse gegenüber den älteren Klassenkameraden stark bevorteilen. So haben in 7. Klassen 12jährige im Vergleich zu 13jährigen ein um 4 IQ—Punkte höheres Intelligenzniveau, in 8. Klassen schneiden die 13jährigen gegenüber den 14jährigen ebenso günstig ab, wenn ihre Leistungen an den Test—Altersnormen verglichen werden. Das sind auf den ersten Blick geradezu kuriose Ergebnisse aus unseren Untersuchungen.

Kürzlich berichteten Merz/Remer/Ehlers (1985) über eine mit gleicher Zielstellung in der BRD durchgeführte Untersuchung. Sie prüften 241 6jährige Vorschulkinder und 487 10jährige Schulkinder der 4. Klassen mit verschiedenen Intelligenztests und anderen Verfahren. Die Kinder wurden jeweils im Zeitraum ihres 6. bzw. 10. Geburtstages erfaßt. Für Schüler der 4. Klassen galt: Alle waren zwar zum Meßzeitpunkt gleich alt, unterschieden sich aber in der Dauer des Schulbesuchs bis zu 10 Monaten (vom Schuljahresbeginn im September bis zum Abschluß im Juni der 4. Klasse). Mit dieser Versuchs-

anordnung konnten Merz und seine Mitarbeiter genauso wie wir den Schuleinfluß auf die intellektuelle Entwicklung prüfen. Ihre Ergebnisse stimmen mit den unsrigen überein.
Während bei den Vorschulkindern keine Einflüsse einer Bildungsinstitution nachgewiesen werden konnten (die Dauer des Kindergartenbesuchs wurde nicht untersucht), war das bei den 10jährigen Schülern grundlegend anders. Ihre Leistungen in den eingesetzten Intelligenztests korrelierten deutlich mit ihrem Schulalter, d.h. mit der Dauer des Aufenthaltes in der 4. Klasse.
"Zehnjährige, die am Ende des 4. Schuljahres geprüft werden, erhalten beim CFT (Intelligenztest CFT nach Cattell und Weiß) nach unseren Daten im Durchschnitt etwa 6 IQ–Punkte mehr als jene, die am Anfang des Schuljahres geprüft werden." (Merz u.a. 1985, 238)
Die Autoren stellen wieder fest: "Die Rückführung des Leistungsanstiegs auf das Schulalter schließt andere mögliche Erklärungen aus, hier wohl vor allem Leistungsverbesserungen durch Reifung." (ebd., 238)
"Die ursprüngliche Zielstellung des CFT, nämlich die 'Konstruktion eines Intelligenztestverfahrens, das frei ist von mehr oder weniger zufälligen Einflüssen des sozio–kulturellen, erziehungsspezifischen oder rassischen Hintergrundes' (Weiss), entspricht offensichtlich nicht den vorgelegten Ergebnissen. Auch dieser Test ist abhängig von der Dauer des Schulbesuches." (ebd., 239)
"Insgesamt folgern wir aus unseren Ergebnissen, daß der Altersanstieg von Intelligenzleistungen bei Zehnjährigen vollständig oder sehr weitgehend nicht vom Lebensalter, sondern vom Schulalter bestimmt wird. Man darf wohl vermuten, daß das in den folgenden Lebensjahren nicht viel anders sein wird." (ebd., 238)

Diese Vermutung konnte mit unseren Untersuchungen bestätigt werden. Die Forschungsergebnisse von Merz/Remer/Ehlers (1985) haben eine große theoretische Bedeutung. Sie zeigen, daß die Intelligenzentwicklung schon in der Unterstufe entscheidend von der Bildungsinstitution Schule und nicht von biologischen Reifungsprozessen abhängt.
Beide Untersuchungen ergänzen sich und führten zu gleichen Ergebnissen.

Zur Intelligenzentwicklung bei Zwillingen

Seit einigen Jahren beschäftigen wir uns am ZIJ mit Zwillingsforschungen. Im Unterschied zur klassischen Zwillingsforschung gehen wir von einer sozialpsychologischen Position aus — einer Sozialpsychologie, die die Dialektik des Zusammenwirkens von biotischen und sozialen Bedingungen prinzipiell voraussetzt, die das Primat der sozialen Einflußfaktoren bei der Determination der konkreten psychischen Entwicklungserscheinungen, des Leistungs— und Sozialverhaltens der Persönlichkeit betont. Das zwingt uns zur kritischen Auseinandersetzung mit den Konzeptionen, Methoden und Ergebnissen der traditionellen Zwillingsforschung.

Bekanntlich werden Ergebnisse der Zwillingsforschung seit den 20er Jahren von biologisch orientierten Intelligenz—/Begabungsforschern mit Vorliebe zur Begründung ihrer theoretischen Auffassungen herangezogen, als schlagende Beweise für die hohe genetische Determiniertheit der Intelligenzentwicklung bewertet.

Aus den Vergleichen von monozygoten (MZ) und dizygoten (DZ) Zwillingen, die allgemein höhere Intrapaar—Korrelationen zugunsten der MZ ergeben, sowie aus Vergleichen mit anderen Verwandten wurden und werden noch heute schnell Schlüsse auf die Wirkung genetischer Faktoren gezogen.

Berühmt sind die häufig zitierten Übersichtstabellen der Paarkorrelationen für IQ—Leistungen bei Zwillingen und anderen Verwandten, die von Erlemeyer—Kimling/Jarvik 1963 erstmalig zusammengestellt und inzwischen unter Einbezug neuerer Untersuchungen von mehreren Autoren ergänzt worden sind. Diese Tabellen beeindrucken den Leser auf den ersten Blick stark, sie täuschen jedoch Exaktheit, Zuverlässigkeit vor, die einer gründlicheren Nachprüfung *nicht* standhalten. An anderer Stelle haben wir uns ausführlicher damit beschäftigt (vgl. Friedrich/Schulze 1985).

Hier soll nur auf einen höchst bemerkenswerten Trend aufmerksam gemacht werden: auf den drastischen Rückgang der Heritabilitätskoeffizienten der Intelligenzentwicklung in den letzten 30 Jahren. Natürlich ist der genetische Anteil an der Intelligenzentwicklung in diesem Zeitraum gleichgeblieben, verändert (verbessert) hat sich allerdings die gesamte Forschungsmethodik, das kritische Theoriebewußtsein vieler Forscher. Auf jeden Fall wird der lange Zeit verbreitete Glaube an das Heritabilitätskonzept, an die Meßgenauigkeit von IQ—Tests und an die angeblich ideale Zwillingsmethode erschüttert. Von den meisten Forschern wird aus den Korrelationen der EZ und ZZ der Erblichkeitsgrad, der Heritabilitätskoeffizient berechnet, indem die Differenzen zwischen beiden Koeffizienzen verdoppelt werden (nach Falconer). Nach früheren Angaben von Burt wären demnach 74%, nach Erlemeyer/Jarvik 68%, nach der gesamten Übersicht von Bouchard/McGue aber nur noch 48% und nach den von ihnen zusätzlich aufgenommenen Paaren sogar bloß 40% der interindividuellen Unterschiede der Intelligenztestergebnisse erblich determiniert (vgl. Friedrich/Schulze 1985).

Die empirischen Heritabilitätswerte sind von den früher ermittelten 0.70 − 0.80 in ganz kurzer Zeit auf weit unter 0.50 abgesunken. Selbst Scarr meint, daß ihre Forschungen nur eine "Heritabilität der intellektuellen Parameter im Bereich von 0.4 bis 0.7, aber nicht von 0.8 stützen" (1979, 21).
Aber nichts spricht dafür, daß mit 0.40 jetzt der untere Schwellenwert erreicht worden sei. Man braucht gewiß kein Prophet zu sein, um − mit der Verfeinerung der IQ−Meßinstrumente, der besseren Berücksichtigung der Auswahlkriterien, der Zurückdrängung noch vorhandener tendenziöser Einstellungen etc. − einen weiteren Rückgang der Heritabilitätswerte zu prognostizieren.
So sind die Fragen berechtigt: Wo befindet sich die unterste Grenze der empirischen Heritabilitätswerte? Sind die methodologischen Voraussetzungen dieses Konzepts für den Bereich der menschlichen Intelligenz überhaupt gültig?

Einige Forschungsergebnisse:
Von den 350 Paaren unserer Zwillingspopulation (14− bis 17jährige Schüler) wurden 274 Paare mit folgenden Tests untersucht: PM nach Raven; ZVT nach Oswald; LPS nach Horn. Alle Tests, Subtests und Zusammenfassungen wurden an repräsentativen DDR−Schülerpopulationen geeicht (vgl. Schulze 1985).

Tab. 2: Intraklasskorrelationskoeffizient (r') und Heritabilitätswerte (h)

	PM	ZVT	LPS − Subtests 1/2 verbal	3/4 reason.	8 space	10 closure	n − Paare
MZ	.53	.70	.70	.68	.39	.24	157
DZ	.46	.59	.35	.40	.21	.26	117
h	.13	.23	.70	.56	.35	−.04	

Tab. 2 zeigt: MZ sind in ihren intellektuellen Fähigkeiten konkordanter als DZ. Sie erreichen − durchschnittlich gesehen − höhere Korrelationskoeffizienten in den hier angewandten Tests. Doch ist das eine ganz pauschale Aussage.
Theoretisch wichtiger ist,
a) daß die Differenzen zwischen MZ und DZ überwiegend gering sind und von Test zu Test/Subtest stark schwanken;
b) daß beim closure−Faktor (10) sogar ein Minus−Heritabilitätswert auftritt, der für Genetiker völlig unerklärlich sein muß;

c) daß gerade bei denjenigen Tests, denen eine hohe g−Ladung und damit ein hoher Erblichkeitsfaktor unterstellt wird (PM, 3/4, 8, 10), die Differenz der Korrelationskoeffizienten zwischen MZ und DZ recht gering ist.

Das führt bei ihnen zu sehr unterdurchschnittlichen Heritabilitätswerten. Die höchste Heritabilität fördern die Verbaltests von Horn zutage, die aber nach ihrer theoretischen Voraussetzung gerade stark bildungsabhängig sein müßten. Ein Erblichkeitseinfluß kann hier wirklich nicht postuliert werden.

Wir untersuchten auch, ob solche sozialen Faktoren wie die elterliche Erziehungsstrategie oder der Ausprägungsgrad der Zwillingssituation die intellektuelle Ähnlichkeit der Zwillinge beeinflussen. Die traditionelle Zwillingsforschung hat soziale Variablen nicht systematisch untersucht, meist − der theoretischen Konzeption zufolge − weitgehend vernachlässigt.

Tab. 3: Intrapaarvarianzen (V_i) und Intraklasskoeffizienten (r') bei MZ und DZ − in Abhängigkeit von der elterlichen Erziehungsstrategie

Erziehungsstrategie	V_i	r'	n−Paare
Merkmal: reasoning−Faktor (Subtest 3 und 4 nach Horn)			
MZ Konformitätserziehung	0.96	0.75	53
	(s)		
Individualerziehung	2.15	0.57	22
DZ Konformitätserziehung	1.78	0.33	24
	(ns)		
Individualerziehung	2.77	0.41	29
Merkmal: produktiv−schöpferische Intelligenz (gemittelte Lehrerurteile)			
MZ Konformitätserziehung	0.26	0.73	74
	(s)		
Individualerziehung	0.48	0.52	24
DZ Konformitätserziehung	0.59	0.46	30
	(ns)		
Individualerziehung	0.77	0.40	42

Tab. 4: Intrapaarvarianzen (V_i) und Intraklasskoeffizienten (r') bei MZ und DZ — in Abhängigkeit von der sozialen Zwillingssituation

Ausprägungsgrad der Zwillingssituation	V_i	r'	n — Paare
reasoning — Faktor (Subtests 2 und 4 nach Horn)			
MZ schwach	2.16	0.46	61
	(s)		
stark	1.40	0.61	74
DZ schwach	3.06	0.30	43
	(s)		
stark	1.90	0.34	61
produktiv — schöpferische Intelligenz (Lehrerurteile)			
MZ schwach	0.47	0.43	37
	(s)		
stark	0.24	0.77	45
DZ schwach	0.77	0.50	26
	(ns)		
stark	0.69	0.36	32

Die Tab. 3 und 4 belegen überzeugend den großen Einfluß sozialer Faktoren auf die intellektuelle Entwicklung von gemeinsam aufgewachsenen Zwillingspaaren, sowohl bei den DZ wie bei den MZ. Diese sozialen Faktoren modifizieren die Intrapaar — Varianz bei MZ sogar stärker als bei DZ. Das sind weitere Belege für den großen Einfluß sozialer Determination auf die Intelligenzentwicklung im Kindes — und Jugendalter.
Alle diese Forschungsergebnisse verweisen auf die hohe Funktion der gesellschaftlichen Umwelt, besonders der Schule, bei der Intelligenzentwicklung der Heranwachsenden, damit zugleich auf die großen Möglichkeiten und Reserven einer zielgerichteten Intelligenzförderung in den verschiedensten sozialen Lebensbereichen.
Weitere Ergebnisse unserer Zwillingsforschung finden sich in Friedrich/Kabat vel Job 1985.

Literatur

Bouchard, Th./McGue: Familial Studies of Intelligence. A Review. In: Science 29, 1981

Erlemeyer–Kimling, L./Jarvik, L.F.: Genetics and intelligence. A review. In: Science 142, 1963

Flynn, J.R.: The mean of Americans: Massive Gains 1932 to 1978. In: Psycholog. Bulletin, Vol. 95, 1984

Friedrich, W.: Lebensalter und Persönlichkeitsentwicklung bei Jugendlichen. In: Friedrich, W./Gerth, W.: Jugend konkret. Berlin 1984

Friedrich, W./Kabat vel Job, O.: Zwillingsforschung – international. Berlin 1985

Friedrich, W./Schulze, H.: Probleme der Intelligenzentwicklung im Lichte der Zwillingsforschung. In: Friedrich, W./Kabat vel Job, O.: Zwillingsforschung – international. Berlin 1985

Mehlhorn, H.–G./Mehlhorn, G.: Intelligenz. Berlin 1981

Merz, F./Remer, H./Ehlers, Th.: Der Einfluß des Schulbesuchs auf Intelligenzleistungen im Grundschulalter. In: Zeitschrift für Entwicklungspsychologie und Pädagogische Psychologie 3, 1985

Schulze, H.: Zu methodologischen und methodischen Problemen bei der Erforschung der menschlichen Intelligenz in klassischen Zwillingsstudien. Diss. A, Leipzig 1985

Lutz Schmidt

Erziehungsverhalten der Eltern und intellektuelle Leistungsentwicklung bei 12- bis 14jährigen Schülern

Im Rahmen der Erforschung familiärer Bedingungen für die intellektuelle Leistungsentwicklung im frühen Jugendalter wird die Bedeutung des elterlichen Verhaltens in der Eltern−Kind−Interaktion hervorgehoben. Eine 1987 bei ca. 1200 12jährigen Schülern begonnene Längsschnittstudie analysiert die wechselseitigen Zusammenhänge von Elternverhalten (Erziehungsstil) und der Leistungsentwicklung der Jugendlichen bis zu deren 14. Lebensjahr. Restriktives Erziehungsverhalten erweist sich sowohl als eine Bedingung für bisherige Leistungs− und Verhaltensdefizite des Jugendlichen als auch als Reaktion der Eltern auf die für sie unbefriedigende Entwicklung. Diese Wechselbeziehungen beeinträchtigen im Zusammenhang mit damit einhergehenden weiteren Defiziten in der Persönlichkeitsentwicklung dieser Jugendlichen deren Leistungsentwicklung.

Für die Erforschung von Entwicklungsfaktoren von kognitiven Leistungen im Kindes− und Jugendalter ist die Analyse der familiären Lebensbedingungen von großer Bedeutung. Die Bedingungen in einer Familie − materielle Gegebenheiten ebenso wie z.B. die im Erziehungsverhalten der Eltern zum Ausdruck kommenden emotionalen, sozialen und kognitiven Aspekte des familiären Lebens − stellen wichtige Voraussetzungen der Lebenstätigkeit des heranwachsenden Kindes/Jugendlichen dar. Diese widerspiegeln sich vor allem in der für familiäres Leben besonderen Intensität und Verbindlichkeit familiärer Anregung, Gewährung und Förderung spezifischer Aktivitäten des Kindes/Jugendlichen und beeinflussen somit wesentlich seine gesamte Persönlichkeitsentwicklung.
Welche familiären Bedingungen dabei die Entwicklung bestimmter Persönlichkeitsmerkmale des Heranwachsenden in welcher Weise beeinflussen, ist dagegen nach wie vor nur annäherungsweise nachweisbar, da der Sozialisationsprozeß durch zahlreiche Faktoren gekennzeichnet ist, deren Komplexität und Interdependenzen nur schwer faßbar sind. Das betrifft sowohl das Zusammenwirken einzelner familiärer Sozialisationsfaktoren als auch die Subjektrolle des "zu Erziehenden" in der Interaktion mit den für ihn wirksamen Entwicklungsbedingungen und −einflüssen.

Die psychologisch orientierte Familienforschung widmet verstärkt dem elterlichen Verhalten bzw. der Eltern−Kind−Interaktion große Aufmerksamkeit (Böttcher 1968; Löwe 1971; Schneewind/Herrmann 1980; Kreppner 1980; Stangl 1987). Insbesondere die sich in den 60er und 70er Jahren etablierende Erziehungsstilforschung beschrieb und erklärte elterliches Erziehungsverhalten sowie die Prädiktion des Kindverhaltens aufgrund elterlicher Erziehungsstile (vgl. Schneewind 1980). Studien zum Einfluß des Erziehungsstils auf die kognitive Entwicklung des Kindes konzentrierten sich in diesem Zusammenhang auf die Bedeutung allgemeiner Erziehungsdimensionen, spezieller familiärer Anregungsbedingungen sowie auf Kommunikationsstile und Lehrstrategien der Eltern (vgl. Stapf 1980). Trotz der Vielzahl dazu vorliegender Ergebnisse wurden bisher keine allgemein gültigen Aussagen über den Zusammenhang von Elternverhalten und kognitiven Verhaltensweisen der Kinder/Jugendlichen gewonnen (vgl. Stapf 1980, 181). Neben theoretischen und methodischen Problemen bei der Vergleichbarkeit und Wertung der Resultate divergieren die Ergebnisse auch in Abhängigkeit vom Erfassungszeitpunkt der Eltern−Kind−Interaktion sowie vom Alter des Kindes/Jugendlichen. Darüber hinaus wird an den meisten dieser Analysen die Nichtberücksichtigung interaktiver bzw. situativer Aspekte des Kindverhaltens kritisch vermerkt (Stangl 1987). Die hier aufgezeigten Probleme unterstreichen die Notwendigkeit weiterer Arbeiten zu diesem Gegenstand.

Im Rahmen einer 1987 begonnenen Längsschnittstudie des ZIJ zu Prozessen und Bedingungen der intellektuellen Leistungsentwicklung von 1200 Kindern ab ihrem 12. Lebensjahr wurden auch spezielle Dimensionen des Erziehungsverhaltens der Eltern erfaßt und in ihren Auswirkungen auf die kognitive Leistungsentwicklung der Kinder/Jugendlichen analysiert.

Der Erziehungsstil wurde, getrennt für Vater und Mutter, mittels einer Indikatorbatterie erfaßt, als Punktsumme auf die N−Skala transformiert und innerhalb der Dimensionen "restriktiv vs. verständnisvoll, fördernd" abgebildet. Die Eltern äußerten sich dazu, wie häufig (immer, meistens, ab und zu, nie) sie bestimmte Verhaltensweisen ihrem Kind gegenüber praktizieren. Folgende Inhalte wurden dabei erfaßt:

— *emotionale Nähe/Leistungsermutigung* (Eltern zeigen Freude beim Gelingen einer Leistung des Kindes, Trost bei Mißerfolgen, geben jederzeit Hilfe und Unterstützung)
— *Respektierung der Persönlichkeit des Kindes* (Anerkennung und Berücksichtigung von Meinungen, Bedürfnissen des Kindes, Autoritätsanspruch der Eltern, Akzeptanz von Widerspruch des Kindes, Begründung von Anforderungen ans Kind)
— *Strafe* (Disziplinierung durch Schläge, spontane Kritik, Ärger und Schimpfen bei Leistungsversagen)

Als *verständnisvoll—fördernden* Erziehungsstil erfaßten wir somit ein Verhalten, das sich primär durch Verständnis, emotionale Nähe (Schutz) und fördernde Hilfe auszeichnet. *Restriktives* Verhalten, das dagegen durch eine mehr oder weniger starke Nichtakzeptanz bzw. Unterdrückung der Persönlichkeit des Kindes, durch emotionale Distanz und die Betonung von Strafe charakterisiert ist, wird gegenüber einem dominant verständnisvollen, fördernden Erziehungsverhalten als Einengung des Verhaltens— und Bewährungsspielraums des Kindes gesehen, die sich — so unsere Annahme — entwicklungshemmend bzw. —beeinträchtigend auf die Ausprägung der intellektuellen Leistungsfähigkeit auswirkt. Unser Interesse richtete sich neben der Abhängigkeit der Schulleistungen und der kognitiven Fähigkeiten der Kinder vom Erziehungsverhalten der Eltern besonders auf die Aspekte der Wechselwirkungen zwischen Eltern— und Kindverhalten und deren Einflüsse auf die weitere Leistungsentwicklung der Kinder.

Zunächst wurden bei den 12jährigen Schülern die Fähigkeit zum logischen Denken (Frankfurter Analogietest) sowie die Schulleistungen in Abhängigkeit des Erziehungsstils der Eltern (getrennt nach Vater und Mutter) untersucht. Es zeigte sich, daß sowohl die Schulleistungen als auch die kognitiven Fähigkeiten der Kinder in Abhängigkeit vom Erziehungsstil der Eltern stark variieren. Beim Vergleich der Mittelwerte in den einzelnen Leistungsbereichen ist eine eindeutige Tendenz erkennbar: Je weniger restriktiv bzw. je verständnisvoller und fördernder das Verhalten der Eltern ihren Kindern gegenüber ist, um so besser sind im Mittel auch deren Schul— und Intelligenztestleistungen. Tab. 1 veranschaulicht diesen Zusammenhang am Beispiel des Erziehungsstils der Mutter.

Tab. 1: Ausgewählte Schulleistungen und Intelligenztestergebnisse der Kinder — differenziert nach dem Erziehungsstil der Mutter

Erz.—Stil (N—Skala)		Mathe. ($\bar{x}$)	Hauptfächer ($\bar{x}$) (N—Norm)	FAT ($\bar{x}$) (C—Norm)	n
restriktiv	1	2,73	3,36	4,42	44
.	2	2,42	3,03	5,10	190
.	3	2,28	2,75	5,52	265
.	4	2,10	2,58	5,40	227
verst.,förd.	5	1,90	2,35	6,32	49

Auch bei Berücksichtigung der Kombination der Erziehungsstile von Vater *und* Mutter ergaben sich analoge Konstellationen: In den Familien, wo beide Ehepartner einen mehr restriktiven Erziehungsstil praktizierten, erreichen die Kinder im Mittel signifikant schlechtere Schulleistungen als solche Kinder, wo

zumindest bei einem Elternteil ein verständnisvoll helfendes Erziehungsverhalten dominiert. In all den Fällen, wo die Erziehungsstile der Ehepartner nicht übereinstimmen, ist nicht ausschlaggebend, bei welchem der Elternteile restriktives Erziehungsverhalten vorliegt. Die Schulleistungen der Kinder aus solchen Familien sind im Mittel gleich, jedoch signifikat schlechter als die von Kindern, deren beide Eltern einen betont persönlichkeitsfördernden Erziehungsstil praktizieren (vgl. Schmidt 1989, 10). Auch bei intelligenzhomogenen Gruppen sind die Schulleistungen der Kinder, deren beide Eltern sich verständnisvoll, fördernd verhalten, im Durchschnitt besser als die der restriktiv erzogenen.
Diese Befunde sprechen dafür, daß sich die intellektuelle Leistungsentwicklung von Kindern dann günstiger vollzieht, wenn sie von ihren Eltern emotionale Nähe, Verständnis sowie Akzeptanz ihrer Persönlichkeit erfahren. Eine in diesem Sinne realisierte Entwicklungsförderung ermöglicht dem Kind ein unbefangeneres Agieren, die frühzeitige Erschließung weiterer Erfahrungsräume und damit auch eine günstigere Entwicklung seiner Leistungsfähigkeit und seines Selbstbewußtseins − im Gegensatz zu denen, die in ihrem Verhalten durch dominierende Strenge, Reglementierung oder/und emotionale Distanz von seiten der Eltern eingeengt oder/und verunsichert sind.
Darüber hinaus muß aber auch der wechselseitige Zusammenhang zwischen dem Erziehungsverhalten der Eltern und der Leistungs− und Verhaltensentwicklung des Kindes gesehen werden. So ist anzunehmen, daß sich Eltern zum Teil erst aufgrund zunehmend schlechter Schulleistungen oder sich häufender Verhaltensprobleme ihres Kindes zu einem mehr restriktiven, stärker durch Strenge und bewußte Disziplinierung gekennzeichneten Erziehungsverhalten veranlaßt sahen.
Dafür sprechen folgende Ergebnisse:
−Bei Kindern mit weniger guten Verhaltenszensuren in der Schule haben die Eltern überwiegend einen restriktiven Erziehungsstil, während ein verständnisvoll−förderndes Erziehungsverhalten am häufigsten bei diesbezüglich problemlosen Kindern festzustellen ist: So hat z.B. etwa die Hälfte (52%) der Kinder mit einer "4" in Betragen (5. Klasse) deutlich restriktiv erziehende Eltern, und nur bei ca. 15% dieser Kinder bevorzugen Vater und/oder Mutter ein verständnisvoll−helfendes Erziehungsverhalten. Dagegen überwiegen bei Kindern mit einer "1" in Betragen verständnisvolle Eltern (43%) gegenüber restriktiven (22%). Ähnliche Relationen ergaben sich bei den Zensuren in Fleiß und Mitarbeit.

−Ebenso beeinflußt das schulische Leistungsniveau der Kinder das Erziehungsverhalten der Eltern: Je mehr die Eltern mit den Schulleistungen ihres Kindes zufrieden sind, um so häufiger dominiert ein verständnisvoll−

helfender Erziehungsstil. So erziehen z.B. Väter, die mit den Schulleistungen ihres Kindes sehr zufrieden sind, nur zu 13% restriktiv, während bei diesbezüglichlicher Unzufriedenheit mehr als die Hälfte restriktive Maßnahmen bevorzugen.

— Auch die Anstrengungsbereitschaft und das Leistungsanspruchsniveau im Unterricht sind bei restriktiv erzogenen Kindern im Mittel am geringsten ausgeprägt.

Leistungs— und Verhaltensprobleme in der Schule tragen also in starkem Maße mit zu einer betont strengen, reglementierenden Erziehung bei. Damit wird zwar aus der Sicht mancher Eltern deren betont strenge Erziehung verständlich, dennoch bleibt die im folgenden zu untersuchende Frage, ob ein derartiges Verhalten für die Entwicklung des Kindes hilfreich ist.

In diesem Zusammenhang muß nochmals hervorgehoben werden, daß sich bei der eingesetzten Erziehungsstilbatterie restriktives Erziehungsverhalten vor allem in einer generellen Einengung des Verhaltensspielraums des Kindes durch eine mehr oder weniger starke Nichtakzeptanz seiner Persönlichkeit, durch emotionale Distanz und die Betonung von Strafe auszeichnet. Es handelt sich beim restriktiven Erziehungsstil also nicht um das Maß der von den Eltern durchgesetzten oder angestrebten Disziplin im Verhalten des Kindes oder um dessen Kontrolle, sondern vorrangig um die Art und Weise des Umgangs der Eltern mit dem Kind. Insofern sind von dominant restriktiven Verhaltensweisen der Eltern entwicklungshemmende bzw. —beeinträchtigende Einflüsse für die davon betroffenen Kinder zu erwarten.

Bezogen auf die Entwicklung der intellektuellen Leistungsfähigkeit der 12jährigen bestätigte sich dies folgendermaßen:

Kinder, die von ihren Eltern restriktiv erzogen wurden (N—Skala: Kl. 1 + 2), hatten

— ein geringeres Konzentrationsvermögen,

— eine geringere Selbständigkeit beim Erfüllen von schulischen Lernanforderungen,

— ein geringeres Selbstvertrauen

als Kinder, die von ihren Eltern ein verständnisvoll—helfendes Verhalten erlebten. Darüber hinaus waren restriktiv erzogene Kinder stärker als andere in ihrer Lernmotivation auf die Anerkennung durch Eltern, Lehrer und Mitschüler ausgerichtet.

Wie die Ergebnisse belegen, haben diese Kinder in Bereichen ihrer Persönlichkeit, die deren intellektuelles Leistungsverhalten wesentlich mitbestimmen, ein durchschnittlich geringeres Entwicklungsniveau. Es ist davon auszugehen, daß die Entwicklungsdefizite in diesen Persönlichkeitsbereichen (Konzentration, Selbständigkeit, Selbstvertrauen, Lernmotivation) in hohem Maße mit auf das restriktive Erziehungsverhalten von deren Eltern zurückzuführen sind: Einem Kind, welches durch seine Eltern nur ungenügend Anerkennung und Akzeptanz seiner Persönlichkeit erfährt, in der Entfaltung seiner Individualität stark eingeengt wird, bei Problemen kaum auf verständnisvolle Hilfe bauen kann, aber bei Fehlleistungen mit Strafe rechnen muß, wird es nur sehr schwer — wenn überhaupt — gelingen, ein hohes Selbstvertrauen zu entwickeln. Im Zusammenhang damit ist besonders in Leistungsanforderungssituationen bei diesen Kindern eine erhöhte Verunsicherung zu erwarten (geringe Konzentrationsfähigkeit und Selbständigkeit), die einer optimalen Ausnutzung ihrer Leistungsfähigkeit zusätzlich hinderlich ist. Auch wenn sich ein restriktiver Erziehungsstil gewiß nur in wenigen Fällen in der oben beschriebenen extrem negativen Weise darstellen wird, so führen doch bereits schon ausgeprägte Tendenzen des elterlichen Verhaltens in dieser Richtung zu entsprechenden negativen Effekten beim Kind.

Unter Berücksichtigung der hier betrachteten Aspekte der Wechselbeziehungen zwischen elterlichem Erziehungsverhalten und dem Entwicklungsniveau (Leistungen und Verhalten) des Kindes läßt sich vorerst folgendes feststellen: Besonders Eltern von leistungsschwachen und/oder verhaltensauffälligen Kindern (bzw. von Kindern, die die diesbezüglichen Erwartungen ihrer Eltern nicht erfüllen) bedienen sich gehäuft einer restriktiven Erziehung. Es kann unterstellt werden, daß diese Eltern dabei hoffen, mit betonter Strenge, Disziplinierung und Einengung von Freiräumen für das Kind dessen Entwicklung in der gewünschten Weise beeinflussen zu können. Wie die Ergebnisse belegen, führt ein solches Elternverhalten jedoch zu einer erhöhten Verunsicherung des Kindes — verbunden mit geringem Selbstvertrauen, mangelnder Selbständigkeit und Konzentrationsfähigkeit. Somit sind zumindest bezüglich des Leistungsverhaltens des Kindes die von den Eltern angestrebten Verbesserungen auch nicht zu erwarten, sondern eher eine weitere Zunahme von Problemen, die dann wiederum auch keine Verhaltensänderung von seiten der Eltern erwarten läßt.

Ein sich so aufbauender "Teufelskreis" ist nur schwer zu durchbrechen und dürfte sich hemmend auf die weitere Persönlichkeitsentwicklung dieser Kinder auswirken. Um diese Annahme zu prüfen, wurde zwei Jahre später die Leistungsentwicklung der nunmehr 14jährigen Jugendlichen (8. Klasse) wiederum in Abhängigkeit des bisher praktizierten Erziehungsverhaltens der Eltern untersucht. Generell zeigte sich, daß sowohl bezüglich der Schul— als auch der Intelligenztestleistungen der bereits in der 6. Klasse konstatierte Zusammenhang mit dem Erziehungsstil der Eltern auch in der 8. Klasse zu verzeichnen war:

- Die Leistungen der Schüler in den Hauptfächern sind im Mittel um so besser, je stärker ein verständnisvolles, förderndes Verhalten der Eltern ausgeprägt ist.
- Die Jugendlichen, die eine betont restriktive Erziehung erfahren (haben), weisen im Mittel die niedrigsten Intelligenztestleistungen (FAT) auf.
- Auch in weiteren kognitiven Merkmalen (Merkfähigkeit und Wortschatz), den Verhaltenszensuren sowie in den Lehrerurteilen über Anstrengungsbereitschaft, Konzentration, Selbständigkeit, Anspruchsniveau und Selbstvertrauen zeigten sich diese Abhängigkeiten vom elterlichen Erziehungsstil sehr deutlich.

Unter Berücksichtigung der von uns überschaubaren Entwicklung der Kinder bzw. Jugendlichen vom 12. bis 14. Lebensjahr muß zusammenfassend festgestellt werden, daß restriktiv erzogene 12jährige in ihrem intellektuellen Leistungsverhalten ebenso wie in anderen Persönlichkeitsmerkmalen, die dieses wesentlich mitbestimmen, auch bis zu ihrem 14. Lebensjahr auf einem im Mittel geringeren Entwicklungsniveau bleiben als solche, die von ihren Eltern mehr Verständnis, emotionale Nähe und Unterstützung erfahren.

Diese Ergebnisse unterstreichen zum einen erneut die große Bedeutung des elterlichen Erziehungsverhaltens für die kognitive Leistungsentwicklung im Kindes- und Jugendalter. Dies ist im Zusammenhang mit dem hier in die Analyse einbezogenen "Erziehungsstil" der Eltern insofern besonders hervorzuheben, als damit eine für die Förderung von Leistungsfähigkeit oft weniger beachtete Bedingung (nämlich die im Elternverhalten zum Ausdruck gebrachte Einstellung der Eltern zum Kind/Jugendlichen, die Befriedigung von Grundbedürfnissen Heranwachsender nach emotionalem Schutz, Anerkennung und Hilfe) in den Vordergrund rückt und als grundlegende Voraussetzung für eine harmonische Persönlichkeitsentwicklung im Kindes- und Jugendalter betont wird.

Desweiteren sehen wir in der vorliegenden Analyse, d.h. in der Berücksichtigung der wechselseitigen Zusammenhänge von Elternverhalten (Erziehungsstil) und dem Verhalten bzw. der Entwicklung des Kindes/Jugendlichen in der Längsschnittbetrachtung eine spezifische Möglichkeit der Einbeziehung spezieller Aspekte der Eltern−Kind−Interaktion in empirischen Untersuchungen zu Fragen der Persönlichkeitsentwicklung im Kindes− und Jugendalter.

Literatur

Böttcher, H.R.: Rückblick auf die Eltern. Berlin 1968

Kreppner, K.: Sozialisation in der Familie. In: Hurrelmann, K./Ulich, D. (Hrsg.): Handbuch der Sozialisationsforschung. Weinheim 1980, 395—422

Löwe, H.: Probleme des Leistungsversagens in der Schule. Berlin 1971

Schmidt, L.: Familiäre Bedingungen und Fähigkeitsentwicklung. Forschungsbericht (unveröffentlicht). ZIJ Leipzig 1989

Schneewind, K.A./Herrmann, T.: Erziehungsstilforschung. Bern/Stuttgart/Wien 1980

Schneewind, K.A.: Elterliche Erziehungsstile: einige Anmerkungen zum Forschungsgegenstand. In: Schneewind, K.A./Herrmann, T.: Erziehungsstilforschung. Bern/Stuttgart/Wien 1980

Stangl, W.: Der Zusammenhang zwischen elterlichem Verhalten und kindlicher Persönlichkeit. Psycholog. Erz., Unterricht, 34. Jg. 1987

Stapf, A.: Neuere Untersuchungen zur elterlichen Strenge und Unterstützung. In: Lukesch, H. (Hrsg.): Auswirkungen elterlicher Erziehungsstile. Göttingen 1975

Stapf, A.: Auswirkungen des elterlichen Erziehungsstils auf kognitive Merkmale des Erzogenen. In: Schneewind, K.A./Herrmann, T.: Erziehungsstilforschung. Bern/Stuttgart/Wien 1980

Methodologie/ Methodik

Werner Hennig, Burkhard Kaftan, Ralf Kuhnke

Ein psychologisches Wertorientierungskonzept und seine Umsetzung in ein empirisches Analyseverfahren

Die seit zwei Jahrzehnten anhaltende intensive Diskussion zur Werteproblematik impliziert für Sozialwissenschaften die Aufgabe, exakte empirische Erkenntnisse bereitzustellen. Dabei gewinnen Themen, die sich mit Problemen der Gerichtetheit der Persönlichkeit, mit Dispositionen ihrer Verhaltensorientierung beschäftigen, zunehmende Bedeutung. In diesem Kontext stellen Wertorientierungen eine wichtige Kategorie dar. Ihnen wendet sich der Beitrag unter verschiedenen Gesichtspunkten zu.

Im ersten Teil werden thesenartig einige theoretische Positionen zu einem psychologischen Wertorientierungskonzept dargestellt.

Der zweite Teil beschreibt ein neu entwickeltes Verfahren zur Analyse von Wertorientierungen, in dem die theoretischen Standpunkte umgesetzt wurden.

Der dritte Teil enthält ausgewählte Ergebnisse einer Untersuchung bei Studenten.

1. Einige theoretische Positionen

Die gegenwärtig dominierenden Auffassungen zu Wertorientierungen sind soziologischer Art. Danach werden Wertorientierungen zumeist als individuelle Einstellungen zu gesellschaftlich bedeutsamen Sachverhalten (insbesondere Werten) verstanden (vgl. Klages 1983; 1989; Friedrich 1988; Mühler/Wolf 1989).

Ein solches Verständnis von Wertorientierungen als wertbezogene Einstellungen, welche die Interiorisation gesellschaftlicher Werte und Normen ausdrükken, ist nicht unproblematisch. Es führt zu einer einseitigen Betrachtung der sozialen Determinanten von Wertungsprozessen und gestattet nur ungenügend, auch ihre personalen Grundlagen umfassend abzubilden. Insbesondere bei Fragen der Bewußtseinsentwicklung sind aber weniger die spezifischen Resultate von Wertungen bedeutsam, so wie sie sich beispielsweise als Identifikation des Individuums mit sozialen Werten ausdrücken, sondern vielmehr der Prozeß der Wertung und seine individuellen Determinanten. Hier ergibt sich die Frage nach internen Wertungsmaßstäben und ihrer individuellen Ausprägung.

Im folgenden stellen wir eine Position zu Wertorientierungen vor, die einer mehr psychologischen Sichtweise verpflichtet ist. Dabei erfolgt eine subjektseitige Betrachtung des Prozesses individueller Wertungen und seiner internen Grundlagen.

These 1:
These 1:ntierungen werden weithin als zentrale Dispositionen der Wertorientierungen werden weithin als zentrale Disposition der Verhaltensregulation der Persönlichkeit angesehen, die eine generell orientierende Funktion besitzen.
Wir verstehen hier Wertorientierungen als Wertungsdispositionen, die qualitativ unterschiedliche Dimensionen der Bezugssetzung des Menschen zu seiner Umwelt (einschließlich seiner selbst) darstellen (z.B. die politische, soziale oder ästhetische).
Diese Bezugsdimensionen sind allerdings nur relativ abgrenzbar, da "Überschneidungen" und wechselseitige Beziehungen (z.B. Ziel−Mittel−Relation) existieren. Als komplexe Struktur bilden Wertorientierungen eine habituelle Grundlage der Realitätsbewertung und richten Verhalten über adäquate Motivierung von Tätigkeiten (siehe These 3) entsprechend ihrer Ausprägung aus.
Nach dieser Auffassung erfolgt die qualitative Bestimmung von Wertorientierungen nicht extern (in bezug auf das wertende Individuum) durch Objekte der Orientierung (gesellschaftliche Werte), sondern intern durch jene genannten Dimensionen der Bezugssetzung des Menschen zur Umwelt, die sich auf der Basis grundlegender Bedürfnisse des wertenden Individuums herausbilden.
Unseres Erachtens gestattet es diese Betrachtungsweise von Wertorientierungen, wichtige Aspekte der Verhaltensorientierung der Persönlichkeit in ihrer Einheit von individueller und gesellschaftlicher Determination zu erfassen. Damit kann auch Verhalten, das nicht an gesellschaftlichen Werten orientiert ist, nach zugrundeliegenden generellen Orientierungen hinterfragt werden.

These 2:
Wertorientierungen und individuelles Wertesystem der Persönlichkeit sind nicht gleichzusetzen. Das individuelle Wertesystem (als ein im Gedächtnis fixiertes, bewertetes Abbild materieller und ideeller Erscheinungen und Prozesse der Lebensumwelt) bildet sich im Ergebnis eines individuellen Wertungsprozesses der Wirklichkeit. Die Bewertung erfolgt in Wechselwirkung von individueller Wertorientierungsstruktur, entsprechender Kenntnisse und Erfahrung in bezug auf das Wertungsobjekt sowie von entsprechenden sozialen Wertungen. Für die Identifikationsbereitschaft des Individuums mit wichtigen gesellschaftlichen Werten und deren Verhaltensrelevanz ist die "Entsprechungsrelation" zwischen der jeweiligen Ausprägung einzelner Wertorientie-

rungen und der Wertorientierungsstruktur einerseits sowie dem im gesellschaftlichen Wert gesetzten Wertinhalt andererseits ausschlaggebend. Werte der individuellen Wertestruktur erhalten verhaltensorientierende Relevanz, wenn sie Gegenstand von Lebenszielen/Zielen (siehe dazu These 4) werden.

These 3:
Wertorientierungen sind allgemeine Verhaltensdispositionen. Der allgemeine Status wird begrifflich weithin anerkannt, bei methodischen Arbeiten für empirische Analysen jedoch ungenügend umgesetzt.
Es ist nützlich, an das folgende Bezugssystem zu erinnern: Bestimmte Verhaltensdispositionen wirken sich auf alle Tätigkeiten eines Menschen aus, sie sind demnach einer sehr allgemeinen Ebene der Persönlichkeit zuzuordnen; andere Verhaltensdispositionen wirken sich nur auf eine oder einige Tätigkeiten aus, sie besitzen also einen begrenzten "Wirkungsbereich" und sind einer weniger allgemeinen Ebene der Persönlichkeit zuzuordnen.
Wir beschränken uns auf die globale Unterscheidung einer allgemeinen (1.) und einer weniger allgemeinen (2.) Ebene.

Folgendes ist zu beachten: Wertorientierungen gehören der Ebene 1 an. Sie beziehen sich also auf alle Tätigkeiten, auf die Lebensgestaltung insgesamt.
Von den Wertorientierungen sind die Motive einer Tätigkeit klar abzugrenzen. Sie liegen auf Ebene 2. Motive sind tätigkeitsgebunden, Wertorientierungen sind tätigkeitsübergreifend.
Die konsequente Unterscheidung beider Ebenen bzw. von Wertorientierungen und Motiven impliziert einen wichtigen Sachverhalt:
Wertorientierungen besitzen eine vermittelte, keine direkte tätigkeitsbedingende Wirkung. Das ist folgenreich. Zwischen den Verhaltensdispositionen beider Ebenen können sich verschiedene Beziehungen herausbilden. Wir heben folgende hervor:

a) Wenn die vermittelte Wirkung vorliegt, haben sich die Wertorientierungen in adäquate Motive von einzelnen Tätigkeiten umgesetzt. Die stark ausgeprägte "erkenntnisbezogene Wertorientierung" z.B. hat sich in das Erfindermotiv eines Jugendlichen umgesetzt, gleichzeitig auch in das Motiv, neueste und schwierig zu beschaffende Fachliteratur zu studieren, sowie in das Streben nach informationsreichen Studienreisen, vielleicht auch in das Bestreben, seine Kinder von früh an zu "ideenreichen" Menschen zu erziehen.
Die vermittelte tätigkeitsbestimmende Wirkung stark ausgeprägter Wertorientierungen erweist sich — wir wiederholen bewußt — in wertorientierungsadäquaten Motiven aller Tätigkeiten eines Menschen (generalisierte Umsetzung).

Damit kommt den Wertorientierungen eine persönlichkeitsintegrierende Funktion zu. Sie tragen zu einer charakteristischen Konfiguration der verschiedenen Motive der unterschiedlichen Tätigkeiten bei. Die Persönlichkeit erhält "Profil", "Charakter". Verständlicherweise vereinheitlicht sich dadurch auch der Sinngehalt der verschiedenen Tätigkeiten. Diese lassen in ihrer Gesamtheit eine "Linie" erkennen. Künftiges Tun wird mit relativ großer Sicherheit prognostizierbar.

b) Eine andere Beziehung liegt vor, wenn zwar Wertorientierungen bestehen, diese sich jedoch nicht in adäquate Motive von Tätigkeiten umsetzen. In diesem Fall können Wertorientierungen lediglich eine gewünschte Lebensgestaltung widerspiegeln, für die aber kaum Einsatz und engagierte Tätigkeit erfolgen. Eine vermittelte Tätigkeit entfällt, da wertorientierungsadäquate Tätigkeitsmotive fehlen. Tätigkeiten sind demnach hinsichtlich ihres Sinngehaltes wenig konsistent, die Persönlichkeit ist wenig integriert.
Die Erörterungen sprechen für eine klare Unterscheidung von Wertorientierungen und tätigkeitsgebundenen Motiven. Arbeitsmotive, Freizeitinteressen u.a. als Wertorientierungen zu verstehen, bringt begrifflich Konfusion und behindert damit auch klare Ausgangspositionen für methodische Arbeiten.

These 4:
Wertorientierungen richten die Persönlichkeit auf ideelle und materielle Aspekte eines Gegenstandes, die ihr entsprechen, aus. Damit liegen noch keine Ziele fest. Im der Regel bieten sich alternierende Gegenstände an, die Wertrealisierung möglich machen. Aus dem Kreis der Alternativen grenzt die Persönlichkeit einen Gegenstand im Sinne eines Zieles aus. Er soll als Ergebnis von Tätigkeit verfügbar gemacht, ausdifferenziert oder weiterentwickelt werden.
Der Zielbildungsprozeß erfolgt wesentlich durch personale Variablen, die Handlungskompetenz konstituieren.
Wertorientierungen korrespondieren zunächst mit Lebenszielen. Beide stehen im Verhältnis einer "funktionellen Interdependenz": ohne Wertorientierungen keine Lebensziele und ohne Lebensziele keine tätigkeitsbedingenden Wertorientierungen. Zugleich sind aber Wertorientierungen und Lebensziele klar zu unterscheiden. Für letztere gelten folgende Merkmale:
— Lebensziele beinhalten antizipierte materielle oder ideelle Tätigkeitsergebnisse.
— Diese Ergebnisse stellen eine Aggregation von Fernzielen dar.
— Die Antizipation gilt für eine "sehr lange" Zeit.

Im Regelfalle trifft zu, daß ein bestimmtes Lebensziel auf verschiedene Wertorientierungen zurückgeht und daß sich eine bestimmte Wertorientierung in verschiedenen Lebenszielen äußert. Beispielsweise kann das Lebensziel "eine große Erfindung machen" vorrangig zurückgehen auf die "erkenntnisbezogene", aber auch auf die "materielle", auf die "anerkennungsbezogene" Wertorientierung u.a. mehr. Die ästhetische Wertorientierung eines Menschen kann sich im Ziel "eine eigene künstlerische Leistung vollbringen" oder "die eigene Wohnung geschmackvoll einrichten", aber auch "sich kulturell−künstlerisch bilden" manifestieren.

Wertorientierungen und Lebensziele stellen unterschiedliche psychische Dispositionen dar, was forschungsmethodisch und interpretativ konsequenter als bisher zu beachten ist.

These 5:
Die Ausprägung von Wertorientierungen erfolgt sowohl durch Sozialisationsprozesse als auch durch Individuationsprozesse. Dies ist zu betonen, weil sonst nicht erklärbar wäre, daß trotz umfassender gesellschaftlicher Sozialisationsstrategien und −instanzen Individuen auch gesellschaftlich inadäquate Ausprägungen von Wertorientierungen aufweisen können.

Ziele von Sozialisationsprozessen, die individuellen Interessen wenig entsprechen oder falsch, z.B. "überzogen" vermittelt werden, können zu entgegengesetzten Wirkungen führen. Andererseits kann auch ein erlebter Mangel an Möglichkeiten, subjektive Interessen befriedigen zu können, durchaus zur Stärkung und Profilierung von Wertorientierungen führen.

2. Das Verfahren

2.1 Verfahrensdarstellung

Ausgehend von den dargestellten theoretischen Positionen, wurde ein standardisiertes Verfahren für empirische Forschungen im Bereich Wertorientierungen und Lebensziele entwickelt. Das Wertorientierungsverfahren (WOV) ermöglicht es:
− den Ausprägungsgrad von acht Wertorientierungen zu bestimmen;
− ihre Umsetzung in adäquate Motive von Tätigkeiten in wichtigen Lebensbereichen zu erfassen;
− die Ausprägung wichtiger Lebensziele zu analysieren
− (und damit) den Zusammenhang zwischen Wertorientierungen und Lebenszielen zu ermitteln.

Das als Fragebogen angelegte Verfahren besteht aus fünf eigenständigen Indikatorbatterien mit jeweils spezifischer Einleitung und umfaßt insgesamt 88 Indikatoren. Die Beantwortung erfolgt einheitlich mittels einer fünfstufigen formalen Intensitäts−Schätzskala mit verbaler Bezeichnung der Extrempole. Der Befragte wählt die für ihn jeweils zutreffende Antwortposition aus und trägt die entsprechende Nummer in dafür vorgegebene Kästchen ein. Das Verfahren ist von der Form her so gestaltet, daß es sich problemlos in Fragebogenerhebungen zu unterschiedlichen Gegenstandsbereichen einordnen läßt und somit ohne gesonderten Aufwand auf den jeweils untersuchten Gegenstand bezogen werden kann. Zusätzliche Erläuterungen, die über die für die Fragebogen übliche Instruktion hinausgehen, sind nicht erforderlich.

Das Verfahren kann in Querschnitts− und Längsschnittanalysen genutzt werden. Die untere Altersgrenze für den Einsatz liegt bei 14 Jahren, eine obere Altersgrenze besteht nicht. Im Normalfall beträgt die Bearbeitungszeit 20 bis 30 Minuten.

Das Wertorientierungsverfahren gliedert sich in zwei Hauptteile, den Wertorientierungsteil mit vier Indikatorbatterien sowie den Lebenszielteil mit einer Batterie.

Zum Wertorientierungsteil: In Auswertung des Erkenntnisstandes zur Systematik von Wertorientierungen in Philosophie, Soziologie und Psychologie, aber auch im Hinblick auf das methodisch "Machbare", wurden acht Wertorientierungen für die Verfahrensentwicklung ausgewählt.

Die folgende Zusammenstellung gibt einen Überblick über die Wertorientierungen, die jeweils thematisierten Dimensionen der Bezugssetzung des Individuums zur Umwelt sowie die in den Wertorientierungs−Indikatoren operationalisierten Aspekte.

Für die Formulierung der Wertorientierungs−Indikatoren wurde entsprechend ihrem allgemeinen Charakter ein übergreifender Bereich definiert, im Verfahren repräsentiert durch die Batterie "Leben insgesamt". Sie besteht aus jeweils drei Indikatoren pro Wertorientierung, also insgesamt aus 24 Indikatoren.

Bezeichnung	Dimension der Bezugs−setzung zur Umwelt	operationalisierte Aspekte
politische Wert−orientierung	der Mensch als politisches Subjekt Verhältnis zur politischen Umwelt, zur Gesellschaft	− bürgerliches Engagement − pol. Prinzipien − pol. Aktivität

Bezeichnung	Dimension der Bezugssetzung zur Umwelt	operationalisierte Aspekte
erkenntnisbezogene Wertorientierung	der Mensch als erkennendes Subjekt Verhältnis zur Umwelt als Gegenstand der Erkenntnis	– Vervollkommnung des Wissens – Schöpfertum – Erkenntnisstreben/ Erfassen der Dinge Ursachen/Erklärungen finden
selbständigkeitsbezogene Wertorientierung	der Mensch als selbstbestimmendes, eigenständiges Subjekt Verhältnis zur Umwelt als Feld eigenständiger Lebensgestaltung	– Standfestigkeit/ Beharrlichkeit – Eigenverantwortung – Zielgerichtetheit
genußbezogene Wertorientierung	der Mensch als sensitives, emotionales Subjekt Verhältnis zur Umwelt als Quelle positiver Sinnesempfindungen und Emotionen	– Spannung/Erregung/ Abwechslung/ Abenteuer – sinnlich akzentuierter, freudebetonter Lebensstil
soziale Wertorientierung	der Mensch als soziales Wesen, Subjekt sozialer Beziehungen Verhältnis zur unmittelbar sozialen Umwelt	– Hilfsbereitschaft/ Kameradschaft – Zuwendung zum anderen, Verständnis – Opferbereitschaft
erwerbsbezogene Wertorientierung	der Mensch als Subjekt der eigenen materiellen Existenzsicherung Verhältnis zur Umwelt als Feld der Erlangung materieller Mittel	– hoher Arbeitslohn – Zusatzerwerb – Geldbesitz – Wohlstand
anerkennungsbezogene Wertorientierung	der Mensch als Subjekt sozialer Anerkennung Verhältnis zur sozialen Umwelt als Quelle der Anerkennungszusprechung	– Autorität – Achtung – Beachtung

ästhetische Wert‑orientierung	der Mensch als Subjekt sinnlicher Wahrnehmung und Wertung in bezug auf ästhetische Gesetze Verhältnis zur Umwelt als Quelle dieser Wahr‑nehmung und Wertung	– künstlerisch – musi‑sche Betätigung – Reflexion von ästheti‑schen Kategorien (Schönheit und Erhabenheit) – Kunstbeziehung

Die Beachtung der Differenz verschiedener Ebenen der Verhaltensregulation (Wertorientierungen/Motive, vgl. These 3) erforderte zunächst die Festlegung von Lebensbereichen mit geringerem Allgemeinheitsgrad. Geeignet sind:
−die (künftige) Arbeit,
−der Partner,
−die Freizeit.

Diese Bereiche sind sowohl in bezug auf menschliche Aktivitäten allgemein gültig als auch für alle einbezogenen Wertorientierungen relevant. Für jeden Bereich wurden eigenständige Batterien mit jeweils 16 Indikatoren entwickelt (pro Wertorientierung je zwei adäquate bereichsspezifische Tätigkeitsmotive).
Zur Veranschaulichung folgen jeweils Einleitung, Antwortmodell sowie einige Indikatoren für die beiden Batterien "Leben insgesamt" und "Arbeit":

"Was für mein Leben bedeutsam ist."

Es gibt verschiedene Prinzipien und Vorstellungen darüber, wie man sein Leben gestaltet. Einige haben wir zusammengestellt.
Wie wichtig sind diese für Sie persönlich?

Es gibt die Antwortmöglichkeiten:
Das ist für mein Leben

1 sehr wichtig
2
3
4
5 überhaupt nicht wichtig

a) bei anderen Autorität besitzen
b) meine Kenntnisse und Fertigkeiten stets vervollkommnen
c) auf nichts Angenehmes im Leben verzichten müssen
d) schöpferisch sein, Einfälle haben
e) mich selbst künstlerisch – musisch betätigen
.
.
.

"Wie meine (künftige) Arbeit sein soll."

An seine Berufsarbeit kann man verschiedene Erwartungen und Ansprüche stellen. Werden sie nicht erfüllt, dann macht die Arbeit keine rechte Freude. Inwieweit ist das unter a) bis q) Genannte für Sie wichtig?

Das ist

1 sehr wichtig
2
3
4
5 überhaupt nicht wichtig

Meine Arbeit soll so sein, daß ...

a) sie enge persönliche Kontakte zu den Kollegen ermöglicht.
b) ich meine Tätigkeit selbständig planen, ausführen und kontrollieren kann.
c) ich gegenüber anderen mit meinem Wissen und Können hervortreten kann.
d) ich hohe Prämien bekommen kann.
e) sie mit vielen interessanten Reisen verbunden ist, auch ins Ausland.
.
.
.

Zum Verfahrensteil "Lebensziele": Er besteht aus einer Indikatorenbatterie, die in ihrer Grundform eine Auswahl von 16 in empirischen Forschungen häufig thematisierten Lebenszielen umfaßt. Diese Batterie ist in bezug auf spezielle Untersuchungsgegenstände jeweils um eine begrenzte Anzahl (maximal 6 — 8 Indikatoren) Lebensziele erweiterbar.
Ebenso wie die Batterien des Wertorientierungsteils wird die Lebenszielbatterie durch eine spezifische, den Befragten auf das Indikatum einstellende Einleitung versehen.
In der folgenden Übersicht ist die Struktur des Wertorientierungsverfahrens insgesamt dargestellt:

Wertorientierungen (WO) (tätigkeitsübergreifende Ebene)

Indikatorbatterie "Leben insgesamt" (pro WO je 3 Indikatoren = insgesamt 24 Indikatoren)
Wertorientierungen:
— politische WO (PO)
— erkenntnisbezogene WO (ER)
— selbständigkeitsbezogene WO (SE)
— genußbezogene WO (GE)

- soziale WO (SO)
- erwerbsbezogene WO (EW)
- anerkennungsbezogene WO (AN)
- ästhetische WO (ÄS)

Tätigkeitsmotive (tätigkeitsspezifische Ebene)

Drei Indikatorenbatterien mit je 16 Indikatoren zu spezifischen Lebensbereichen (für alle drei Bereiche jeweils pro Wertorientierung zwei WO−adäquate Motivindikatoren):
- Lebensbereich "Arbeit"
- Lebensbereich "Partner"
- Lebensbereich "Freizeit"

Lebensziele

Batterie mit 16 Indikatoren zu relevanten Lebenszielen

2.2 Verfahrensauswertung

Die Ermittlung der Ausprägung der acht Wertorientierungen bzw. der jeweiligen Tätigkeitsmotive erfolgt über die Bildung von Punktsummen. Dabei werden folgende unterschieden:

Wertorientierungsskalen:
Punktsummen der jeweiligen Wertorientierungsindikatoren der Batterie "Leben insgesamt" (Ebene 1). Die entsprechenden Skalenwerte kennzeichnen die Ausprägung der einzelnen Wertorientierungen.

Motivskalen:
Punktsummen der jeweiligen wertorientierungsadäquaten Motivindikatoren der Batterien der drei Lebensbereiche (Ebene 2).
Sie dienen der Erfassung der Ausprägung der lebensbereichsspezifischen Motivindikatoren.

WOV−Gesamtskalen:
Gesamtpunktsummen über alle Indikatoren für die jeweilige Wertorientierung (Ebene 1 + 2).

Die Kennwerte ermöglichen durch Zusammenfassung der Ausprägung der Wertorientierung sowie ihrer verhaltensnahen "Umsetzungen" in Tätigkeitsmotive die allgemeine Kennzeichnung einer verhaltenswirksamen Wertorientierungsausprägung.

Die Punktsummenbildung setzt einen Nachweis der Repräsentativität der entsprechenden Motivindikatoren für die jeweilige Wertorientierung voraus. Dieser wurde im Rahmen der methodenkritischen Analyse des Verfahrens erbracht.

Nach Normierung der entsprechenden Rohpunktwerte ist eine Darstellung der Kennwerte für die acht Wertorientierungen in Form von Ausprägungsprofilen möglich.

Auskunft über die Beziehungen zwischen den Ebenen 1 und 2 der Verhaltensregulation liefern Kenntnisse zur "Umsetzungsrelation" von Wertorientierungen und Motiven. Sie ermöglichen Aussagen zum Maß der Integriertheit der Verhaltensorientierung. Für die Ermittlung sogenannter Umsetzungsmaße empfehlen sich Korrelations— sowie Differenzwerte.

Die Auswertung der Lebensziele erfolgt über die gewählten Antwortpositionen der Einzelindikatoren der Lebenszielbatterie. Komplexe Auswertungsverfahren (z.B. Faktor— oder Konfigurationsfrequenzanalyse) geben Auskunft über strukturelle Zusammenhänge zwischen den einbezogenen Lebenszielen. Die Ermittlung des Zusammenhangs zwischen Wertorientierungen und Lebenszielen erfolgt über Kontingenz— bzw. Korrelationsmaße. Diese geben Auskunft über die spezifische "Verankerung" einzelner Lebensziele in bestimmten Wertorientierungen.

2.3 Verfahrens—Varianten des WOV

Kurzform: Bei Forschungsvorhaben, in denen die Wertorientierungsproblematik nur peripher interessiert (z.B. als zu kontrollierende Einflußgröße), ist es möglich, eine Kurzform des Verfahrens einzusetzen. Diese besteht aus der Wertorientierungsbatterie "Leben insgesamt" sowie der Lernzielbatterie.

Die Kurzform besitzt natürlich einen geringeren Informationswert. Die für die Ermittlung der verhaltensbedingenden Funktion von Wertorientierungen wichtigen Differenzierungen zwischen Ebene 1 und 2 (Wertorientierungen und gegenstandsgebundene Tätigkeitsmotive) und deren Beziehungen werden nicht erfaßt.

Verfahrensmodifikationen:
Zur Zeit liegt eine bereits mehrfach in sportsoziologischen Untersuchungen eingesetzte sportbezogene Verfahrensmodifikation vor, eine weitere Modifikation ("Wertebarometer") wurde für internationale Vergleichsuntersuchungen erarbeitet.

2.4 Die Verfahrensentwicklung

Die Entwicklung des Verfahrens umfaßte zwei methodenkritische Analyseschritte. Die Vorform basierte auf einem umfang– und variantenreichen Ausgangsmaterial. Als Stichprobe fungierten 601 Probanden (Schüler, Lehrlinge und Studenten). Im Ergebnis differenzierter methodenkritischer Analysen wurde die Vorform methodisch überarbeitet, die neue Fassung von weiteren 472 Probanden (Lehrlinge, Werktätige, Studenten) bearbeitet. Die Ergebnisse der Analyse bildeten die Grundlage zur Auswahl der Indikatoren für die Verfahrensendform sowie für die im folgenden darzustellenden methodischen Gütekennwerte.

Objektivität:
Die für das Verfahren gewählte Fragebogentechnik, die Anwendung geschlossener Indikatoren, die numerische Kodierung der Antworten durch den Befragten selbst sowie die rechentechnische Aufbereitung der Daten sichern einen hohen Grad an Durchführungs– und Auswertungsobjektivität.

Reliabilität:
Die Meßstabilität wurde 14 Tage nach der Erstbefragung durch Wiederholungsuntersuchung bei insgesamt 180 Jugendlichen geprüft. In bezug auf Art und Anzahl der verwendeten Indikatoren reicht die Intervallzeit, um Gedächtniseffekte auszuschließen. Berechnet wurden für die WOV– sowie WO–Skalen die Kennwerte r_{tt} sowie für die Lebenszielindikatoren C_{korr}.

Gemessen an der relativ geringen Indikatorenzahl der Skalen (9 bzw. nur 3), verfügen die Skalen insgesamt für Forschungszwecke in bezug auf Personengruppen über ausreichende bis gute Kennwerte für die Meßstabilität.
Die Ermittlung der Kontingenzkoeffizienten für die Lebenszielindikatoren erbrachte mit Werten von C_{korr} 0,63 bis 0,82 für Einzelindikatoren zufriedenstellende bis gute Ergebnisse.

Tab. 1: Meßstabilität von Skalen des WOV

Wertorientierung	Maßkorrelationskoeffizient r_{tt}	
	WOV – Skalen (C – Normwerte)	WO – Skalen (Normwerte)
politische Wertorientierung	,79	,74
erkenntnisbezogene Wertorientierung	,73	,65
selbständigkeitsbezogene Wertorientierung	,67	,59
genußbezogene Wertorientierung	,76	,59
soziale Wertorientierung	,70	,52
erwerbsbezogene Wertorientierung	,75	,59
ästhetische Wertorientierung	,80	,69

Validität:
Eine im Sinne der Konstruktvalidität angestrebte Gültigkeitsprüfung bedarf vielseitiger Analysen (bezogen auf die verschiedenen methodischen und methodologischen Implikationen des Verfahrensansatzes), und sie stellt einen anhaltenden Begleitprozeß der Forschung dar.
Erste Analysen erfolgten im Rahmen der Verfahrensentwicklung. So nutzten wir beispielsweise als Validitätskriterien verschiedene Angaben der Befragten zu Freizeitaktivitäten, Interessen u.a.m., die unabhängig vom Verfahren ermittelt wurden.

Den Prüfungen lag die generelle Hypothese zugrunde, daß sich eine starke Ausprägung von Wertorientierungen und Lebenszielen als allgemeine Orientierungsdisposition des Menschen bei entsprechenden Merkmalen sowohl in größerer Aktivität, Interessiertheit u.ä. (Appetenzverhalten) als auch in größerer spezifischer Sach– und Handlungskompetenz (differenzierte Kenntnis, Erfahrung, spezielle Fähigkeiten u.ä.) niederschlägt.
Tab. 2 verdeutlicht einige Zusammenhänge zwischen Wertorientierungen (Gesamtskalen, N–normiert) und verschiedenen Merkmalen der Persönlichkeit.
Die ermittelten Resultate sind positive Ergebnisse im Rahmen eines weiterzuführenden Prozesses zur Konstruktvalidierung.

Tab. 2: Zusammenhänge zwischen Wertorientierungen und ausgewählten Persönlichkeitsmerkmalen in der Analysepopulation (x: wurde nur bei Studenten erhoben)
Antwortvorgaben bei der Merkmalserfassung:
— Häufigkeit: Das tue ich   1 (fast) täglich ...   5 nie
— Interesse: Dafür interessiere ich mich   1 sehr stark ...   5 überhaupt nicht
— Zufriedenheit: Ich bin   1 sehr zufrieden ...   5 überhaupt nicht zufrieden

Wertorientierung	Merkmale zur Prüfung	Zusammenhangsmaß (C_{korr})
politische Wertorientierung	— sich über das politische Weltgeschehen zu informieren · Häufigkeit	.38
erkenntnisbezogene Wertorientierung	— Beschäftigung^x mit fachlichen Problemen über die obligatorischen Studienaufgaben hinaus · Häufigkeit	.48
	— naturwissenschaftlich—technischen Hobbies nachgehen · Häufigkeit	.42
	— Interesse für Physik	.45
selbständigkeitsbezogene Wertorientierung	— Zufriedenheit^x mit den eigenen geistigen Fähigkeiten	.40
	— Zufriedenheit^x mit der eigenen Selbständigkeit	.40
genußbezogene Wertorientierung	— mit Freunden treffen, mit ihnen zusammensein · Häufigkeit	.38
	— Partys feiern · Häufigkeit	.43
	— ins Kino gehen · Häufigkeit	.34
soziale Wertorientierung	— Austausch über Erlebnisse oder Probleme mit Eltern/Geschwistern · Häufigkeit	.31
	— Interesse für Kindererziehung	.42
	— Zufriedenheit^x mit dem eigenen Engagement für andere	.45
erwerbsbezogene Wertorientierung	— Häufigkeit des Nebenbeiverdienens	.46
	— Besitz^x bzw. Streben nach: Auto	.41
	Wochenendgrundstück (Datsche)	.37
anerkennungsbezogene Wertorientierung	— Zufriedenheit^x mit der Achtung/Anerkennung der eigenen Person durch andere	.48
ästhetische Wertorientierung	— aktive kulturell—künstlerische Betätigung · Häufigkeit	.56
	— Lesen von Erzählungen/Romanen · Häufigkeit	.41
	— Interesse für bildende Kunst	.68

3. Einige empirische Ergebnisse

Anfang 1989 führte das Zentralinstitut für Jugendforschung eine DDR-repräsentative Untersuchung zu Lebensbedingungen und -einstellungen von Studenten durch. Dabei wurde das Wertorientierungsverfahren in einer Teilgruppe eingesetzt. Im Ergebnis lagen Daten von 581 Studenten vor. Diese bildeten die Grundlage für Studenten-Normwerte des Verfahrens.

Einige Wertorientierungsprofile (Gesamtskalen) in verschiedenen Teilgruppen der Studenten sowie eine Übersicht für den Zusammenhang von Wertorientierungen und Lebenszielen soll den Informationsgehalt verschiedener, mit dem Verfahren ermittelter Daten verdeutlichen und die Nützlichkeit komplexer Betrachtungsweisen unterstreichen. Eine Interpretation der Ergebnisse im Kontext der Studentenforschung kann hier nicht geleistet werden.

Wertorientierungsausprägung in den Geschlechtergruppen:
Ausgehend von Erkenntnissen zu geschlechtsspezifischen Unterschieden können bei verschiedenen Wertorientierungen Unterschiede zwischen Studenten und Studentinnen erwartet werden.
Wie sie sich darstellen, zeigen die Ausprägungsprofile in Abb. 1.

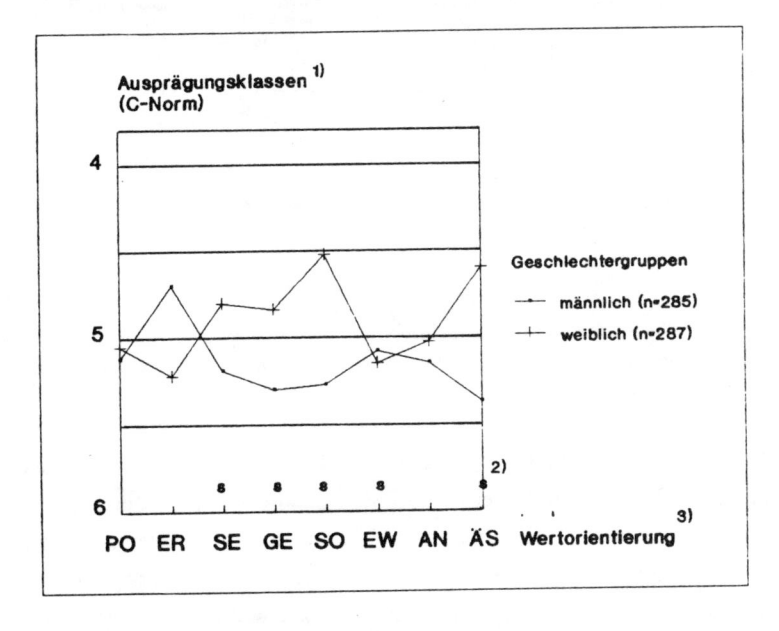

Abb. 1: WOV-Gesamtskalenprofile der Geschlechtergruppen
1) Normklasse 1 entspricht in Anpassung an die in Sozialwissenschaften gebräuchliche Wertungspolung der Antwortmodelle der stärksten Wertorientierungsausprägung, Klasse 9 der schwächsten.
2) s = signifikante Ausprägungsunterschiede auf dem 5%-Niveau
3) Zum Verständnis der Abkürzungen siehe o.a. Übersicht

Für Studentinnen finden sich im Vergleich zu Studenten höhere Ausprägungen der sozialen sowie ästhetischen Wertorientierung, bei Studenten hingegen zeigt sich eine höhere Ausprägung der erkenntnisbezogenen Wertorientierung. Diese Befunde entsprechen den Ergebnissen in anderen Teilgruppen der Jugend.

Die bei männlichen Jugendlichen öfters festzustellende hohe Ausprägung der erwerbsbezogenen Wertorientierungen läßt sich für Studenten nicht nachweisen.

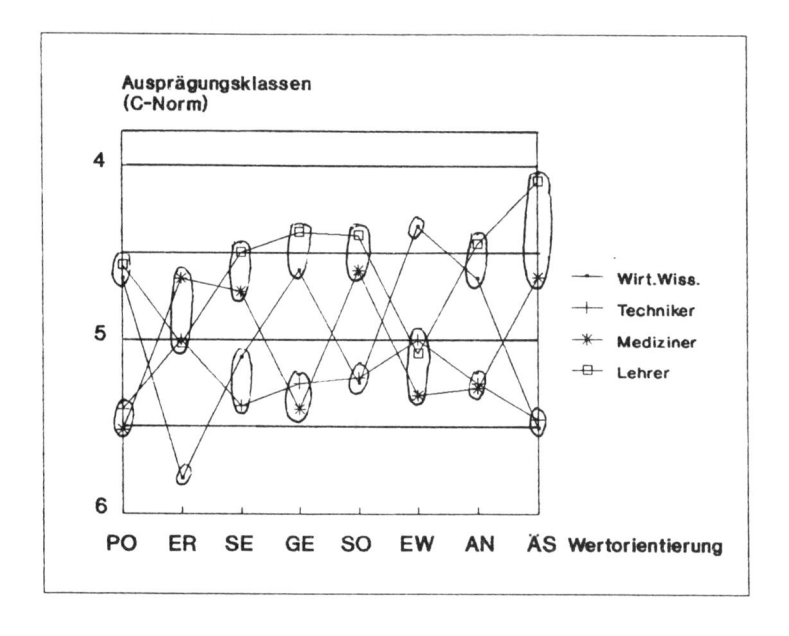

Abb.2: WOV – Gesamtskalenprofile unterschiedlicher Fachrichtungen
(die durch Kreise getrennten Wertorientierungskennwerte verweisen auf signifikante Ausprägungsunterschiede)

Die Profile objektivieren die im bisherigen Entwicklungsgang der Studenten ausgeprägten Wertorientierungen. Dabei sind deutliche fachrichtungsspezifische Unterschiede erkennbar. Sie bilden u.a. wichtige Bezugspunkte für hochschulpädagogische Bemühungen. So ist z.B. die relativ stark ausgeprägte soziale Wertorientierung bei Lehrern und Medizinern als wichtige Voraussetzung zur Ausbildung eines hohen Berufsethos hervorzuheben. Die gering entwickelte erkenntnisbezogene Wertorientierung bei Studenten der Wirtschaftswissenschaften bedarf differenzierter Analysen, um dieser ungünstigen Sachlage entgegenzuwirken.

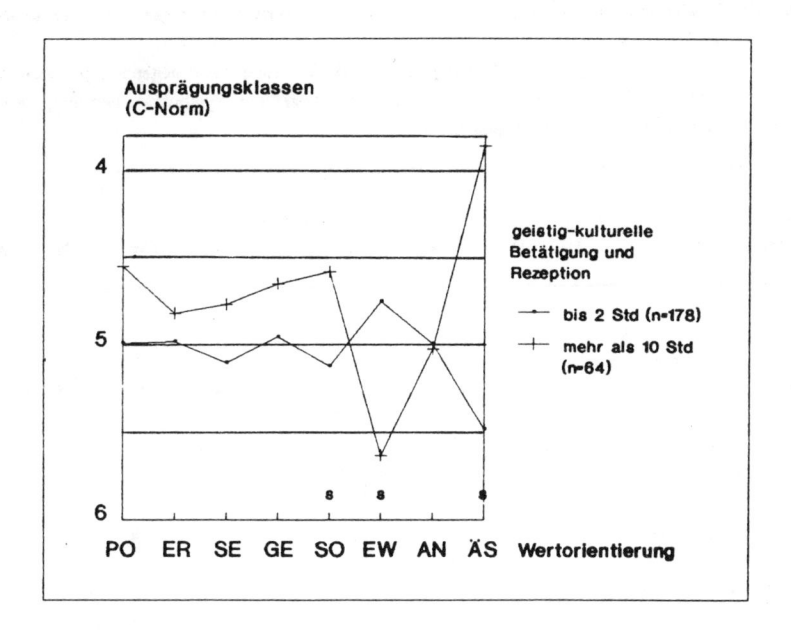

Abb. 3: WOV – Gesamtskalenprofile in Aktivitäts – Extremgruppen:
geistig – kulturelle Betätigung und Rezeption

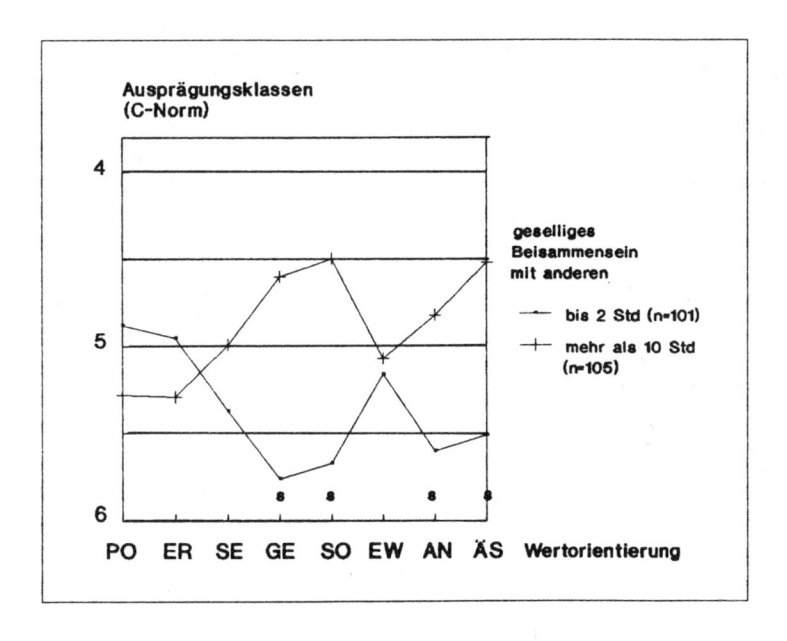

Abb. 4: WOV – Gesamtskalenprofile in Aktivitäts – Extremgruppen:
geselliges Beisammensein mit anderen

Tab. 3: Zusammenhänge zwischen der Ausprägung von Wertorientierungen und Lebenszielen in der Untersuchungsgruppe (C_{korr})
Um die Richtung deutlich zu machen, wurde im Falle eines gegenläufigen Zusammenhangs symbolisch das negative Vorzeichen gesetzt; das Symbol — bedeutet, daß kein nachweisbarer Zusammenhang besteht.

Lebensziele	Wertorientierungen							
	PO	ER	SE	GE	SO	EW	AN	ÄS
ohne große Anstrengungen ein angenehmes Leben führen	−.23	−.26	—	−.37	−.31	−.40	−.28	—
größeren persönlichen Besitz erwerben (repräsentatives Haus, ein anspruchsvolles Auto)	—	−.25	.25	.38	−.25	.74	.39	−.30
eine hohe Position erreichen	.32	.36	.31	.44	—	.51	.58	—
ein anerkannter Fachmann im Beruf werden	.34	.42	.25	.25	—	.28	.32	—
sich beruflich lebenslang weiterbilden	.30	.58	.28	—	.30	—	—	.29
auf seinem Fachgebiet ständig auf der Höhe der wissenschaftlichen Erkenntnis sein	.28	.42	.24	—	—	—	—	—
eine hohe Allgemeinbildung erreichen	.25	.39	.30	.25	.28	.25	.30	.37
auf einem wissenschaftlich-technischen Gebiet arbeiten	—	.39	—	—	—	—	—	−.25
auf geistig-kulturellem Gebiet aktiv sein	—	.35	.26	.25	.21	−.25	—	.57
selbst etwas für die Erhaltung der Natur tun, die Umwelt schützen	.28	.38	.26	—	.31	−.25	.26	.28

Wertorientierungsausprägung in Aktiviätsgruppen:
Eine weitere Profildarstellung verdeutlicht die verhaltensdifferenzierende Wirkung von Ausprägungsunterschieden bei den Wertorientierungen anhand zweier Beispiele in Aktivitäts−Extremgruppen. Grundlage für die Auswahl der jeweiligen Teilgruppen stellt der durch die Befragten angegebene durchschnittliche wöchentliche Zeitaufwand für die entsprechenden Tätigkeiten dar.

Wertorientierungen und Lebensziele:
Der Zusammenhang von Wertorientierungen und Lebenszielen bedarf einer komplexen Betrachtung. Nicht selten wird von Einzelindikatoren für Lebensziele direkt auf eine hypothetisch "dahinterliegende" Wertorientierung geschlossen. Das ist problematisch. Wenn auch teilweise die starke "Verankerung" eines Lebensziels in einer bestimmten Wertorientierung nachweisbar ist, so zeigt Tab. 3, wie vielseitig die Zusammenhänge sein können.

Ohne auf die dargestellten Befunde im einzelnen einzugehen, soll hervorgehoben werden:
Deutlich erkennbar ist in der Regel eine "Verankerung" von Lebenszielen in mehreren Wertorientierungen. Teilweise sind auch gegenläufige Beziehungen bei bestimmten Lebenszielen erkennbar. Je stärker z.B. das Lebensziel "ohne Anstrengung ein angenehmes Leben führen" ausgeprägt ist, um so stärker ist im allgemeinen die erwerbs− und genußbezogene Wertorientierung sowie die anerkennungsbezogene Wertorientierung und um so schwächer ist die Ausprägung der sozialen, politischen und der erkenntnisbezogenen Wertorientierung. Höhere Zusammenhangsmaße (z.B. C_{korr} 0.58) zwischen Lebensziel "eine hohe Position erreichen" und anerkennungsbezogener Wertorientierung deuten zunächst auf einen bestehenden engen Bezug (im Sinne der "hinter dem Lebensziel liegenden" Wertorientierungen) hin.
Gleichzeitig zeigen aber die Kennwerte in bezug auf andere Wertorientierungen, daß auch in diesem Fall die Verankerung des Lebensziels vielseitiger ist.

Abschließend sei angemerkt: In Weiterführung der erwähnten Studie erfolgte im Frühjahr dieses Jahres, also nach der "Wende", eine Wiederholungsuntersuchung in der DDR. Weiterhin wurde zeitlich parallel eine Befragung in Marburg und Siegen in Kooperation (zwischen Sozialwissenschaftlern der Philipps−Universität Marburg und Studentenforschern des Zentralinstituts für Jugendforschung Leipzig) durchgeführt. Der Vergleich der Daten zur Wertorientierungsproblematik aus den drei Untersuchungen läßt interessante Erkenntnisse zur Entwicklung von Wertorientierungen in geschichtlich bewegter Zeit erwarten.

Literatur

Friedrich, W.: Einstellungen – Wertorientierungen. In: Friedrich, W./Voß, P. (Hrsg.): Sozialpsychologie für die Praxis. Berlin 1988

Friedrich, W./Hennig, W.: Der sozialwissenschaftliche Forschungsprozeß. Berlin 1975

Hiesel, E.: Wertorientierungen als Gegenstand einer Testentwicklung. Köln 1976

Hillmann, K.-H.: Umwelt und Wertwandel. Frankfurt/Berlin 1981

Jaide, W.: Wertewandel? Grundfragen zur Diskussion. Opladen 1983

Klages, H./Herbert, W.: Wertorientierungen und Staatsbezug: Untersuchungen zur politischen Kultur in der Bundesrepublik Deutschland. Frankfurt/New York 1983

Klages, H.: Wert. In: Endruweit, G./Trommsdorff, G. (Hrsg.): Wörterbuch der Soziologie, Bd. 3. Stuttgart 1989, 807–811

Lienert, G.: Testaufbau und Testanalyse. Weinheim/Berlin/Basel 1969

Mühler, K./Wolf, H.F.: Wertorientierungen und wissenschaftlich–technischer Fortschritt. In: Wissenschaftliche Zeitschrift der Karl–Marx–Universität Leipzig 38, 1989, 387–392

Radig, Ch.: Wertorientierungen und Lebenseinstellungen von Leitern. Diss. A, Karl–Marx–Universität Leipzig 1986

Stiksrud, H.A.: Diagnose und Bedeutung individueller Werthierarchien. Frankfurt/Bern 1976

Rolf Ludwig

Der Einfluß der Meßmodelle beim Einsatz multivariater statistischer Verfahren in den Sozialwissenschaften

Es wird der Einfluß der Anzahl der Antwortstufen beim Einsatz statistischer Methoden untersucht. Dabei werden die einfache Maßkorrelation, die Faktoranalyse, die Pfadanalyse und die Clusteranalyse herangezogen. es zeigt sich bei allen Verfahren, daß mindestens 5 Stufen im Antwortmodell anzusetzen sind, bei geringerer Stufenanzahl treten deutliche Unterschiede in den Ergebnissen auf.

Die Anwendung multivariater statistischer Verfahren hat in den Sozialwissenschaften einen festen Platz. Ohne den Einsatz derartiger Verfahren lassen sich viel Probleme, die in den meisten Fällen komplexer Natur sind, nicht adäquat lösen.
In den Sozialwissenschaften steht man aber im Gegensatz zu vielen anderen Wissenschaftsdisziplinen, die die Statistik anwenden, vor dem entscheidenden Problem der Meßbarkeit der Merkmale. Zum überwiegenden Teil werden die Werte der Merkmale durch eine Selbstäußerung der untersuchten Person ermittelt, d.h., die Messung muß ermöglicht werden, indem der untersuchten Person geeignete Meßinstrumente zur Verfügung gestellt werden, mittels derer sie ihre Position festlegen kann.
Das Ziel besteht nun darin, Meßinstrumente zu konstruieren, die eine möglichst gleichabständige Skala tragen, d.h. ein hohes Datenniveau sichern, um das ganze Spektrum der statistischen Verfahren anwenden zu können.
Eine relativ häufig verwendete Methode zur Gewinnung von Daten in den Sozialwissenschaften ist der Einsatz von Fragebogen. Hier wird dann vielfach zu jeder Frage ein Antwortmodell vorgegeben, anhand dessen die Analyseperson ihre Antwort auswählt. Es wird nun versucht, die Antwortstufen so vorzugeben, daß eine weitgehende Gleichabständigkeit der Stufen untereinander gewährleistet ist. Vorausgesetzt wird dabei, daß jede Analyseperson annähernd den gleichen Maßstab damit verbindet.

Beispiele für eine Frage mit Antwortmodell:

Frage: Wie zufrieden sind Sie mit den schulischen Leistungen Ihres Kindes?
1 sehr zufrieden
2 zufrieden
3 kaum
4 überhaupt nicht

Frage: Wie begabt halten Sie Ihr Kind auf dem Gebiet der Musik?
1 sehr stark
2 stark
3 mittel
4 schwach
5 überhaupt nicht

Bei der Festlegung der Anzahl der Stufen eines Antwortmodells haben der Methodiker (der die Analyseinstrumente konstruiert) und der Statistiker (der den Einsatz des konkreten statistischen Verfahrens mitbestimmt) eine gegensätzliche Position.

Der Methodiker geht davon aus, daß ein zu weit gefächertes Antwortmodell von der Analyseperson nicht adäquat gehandhabt werden kann, da sie nicht in der Lage sei, so genau zu differenzieren. Der Statistiker hingegen plädiert für ein möglichst breit gefächertes Antwortmodell.

Im folgenden soll an einigen ausgewählten Beispielen der Einfluß der Anzahl der Antwortstufen beim Einsatz multivariater statistischer Verfahren untersucht werden.

Wir gehen von einem 15stufigen Antwortmodell aus und setzen voraus, daß die damit gewonnenen Daten den Charakter von Meßwerten haben. Zum Vergleich der Stufenanzahl bilden wir aus dieser 15stufigen Skala eine 7−, 5−, 3− und 2stufige Skala und nehmen bei der weiteren Betrachtung an, daß wir die gleichen Merkmale mit den 5 verschiedenen Skalen gemessen haben. Als Datenbasis dienen 10 Merkmale, deren Verteilungen sowohl normal als auch rechts− bzw. linksschief sind.

1. Korrelationskoeffizient

Der Einfluß der Stufenanzahl auf den Maßkorrelationskoeffizienten sei an einigen Beispielen zusammengestellt.

Kombination der Merkmale	Maßkorrelationskoeffizient bei einer Stufenanzahl von				
	15	7	5	3	2
M1 / M2	.97	.95	.92	.93	.75
M1 / M3	.93	.89	.89	.79	.70
M3 / M4	.73	.75	.70	.59	.34
M4 / M5	.36	.34	.37	.26	.15
M9 / M10	.59	.58	.60	.42	.36

Ein Vergleich dieser ausgewählten Korrelationskoeffizienten zeigt, daß praktisch erst bei einer Stufenanzahl unterhalb von 3 Unterschiede deutlich werden, sie fallen merklich niedriger aus. Die oft praktizierte Dichotomisierung liefert also wesentlich niedrigere Abhängigkeitskoeffizienten.
Dem Einwand, ein Maßkorrelationskoeffizient sei bei einer kleineren Stufenanzahl nicht berechenbar, kann entgegnet werden. Zur Kontrolle wurden die Rangkorrelationskoeffizienten von Kendall berechnet. Diese stimmen für die Stufenanzahl von 2 mit dem Maßkorrelationskoeffizient überein und weichen bei einer Stufenanzahl von 3 bzw. 5 maximal um 0.06 von diesem ab.
Diese zeigt auch, daß der Maßkorrelationskoeffizient relativ robust gegenüber dem Nichterfülltsein von Voraussetzungen ist. Interessant ist die Betrachtung der Differenzen der Korrelationskoeffizienten der Stufenanzahl 15 zu den Koeffizienten für die anderen Stufenanzahlen 7, 5, 3 und 2. Die Differenzen wurden zu Gruppen zusammengefaßt. Die Anzahl der in die einzelnen Gruppen fallenden Differenzen sind in der folgenden Übersicht dargestellt. In Klammern steht jeweils die Anzahl der negativen Differenzen, d.h., der Korrelationskoeffizient für die Stufenanzahl 15 ist kleiner als der andere. Bei den insgesamt berechneten 45 Koeffizienten zeigte sich:

Stufen- anzahl	Anzahl der Koeffizienten mit einer Differenz zur Stufenanzahl 15 von			
	0 b. < .05	.05 b. < .1	.1 b. < .2	> = .2
7	41 (12)	4	0	0
5	36 (15)	8 (2)	1	0
3	12 (3)	18 (7)	14 (3)	1
2	0	9 (1)	12 (2)	17

Hier ist erkennbar, daß die Korrelationskoeffizienten mit abnehmender Stufenzahl merklich niedriger ausfallen.
Im folgenden sei noch eine Übersicht der gemittelten Korrelationskoeffizienten angeführt.

Stufenanzahl	15	7	5	3	2
mittlerer Korrelations-koeffizient	.50	.49	.49	.45	.33

Bei den partiellen Korrelationskoeffizienten zeigten sich analoge Verhältnisse.

2. Faktoranalyse

Bei der Faktoranalyse wollen wir uns auf den Vergleich der aufgeklärten Gesamtvarianz und die varimaxrotierte Faktorlösung beziehen.

2.1 Aufgeklärte Gesamtvarianz (in %)

Stufenanzahl	15	7	5	3	2
Varianz	82,5%	81,5%	80,0%	72,0%	56,5%

Ein deutlicher Abfall der aufgeklärten Gesamtvarianz ist ab der Stufenanzahl 3 zu erkennen, der sich bei 2 Stufen nochmals verstärkt. Dies resultiert aus dem im Mittel um 0.2 niedrigeren Korrelationskoeffizienten.

2.2 Vergleich der Faktorlösungen

Die Faktorlösungen wurden mit dem Verfahren von Fischer und Roppert auf maximale Ähnlichkeit transformiert, dabei wurde die Lösung mit einer Stufenanzahl von 15 als Bezugsbasis gewählt. Hier zeigte sich, daß erst ab einer Stufenanzahl von 2 niedrigere Ähnlichkeitskoeffizienten feststellbar sind.
Wir wollen die Faktorstruktur bei einer Stufenanzahl von 15 und 2 gegenüberstellen, um den Unterschied sichtbar zu machen. Es werden nur die Faktorladungen angegeben, die größer als 0.3 sind.

Merkmal	Stufenanzahl 15			Stufenanzahl 2		
	F1	F2	F3	F1	F2	F3
1	.94			.85		
2	.95			.85		
3	.92			.78		
4	.72			.37		.29
5			.92		.36	.42
6			.87	.35	.49	.48
7	.31	.86			.62	.34
8		.86			.69	
9		.87			.71	.43
10		.68			.52	.43

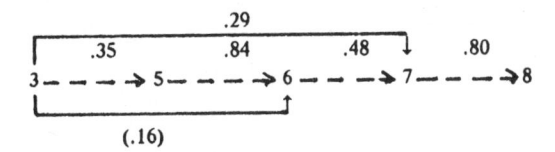

Die Faktoren F1 und F2 lassen eine hohe Ähnlichkeit erkennen, die Ähnlichkeitskoeffizienten liegen bei 0.98 bzw. 0.96. Beim Faktor F3 treten schon deutlichere Unterschiede auf, der Ähnlichkeitskoeffizient beträgt lediglich 0.78.

Es fällt auf, daß die Ergebnisse der Faktoranalyse viel weniger differieren, als dies etwa aus den doch unterschiedlichen Einzelkorrelationskoeffizienten hätte erwartet werden können. Deutliche Unterschiede in der Faktorstruktur sind nur bei einer Stufenanzahl von 2 zu erkennen.

3. Pfadanalyse

Für die Pfadanalyse wurden aus den 10 Merkmalen 5 ausgewählt und zwar die Merkmale M3, M5, M6, M7 und M8. In dieser Reihung gehen sie in die Pfadanalyse ein.

Die Stufenanzahlen 15, 7 und 5 lieferten übereinstimmende Pfaddiagramme, die sich lediglich in der Höhe der einzelnen signifikanten Pfadkoeffizienten unterschieden. Für die Stufenanzahlen 3 und 2 konnten diese Pfaddiagramme nicht erstellt werden. Zum Vergleich bringen wir die Pfaddiagramme für die Stufenanzahlen 15, 3 und 2. Die in Klammern gesetzten Pfadkoeffizienten sind nicht signifikant.

Stufenanzahl 15

```
                .29
      ┌───────────────────────┐
      │ .35   .84      .48  ↓   .80
      3 ─ ─ ─→ 5 ─ ─ ─→ 6 ─ ─ ─→ 7 ─ ─ ─→ 8
      └──────────────────↑
              (.16)
```

Stufenanzahl 3

```
        .48         .72       (.20)       .68
   3 — — — →5 — — — →6 — — — →7 — — — →8
```

Stufenanzahl 2

```
       (.17)        .42        .41       (.25)
   3 — — — →5 — — — →6 — — — →7 — — — →8
   |_____↑
           .34
```

Hier lassen sich Unterschiede in den Diagrammen erkennen. So zerfällt z.B. bei der Stufenanzahl 3 die Kausalkette in zwei Teile, da zwischen dem Merkmal M6 und M7 keine signifikante Bindung mehr besteht. Bei der Stufenanzahl 2 wirkt praktisch das Merkmal M3 nicht mehr signifikant auf M5, sondern direkt auf M6, so daß sowohl M3 als auch M5 zum Ausgangspunkt der Kausalkette werden. Zum anderen endet das Pfaddiagramm bei M7, M8 ist nicht mehr signifikant von M7 beeinflußt.

4. Clusteranalyse

Zur Clusterung wurde das KMEANS−Verfahren eingesetzt. Das Verfahren wurde für 4 Cluster durchgerechnet. Es ergaben sich folgende prozentuale Übereinstimmungen bei den Zuordnungen für die einzelnen Stufenanzahlen:

Anzahl der Stufen	7	5	3	2
15	86%	86%	82%	74%
7		94%	82%	66%
5			84%	68%
3				64%

Hier zeigt sich eine relative Unempfindlichkeit gegenüber der Stufenanzahl. Lediglich bei einer Dichotomisierung liegen die Übereinstimmungen erheblich niedriger. In den einzelnen Zeilen ist ein steter Abfall zu verzeichnen, der hier sogar beim Übergang von 3 zu 2 Stufen recht erheblich ist.

5. Schlußbemerkungen

o Die Wahl der Stufenanzahl beeinflußt die Ergebnisse der statistischen Verfahren.
o Die Unterschiede halten sich bis zu einer Stufenanzahl von 5 in Grenzen, bei darunterliegenden Stufenanzahlen treten dann deutliche Unterschiede auf, die zu anderen Aussagen führen. Für die hier nicht explizit aufgeführte Stufenanzahl von 4 gelten in fast allen Fällen die Aussagen, die für die Stufenanzahl 3 gemacht worden sind.

Günter Roski, Peter Förster

Komplexe Analyse — am Beispiel der Motivation des Sporttreibens in der Freizeit bei jungen Berufstätigen und Lehrlingen

Der Beitrag stellt eine Analysestrategie vor, die dem gegenstandsadäquaten Herangehen an die Ermittlung komplexer Persönlichkeitsmerkmale weitgehend gerecht wird. Das Wesen dieser Strategie besteht in der Bestimmung der Ausprägung komplexer Persönlichkeitsmerkmale und ihrer Beziehungen zu anderen Merkmalen durch die gleichzeitige Berücksichtigung aller wesentlichen Elemente eines Merkmalsensembles (hier: der Motivation des Sporttreibens) als den theoretisch bestimmten Repräsentanten des komplexen Merkmals (Indikatums) mit Hilfe eines geeigneten Ensembles von Indikatoren. Auf der Grundlage des erwiesenen Gesamtzusammenhanges der Einzelmotive werden häufige Motivprofile ermittelt und der komplexe Zusammenhang mit der sportlichen Tätigkeit diskutiert.

Eine Reihe von DDR—Autoren hat sich in den letzten Jahren aus sportsoziologischer und sportpsychologischer Sicht mit Problemen der Motivation des Sporttreibens beschäftigt (vgl. Rohrberg 1987; Austermühle 1981; Ilg/Sikora 1983; Metzig 1983). Ilg spricht von einer andauernden "Renaissance im Aufgreifen und Behandeln von Motivationsproblemen" in der einschlägigen Fachliteratur der DDR (1986, 271).
Übereinstimmend wird davon ausgegangen, Motive als innere Beweggründe des Handelns und der Tätigkeit und damit als Komponenten der Antriebsregulation zu betrachten. Ebenso besteht Übereinstimmung darüber, daß wesentliche Voraussetzung für die Herausbildung von Motiven die Existenz von Bedürfnissen (wie auch von kognitiven Prozessen und Emotionen) ist.
Nicht immer eindeutig hingegen werden die Begriffe Motivation und Motivationsprofil gekennzeichnet. Wir wollen in Anlehnung an Hennig (1981, 70) unter Motivation "eine Gesamtheit zusammenwirkender Motive (Ganzes—Teil—Relation)" verstehen, worin eingeschlossen ist, "daß für eine Tätigkeit in der Regel mehrere Motive bestehen, daß eine Motivhierarchie existiert".
Als Motivprofil kennzeichnen wir das je spezifische Zusammenwirken von mehr oder weniger Einzelmotiven der Persönlichkeit als Grundlage einer Tätigkeit.

Bei Motivationen handelt es sich bekanntermaßen um komplexe, ganzheitliche Persönlichkeitsmerkmale. Daher fordern verschiedene Autoren zu Recht, die Motivation des Sporttreibens in ihrer Ganzheitlichkeit und Komplexität zu analysieren. Dem geforderten gegenstandsadäquaten Herangehen wird die von Förster (1983a,b, 1988) entwickelte Analysestrategie (Ensembleanalyse) in hohem Maße gerecht.

1. Nachweis des Gesamtzusammenhangs der Motive des Sporttreibens in der Freizeit

Die der nachfolgenden Analyse zugrundeliegenden Daten entstammen der Untersuchung "Jugend und Massensport 1987", in die etwa 1800 junge Berufstätige und Lehrlinge einbezogen waren. Die jungen Werktätigen im Alter zwischen 18 und 35 Jahren wurden ebenso wie die Lehrlinge innerhalb einer schriftlichen Befragung im Gruppenverband aufgefordert, mittels 5–stufiger Intensitätsskala den Grad der Ausprägung verschiedener sportbezogener Motive anzugeben.

Vorgegeben wurden 10 Aussagen, die für ebenso viele Einzelmotive standen. Wir orientierten uns dabei an der von Rohrberg vertretenen Struktur wesentlicher Bedürfnisse, die dem Sporttreiben zugrunde liegen (Rohrberg 1987), an den von Ilg ermittelten Motivkategorien (Ilg 1983, 80f.) sowie an eigenen Untersuchungen in der Vergangenheit.

Für die komplexe Analyse berücksichtigen wir 6 Motive:
- Ausgleichs–/Entspannungsmotiv (EM) = Ich treibe Sport, um mich von den Anforderungen der beruflichen Tätigkeit/der Lehrausbildung zu entspannen.
- Bewegungsmotiv (BM) = Ich treibe Sport, um mich körperlich so richtig "auszutoben".
- Gesundheitsmotiv (GM) = Ich treibe Sport, um gesund zu bleiben.
- Selbstbestätigungsmotiv = Ich treibe Sport, um mich immer wieder selbst zu bestätigen.
- Fitnessmotiv (FM) = Ich treibe Sport, weil ich meine körperliche Leistungsfähigkeit verbessern will.
- Soziales Kontaktmotiv (KM) = Ich treibe Sport, weil ich die Kameradschaft und gute Gemeinschaft unter Sporttreibenden angenehm finde.

Zunächst müssen wir uns des Zusammenhanges der angeführten sechs Motive versichern. Betrachten wir lediglich alle bivariablen Korrelationen, so zeigt sich der stärkste Zusammenhang zwischen Fitnessmotiv und Selbstbestätigungs–Motiv ($r = .43$), der schwächste zwischen Bewegungs– und Gesundheitsmotiv ($r = .23$).

Alle anderen Korrelationskoeffizienten befinden sich zwischen diesen Werten. Das ließe auf allgemein mittlere bis schwache Zusammenhänge schließen. Die Informationsanalyse von Kullback (1967), ein multivariates Verfahren zur Untersuchung von Interaktionen höherer Ordnung, belegt allerdings, daß ein recht starker Zusammenhang zwischen allen hier einbezogenen Einzelmotiven besteht. Kern der Informationsanalyse ist der sogenannte 2I−Test. Hinsichtlich der mathematischen Herleitung müssen wir an dieser Stelle auf Lienert (1973) bzw. Lohse/Ludwig/Röhr (1982, 222ff.) verweisen. Voraussetzung der Berechnungen sind dichotomisierte Merkmalsklassen. Die ursprünglich 5−stufige Merkmalsklassifizierung wurde demgemäß auf zwei Klassen reduziert. Wir faßten innerhalb der fünfstufigen Intensitätsskala die Merkmalswerte 1 und 2 zur Position "+" (Motiv trifft zu), die Merkmalswerte 3 bis 5 zur Position "−" (Motiv trifft nicht zu) zusammen.

Wir gingen davon aus, daß alle sechs in die Analyse einbezogenen Einzelmotive in einem generellen Zusammenhang stehen. Die zu widerlegende statistische Nullhypothese mußte folglich lauten:

Alle sechs Motive sind unabhängig voneinander.

Die Berechnungen für die Prüfung der Nullhypothese ergaben die Prüfgröße 2I = 959,72 (57 Freiheitsgrade, I−Chiquadrat = 0). Der kritische Wert (bei alpha = .05) beträgt 75.6 und wird also durch 2I weit übertroffen. Ist aber der Wert für 2I größer als der kritische Wert, so muß die Hypothese der Unabhängigkeit zurückgewiesen werden. Der Kontingenzkoeffizient C, der den Gesamtzusammenhang der sechs Motive abbildet, beträgt C = .63. Wir können also bereits von einem recht starken Gesamtzusammenhang der sechs sportbezogenen Motive sprechen. Dieses Ergebnis werten wir gleichzeitig als Beleg für das Bestehen einer ganzheitlichen Struktur der Motivation des Sporttreibens in der Freizeit.

2. Spezifische Ausprägungen der Motivation des Sporttreibens in der Freizeit

Zur Ermittlung der spezifischen Ausprägungen der sportbezogenen Motivation und der ihnen zuordbaren Häufigkeiten nutzten wir die Konfigurationsfrequenzanalyse (KFA), ein "multivariates parameterfreies Verfahren zur Aufdeckung von Typen und Syndromen (Symptomkomplexen)" (Lohse/Ludwig/Röhr 1982, 398). Sie ist vorwiegend zur Darstellung von Wechselwirkungen höherer Ordnung und also auch für unsere Zwecke geeignet. Mit Hilfe der KFA ermittelten wir zunächst für die dichotomisierten Merkmalsklassen der sechs Motive alle mathematisch möglichen kombinierten Häufigkeiten. In unserem Fall handelte es sich um 64 Kombinationen. Dem ganzheitlichen Charakter der Motivation entsprechend, werden nicht die verschiedenen monovariablen Häufigkeitsverteilungen berechnet, sondern — gewissermaßen umgekehrt — nur eine Häufigkeitsverteilung für die real existierenden Kombinationen aller sechs Motive (Motivprofile bzw. Motivationsstrukturen). Tab. 1 gibt einen Überblick über ausgewählte Kombinationen.

Ablesbar ist zunächst, daß meist mehrere Motive gleichzeitig für das Sporttreiben in der Freizeit verantwortlich sind. Für immerhin 13% unserer Population waren beispielsweise alle hier einbezogenen Motive relevant. In einigen Fällen wirkt aber offensichtlich auch nur ein Motiv. Diese Informationen können aus einfachen Häufigkeitsverteilungen nicht erschlossen werden. Mit Hilfe der KFA gelingt es uns also, tiefer in reale Motivationsstrukturen der Persönlichkeit einzudringen.

Tab. 1: Häufigkeit des Auftretens ausgewählter Motivprofile für das Sporttreiben in der Freizeit bei jungen Berufstätigen und Lehrlingen

MOTIVPROFIL						Häufigkeit		Erwartungs-	chi^2
BM	EM	GM	SM	FM	KM	absolut	%	wert	
+	+	+	+	+	+	191	13	38	613.90
−	−	+	−	−	−	93	6	35	95.52
−	−	+	−	+	−	72	5	53	7.22
+	+	+	−	+	+	70	5	51	7.05
+	−	+	+	+	+	58	4	41	6.96
−	+	+	+	+	+	57	4	38	8.94
−	+	+	−	+	+	41	3	52	2.15
+	+	+	+	+	−	37	3	36	0.03
−	−	+	+	+	−	39	3	39	0.00
+	−	−	−	−	−	27	2	7	56.45
+	−	+	−	+	+	26	2	55	15.33
−	+	+	+	−	−	6	0	24	13.77

Erwartungswert bei Unabhängigkeit der Motive (gerundet)

BM = Bewegungsmotiv
EM = Entspannungsmotiv
GM = Gesundheitsmotiv
SM = Selbstbestätigungsmotiv
FM = Fitnessmotiv
KM = Kontaktmotiv

+ = Motiv trifft zu
− = Motiv trifft nicht zu

Mit weiteren Berechnungen kann nun festgestellt werden, bei welchen Motivprofilen es sich um statistisch signifikante Motivationen handelt, um Motivationstypen, in denen sich der erwiesene Gesamtzusammenhang aller sechs Motive auf beondere Art äußert. Wir haben diese Profile in Tabelle 1 durch Unterstreichung der zugehörigen chi^2 – Werte gekennzeichnet. Diese Motivationen treten in statistischem Sinne überzufällig häufiger (oder seltener) auf, als zu erwarten wäre, wenn die sechs Motive unabhängig voneinander wären. Zur Ermittlung der Typen benötigt man die korrigierte Irrtumswahrscheinlichkeit (in unserem Falle alpha = 0.00078) und den diesem Niveau entsprechenden kritischen Wert für chi^2 (hier 11.28). Alle in Tabelle 1 erfaßten chi^2 – Werte (als Maße der Abweichung der beobachteten Frequenz vom Erwartungswert), die diesen kritischen Wert überschreiten, verweisen auf Überzufälligkeit.

Das bedeutet also, daß unter jungen Berufstätigen und Lehrlingen z.B. überzufällig häufig eine solche sportbezogene Motivation auftritt, die alle hier angeführten Einzelmotive umfaßt. Überzufällig häufig sind aber auch jene Motivationen vertreten, die sich allein auf das Gesundheitsmotiv bzw. das Bewegungsmotiv stützen. Auch diese Ergebnisse sind nicht aus einfachen Häufigkeitsverteilungen abzuleiten.

Mit der Ermittlung der verschiedenen Ausprägungen sportbezogener Motivationen ist allerdings erst ein Zwischenschritt vollzogen. Den Forscher wie auch den Praktiker interessiert nun z.B., welche Zusammenhänge zwischen den Motivationen und der tatsächlichen sportlichen Tätigkeit junger Leute bestehen.

3. Ausprägung der Motivation des Sporttreibens in der Freizeit und sportliche Tätigkeit

In der erwähnten Untersuchung gaben 83% der jungen Berufstätigen und Lehrlinge an, sich auf irgendeine Weise sportlich in der Freizeit zu betätigen. Allerdings ist nur ein Teil von ihnen auch regelmäßig sportlich aktiv. Wir konnten eindeutig ermitteln, daß regelmäßig Sporttreibende deutlich häufiger "reichhaltigere" Motivationen aufwiesen als nur unregelmäßig aktive. Wesentlich häufiger gaben regelmäßig Sporttreibende folgende Motivprofile an:
— alle Einzelmotive verknüpft;
— alle Einzelmotive mit Ausnahme des Entspannungsmotivs;
— Entspannungs –, Gesundheits –, Selbstbestätigungs – und Kontaktmotiv verknüpft;
— Entspannungs –, Gesundheits –, Fitness – und Kontaktmotiv verknüpft;
— Gesundheits –, Selbstbestätigungs –, Fitness – und Kontaktmotiv.

Auch aus der Sicht der Motivationen wird deutlich, daß besonders vielfältige Motivprofile mit regelmäßigem Sporttreiben verbunden sind. Junge Berufstätige und Lehrlinge, die neben dem Gesundheitsmotiv das Selbstbestätigungs −, Fitness − und Kontaktmotiv haben, treiben deutlich häufiger regelmäßig Sport als jene mit lediglich Gesundheits −, Bewegungs − oder Entspannungsmotiv oder einer Kombination dieser drei Motive.

Andererseits können wir belegen, daß die alleinige Ausprägung des Fitness −, des Selbstbestätigungs − oder des Kontaktmotivs nicht mit häufigerem regelmäßigen Sporttreiben verbunden ist. Erst die Kombination dieser Motive führt zu höherer sportlicher Aktivität. Wir halten dieses Analyseergebnis für eine wichtige Ergänzung bisheriger Untersuchungen, in denen ein Zusammenhang zwischen der Ausprägung einzelner Motive und dem sportlichen Verhalten festgestellt wurde. Das gleiche trifft im übrigen auf die Teilnahme am organisierten Sport zu. Auch sie ist besonders häufig an die gemeinsame Ausprägung von Gesundheits −, Selbstbestätigungs −, Fitness − und Kontaktmotiv gebunden.

In Tab. 2 ist dargestellt, inwieweit sich die Vertreter unterschiedlicher Motivprofile an den verschiedenen Formen sportlicher Tätigkeit beteiligen, wobei wir mindestens einmal wöchentliche Teilnahme voraussetzen.

Tab. 2: Ausgewählte Motivprofile junger Berufstätiger und Lehrlinge und Teilnahme an verschiedenen Formen sportlicher Tätigkeit
(Angaben in %)

MOTIVPROFIL						Teilnahme an der sportlichen Tätigkeit						
BM	EM	GM	SM	FM	KM	AL INF ORG	AL INF	AL ORG	AL INF	INF ORG	INF	ORG
+	+	+	+	+	+	13	11	13	11	11	7	28
+	−	+	+	+	+	21	18	9	7	4	4	30
−	+	+	−	+	+	5	10	5	10	13	10	30
+	+	+	−	+	−	6	3	6	29	−	3	10
−	−	−	−	−	+	−	−	−	7	7	7	27
−	+	+	−	−	+	4	−	4	4	−	12	20
+	−	−	−	−	−	4	4	−	3	4	15	−

Legende:
AL = Sporttreiben individuell
INF = Sporttreiben in informellen Gruppen
ORG = organisiertes Sporttreiben (Sportklub, BSG usw.)

Auch Tab. 2 bestätigt, daß insbesondere die gemeinsame Ausprägung von Gesundheits—, Selbstbestätigungs—, Fitness— und Kontaktmotiv mit vielfältiger sportlicher Aktivität verbunden ist. Sobald eines dieser Motive in der Motivation fehlt, wächst der Anteil derer, die sich seltener als einmal in der Woche sportlich betätigen. Betrachtet man nur das organisierte Sporttreiben, so betätigen sich Jugendliche mit den in Tabelle 2 an erster und zweiter Stelle genannten Motiv—Profilen zu 65 % bzw. 64 % in dieser Form. Junge Berufstätige und Lehrlinge mit anderen Motiv—Profilen treiben zu wesentlich geringeren Anteilen organisiert Sport.

4. Zusammenfassung

Die Kenntnis unterschiedlicher Bedürfnisstrukturen und darauf beruhender Motivationen des Sporttreibens bei verschiedenen sozialen und demografischen Gruppen (z.B. den 18— bis 25jährigen, den Ledigen bzw. den Verheirateten, den jungen Arbeitern beziehungsweise den Angehörigen der Intelligenz) ermöglicht es nun z.B., bei der Gestaltung der sportbezogenen Freizeitgestaltung Jugendlicher solche Angebote in Inhalt und Form zu offerieren, die eben diesen Bedürfnissen entsprechen. Diese Angebote werden — entsprechend den Bedürfnisstrukturen — für Ledige anders geartet sein müssen als für Verheiratete, für junge Arbeiter anders als für Angehörige der Intelligenz usw.
In diesem Beitrag sollte jedoch vornehmlich anhand einiger ausgewählter Beispiele der Nutzen des komplexen, persönlichkeitsorientierten Herangehens bei der Analyse der Motivation des Sporttreibens in der Freizeit für Theorie und Praxis der Körperkultur dargestellt werden.
Dieses Herangehen betrachten wir als einen möglichen, offensichtlich sehr effektiven Weg zu Erkenntnissen über die Ausprägung komplexer Persönlichkeitsmerkmale bei Beachtung individueller Unterschiede und deren Zusammenhang zur Tätigkeit. Wir kommen damit weitgehend der eingangs erwähnten berechtigten Forderung nach, die Motivation des Sporttreibens in ihrer Ganzheitlichkeit und Komplexität zu analysieren. Darüber hinaus zeigte sich der Nutzen der hier vorgestellten Herangehensweise bei der Analyse anderer komplexer Persönlichkeitsmerkmale (Wertorientierungen, Interessen), ihres Zusammenhanges untereinander sowie ihrer Realisation in der Tätigkeit. Wir halten sie daher für eine notwendige, bereichernde Ergänzung des sportwissenschaftlichen, insbesondere auch des sportsoziologischen Forschungsinstrumentariums.

Literatur

Austermühle, Th.: Sportbezogene Motive Studierender und deren Wertung für den Erziehungs- und Ausbildungsprozeß im Studentensport. In: Theorie und Praxis der Körperkultur 2, 1981

Förster, P.: Zu methodologischen Problemen von Trendstudien. In: Methodologische und theoretische Fragen der Jugendforschung. Konferenzbeiträge. Leipzig 1983a

Förster, P.: Über Erfahrungen bei der Analyse komplexer Persönlichkeitsmerkmale. In: Pädagogische Forschung 4, 1983b

Förster, P.: Erfahrungen bei der komplexen Analyse der Lernmotivation von Schülern. In: Psychologie für die Praxis 6, 1988. Ergänzungsheft

Fritzenberg, M.: Untersuchungen zur Entwicklung der sportlichen Motivation von Schülern im Sportunterricht der Abiturstufe. In: Theorie und Praxis der Körperkultur 3, 1987

Hennig, W.: Motivation. In: Begriffe der Jugendforschung – kritisch betrachtet. Leipzig 1981

Ilg, H.: Aspekte einer Theorie der Motivation und des Motivierens im Konzept der Regulation sportlicher Tätigkeiten. In: Theorie und Praxis der Körperkultur 4, 1986

Ilg, H./Sikora, W.: Verfahren zur Ermittlung von Motiven der Sporttätigkeit. In: Untersuchungsmethoden in der Sportpsychologie. Berlin 1983

Kullback, S.: Teorija, informacija i statistica. Moskau 1967

Lienert, J.: Hierarchische und agglutinierende Konfigurationsfrequenzanalyse. In: Krauth, J./Lienert, G.A.: Die Konfigurationsfrequenzanalyse und ihre Anwendung in Psychologie und Medizin. Freiburg/München 1973

Lohse, H./Ludwig, R./Röhr, M.: Statistische Verfahren für Psychologen, Pädagogen und Soziologen. Berlin 1982

Metzig, F.–M.: Zur Motivation der sportlichen Leistungsbereitschaft von Schülern 7. Klassen des Stadtkreises Zwickau unter besonderer Beachtung sportsoziologischer Gesichtspunkte. Zwickau, Päd. Hochschule, Diss. 1983

Rohrberg, K.: Zum Verhältnis von Biotopischem und Sozialem in den sportgerichteten Bedürfnissen. In: Theorie und Praxis der Körperkultur 2, 1987

Anhang

Ausgewählte Buchpublikationen aus dem ZIJ

Autorenkollektiv unter Leitung von B. Bertram: Typisch weiblich — typisch männlich? Berlin, Dietz Verlag, 1989

Bertram, B./Friedrich, W./Kabat vel Job, O.: Adam und Eva heute. Leipzig, Verlag für die Frau, 1988 Bisky, L.: Jugend und Massenkommunikation. Berlin, Deutscher Verlag der Wissenschaften, 1971

Bisky, L.: Geheime Verführer: Geschäfte mit Shows, Stars, Reklame, Horror, Sex. Berlin, Verlag Neues Leben, 1980

Bruhm—Schlegel, U./Kabat vel Job, O. (unter Mitarbeit von B. Bertram und M. Reißig): Junge Frauen heute. Wie sie sind — was sie wollen. Leipzig 1981/1986

Friedrich, W.: Jugend heute. Berlin, Deutscher Verlag der Wissenschaften, 1966

Friedrich, W.: Jugend und Jugendforschung. Berlin, Deutscher Verlag der Wissenschaften, 1976

Friedrich, W.: Zur Kritik bürgerlicher Begabungstheorien. Berlin, Deutscher Verlag der Wissenschaften, 1979

Friedrich, W.: Zwillinge. Berlin, Deutscher Verlag der Wissenschaften, 1983

Friedrich, W. (Hrsg.): Kritik der Psychoanalyse und biologistischer Konzeptionen. Berlin, Deutscher Verlag der Wissenschaften, 1977

Friedrich, W./Kabal vel Job, O. (Hrsg.): Zwillingsforschung international. Berlin, Deutscher Verlag der Wissenschaften, 1986

Friedrich, W./Hennig. W. (Hrsg.): Der sozialwissenschaftliche Forschungsprozeß. Berlin, Deutscher Verlag der Wissenschaften, 1980

Friedrich, W./Hennig, W. (Hrsg.): Jugendforschung — Methodologische Grundlagen: Methoden und Techniken. Berlin, Deutscher Verlag der Wissenschaften, 1976

Friedrich, W./Voss, P. (Hrsg.): Sozialpsychologie für die Praxis. Erkenntnisse und Empfehlungen in 20 Bausteinen. Berlin, Deutscher Verlag der Wissenschaften, 1988

Friedrich, W./Müller, H. (Hrsg.): Zur Psychologie der 12— bis 22jährigen. Resultate einer Intervallstudie. Berlin, Deutscher Verlag der Wissenschaften, 1980

Friedrich, W./Bisky, L./Bönisch, S./Noack, K.—P.: Zur Kritik des Behaviorismus. Berlin, Deutscher Verlag der Wissenschaften, 1978

Friedrich, W./Müller, H. (Hrsg.): Soziale Psychologie älterer Schüler. Berlin, Verlag Volk und Wissen, 1983

Friedrich, W./Gerth, W. (Hrsg.): Jugend konkret. Berlin, Verlag Neues Leben, 1984

Friedrich, W./Hoffmann, A.: Persönlichkeit und Leistung. 36 Thesen über Leistung und Leistungsverhalten aus sozialpsychologischer Sicht. Berlin, Deutscher Verlag der Wissenschaften, 1986

Gerth, W.: Schüler — Lehrling — Facharbeiter. Entwicklungsprobleme beim Übergang der Jugendlichen in die einzelnen Ausbildungsabschnitte. Berlin, Tribüne Verlag, 1976

Gerth, W.: Jugend im Großbetrieb. Berlin, Deutscher Verlag der Wissenschaften, 1979

Gerth, W./Ronneberg, H.: Jugend und Betriebsverbundenheit. Berlin, Dietz Verlag, 1981

Gerth, W.: Lehrlinge — wie sie sind — was sie wollen. Berlin, Deutscher Verlag der Wissenschaften, 1987

Hennig, W.: Lernmotive bei Schülern. Berlin, Verlag Volk und Wissen, 1978

Hennig, W. (Hrsg.): Zur Erforschung der Persönlichkeit. Berlin, Deutscher Verlag der Wissenschaften, 1978

Kabat vel Job, O./Pinther, A.: Jugend und Familie: Familiäre Faktoren der Persönlichkeitsentwicklung Jugendlicher. Berlin, Deutscher Verlag der Wissenschaften, 1981

Kabat vel Job, O.: Geschlechtstypische Einstellungen und Verhaltensweisen bei Jugendlichen. Berlin, Verlag Volk und Wissen, 1979

Lohse, H./Ludwig, R.: Statistik für Forschung und Beruf: Ein programmierter Lehrgang. Leipzig, Fachbuchverlag, 1973

Mehlhorn, H.—G./Mehlhorn, G.: Zur Kritik der bürgerlichen Kreativitätsforschung. Berlin, Deutscher Verlag der Wissenschaften, 1977

Mehlhorn, G./Mehlhorn, H.—G.: Intelligenz. Berlin, Deutscher Verlag der Wissenschaften, 1981

Mehlhorn, G./Mehlhorn, H.—G.: Begabung, Schöpfertum, Persönlichkeit: Zur Psychologie und Soziologie des Schöpfertums. Berlin, Akademie—Verlag, 1985

Mehlhorn, H.—G./Mehlhorn, G.: Spitzenleistungen im Studium. Berlin, Verlag Volk und Wissen, 1982

Pinther, A./Rentzsch, S.: Junge Ehe heute. Leipzig, Verlag für die Frau, 1983

Reißig, M.: Körperliche Entwicklung und Akzeleration Jugendlicher. Berlin, Verlag Volk und Gesundheit, 1985

Stiehler, H.-J./Wiedemann, D.: Film und Zuschauer. Materialien zur Geschichte der Filmsoziologie in der DDR. Potsdam—Babelsberg, VEB DEFA—Studio für Spielfilme, 1979

Starke, K.: Jugend im Studium. Berlin, Deutscher Verlag der Wissenschaften, 1979

Starke, K./Friedrich, W. (Hrsg.): Liebe und Sexualität bis 30. Berlin, Deutscher Verlag der Wissenschaften, 1984

Voss, P. (Hrsg.): Die Freizeit der Jugend. Berlin, Dietz Verlag, 1981

Publikationen des ZIJ im Jahr 1990

Bücher

Friedrich, W./Griese, H.M. (Hrsg.): DDR—Jugend: umworben und alleingelassen. Jugend und Jugendforschung bis 1990. Opladen, Leske und Budrich, 1990

Hoffmann, A.: Kreatives Spielen. Leipzig/Jena/Berlin, Urania Verlag, 1990

Müller, H. (Hrsg.): Ich und meine Welt. Lehrbuch für Gesellschaftskunde (für Schüler der Klassen 7 — 10). Leipzig, Militzke Verlag (erscheint 1991)

Artikel/Beiträge

Bathke, G.W.: Soziale Reproduktion und Sozialisation von Hochschulstudenten in der DDR. In: Zeitschrift für Sozialisationsforschung und Erziehungssoziologie, 1. Beiheft 1990

Bertram, B.: Employment and Young Women in the German Democratic Republic. In: Development 1990: 1 — Journal of the Society for International Development. Roma 1990

Bertram, B.: Frauen in der DDR: Mehr Chancengleichheit im Beruf und mehr Zeit für die Kinder. In: Frauen: Info 3, Universität — Gesamthochschule Siegen, 1990

Bertram, B.: Die Jugend braucht eine neue Perspektive. In: Berufsbildung 3, 1990

Bertram, B.: Sind die Mütter jetzt die Dummen? (Interview) In: Eltern 7, 1990

Bertram, B.: Meine Berufswahl. In: Lebensweise und Lebensgestaltung. Lehrbuch für den Gesellschaftskundeunterricht. Leipzig, Militzke Verlag, 1990

Bertram, B.: Zurück an den Herd? In: Spiegel—Spezial, Januar 1990

Bertram, B.: Berufswahl und berufliche Lebensentwürfe in der DDR. In: Protokollband der SAMF—Tagung im April 1990 in Berlin (West). (erscheint 1991)

Bertram, B./Kasek, L.: Jugend und Arbeit. In: Jugend in den Mauern. Opladen (erscheint 1991)

Brämer, R./Heublein, U.: Studenten in der Wende? In: Beilage zur Wochenzeitung Das Parlament B 44, 1990

Dennhardt, R.: Alltag DDR — Anspruch und Realität des realen Sozialismus im Erleben Jugendlicher. In: deutsche jugend 10, 1990

Friedrich, W.: Mentalitätswandlungen der Jugend in der DDR. In: Aus Politik und Zeitgeschichte. Beilage zur Wochenzeitung Das Parlament B 16—17, 1990

Förster, P.: Prozeßkorrelationen — ein effektives Mittel prozeßorientierter Erziehungsforschung im Rahmen von Intervallstudien. In: Pädagogische Forschung, Heft 4, 1989

Förster, P./Roski, G.: DDR zwischen Wende und Wahl. Meinungsforscher analysieren den Umbruch. LinksDruck, Berlin 1990

Günther, C.: Abenteuerliteratur als Lesestoff von Jugendlichen in der DDR. In: Arbeitskreis für Jugendliteratur München, JuLit—Informationen 3, 1990

Günther, C.: Jugendmode in der DDR zwischen Staatsplan und Freiraum für Selbsverwirklichung. In: Zeitschrift für Sozialisationsforschung und Erziehungssoziologie, Sonderheft 1, 1990

Heublein, U./Brämer, R.: Studenten im Abseits der Vereinigung. In: Deutschland Archiv 9, 1990

Hoffmann, A.: Zu einigen Ursachen der Bildungskrise in der DDR und den Möglichkeiten ihrer Überwindung. In: Pädagogik und Schule in Ost und West, Heft 2, 1990

Hoffmann, A.: Ursache der Bildungskrise in der DDR und erste Lösungsansätze aus der Sicht der Jugendforschung. In: Anweiler, O. (Hrsg.): Stand und Perspektiven der erziehungswissenschaftlichen Forschung in der BRD und in der DDR. Bochum 1990

Hoffmann, A.: Die Entschulung der Schule. In: Wortmeldungen, 4. Entschulung der Schule? Volk und Wissen Verlag, Berlin 1990

Hoffmann, A. u.a.: Problempapier Schuljugend. In: Pädagogische Forschung 31, 1990

Lange, G.: Religiöses Bewußtsein Jugendlicher in der DDR. In: Geschichte, Erziehung, Politik. Berlin 1990

Lange, G.: Mündige Bürger oder "Quertreiber"? Zur ideologischen Entwicklung Jugendlicher und junger Erwachsener in der DDR. In: Impuls 2, 1990

Lange, G./Schubarth, W.: Jugend hier und heute als Außenseiter? In: Geschichte und Gesellschaftskunde (32. Jg.) 2/3, 1990

Lange, G./Stiehler, H.-J.: Abschied von der Utopie? Jugend der DDR im sozialen Wandel der achtziger Jahre. In: Zeitschrift für Sozialisationsforschung und Erziehungssoziologie, 1. Beiheft 1990

Lange, G.: DDR—Jugendliche. Bedingungen des Aufwachsens in den 80er Jahren. In: deutsche jugend 10, 1990

Lindner, B./Stiehler, H.–J.: Lokal denken, global handeln – Medienzentrum Leipzig. In: Börsenblatt für den Deutschen Buchhandel. Leipzig 11, 1990

Lindner, B./Karig, U.: ...und auch Bücher. Lesen in der Mediengeneration. In: Beiträge zur Kinder– und Jugendliteratur Nr. 95, 2, 1990

Lindner, B.: Die politische Kultur der Straße als Medium der Veränderung. In: Aus Politik und Zeitgeschichte. Beilage zur Wochenzeitung Das Parlament B 27, 1990

Lindner, B./Göhler, H./Günther, C./Löffler, D.: Leseland DDR: Ein Mythos und was davon bleiben wird. Versuch einer Analyse, mitten im Umbruch. In: Media Perspektiven 7, 1990

Lindner, B.: Lesen als lebenslanger Prozeß. Zum Stellenwert von Literatur und Lesen in den einzelnen Lebensabschnitten. In: Leser und Lesen in Gegenwart und Zukunft. Leipzig 1990

Pollmer, K.: Typen mathematischer Begabungen. Mitteilungsblatt der Mathematischen Gesellschaft der DDR, Heft 1–2, 1990

Pollmer, K.: Was hindert hochbegabte Mädchen, Erfolge in Mathematik zu erreichen? In: Psychologie in Erziehung und Unterricht 1, 1991

Reißig, M.: Jugend und Alkohol – zum Trinkverhalten Jugendlicher. In: Ärztliche Jugendkunde Bd. 81, 2, 1990

Reißig, M.: Jugend und Suchtmittel. In: DDR–Jugend: umworben und alleingelassen. Jugend und Jugendforschung bis 1990. Opladen 1990

Reißig, M.: Suchtmittelgebrauch Jugendlicher in der DDR. Konferenzband. Neubauer, G. et al. (Hrsg.), München (erscheint vorauss. 1991)

Roski, G./Förster, P.: Leipziger Demoskopie. In: Leipziger Demontagebuch. Gustav Kiepenheuer Verlag, Leipzig/Weimar 1990

Roski, G./Förster, P.: Compex analysis of the motivation of going in for sports during leisure time among youth working people and apprentices. In: International Review for the Sociology of Sport 4, 1989

Schmidt, L.: Familiale Orientierungen von Jugendlichen in der DDR. In: Schriftenreihe Jugend des Jugendbildungsvereins e.V., Berlin 1990

Schmidt, L.: Leistungsanforderungen und Erziehungsverhalten von Eltern in ihrer Bedeutung für die intellektuelle Leistungsentwicklung von Kindern und Jugendlichen. In: Konferenzband. Neubauer, G. et al. (Hrsg.), München (erscheint vorauss. 1991)

Schreiber, J.: Über das Weltbild von Technik–Studenten vor dem Umbruch in der DDR. In: Ingenieurstudenten im Wandel – Aspekte ihrer Sozialisation. TU Dresden (Manuskript–Druck) 1990

Schubarth, W.: Gedenkstättenarbeit – eine Analyse. In: antiFa 16, 1990

Schubarth, W.: Geschichtskult contra Geschichtsbewußtsein. In: deutsche jugend 10, 1990

Schubarth, W./Pschierer, R./Schmidt, Th.: Verordneter Antifaschismus und die Folgen. In: Aus Politik und Zeitgeschichte. Beilage zur Wochenzeitung Das Parlament (erscheint vorauss. im Februar 1991)

Schubarth, W.: Wie real ist eine "rechte Gefahr" im Osten Deutschlands? In: Außerschulische Bildung (erscheint vorauss. Anfang 1991)

Schubarth, W.: Zu Veränderungen im politischen Denken von DDR–Jugendlichen. In: Geschichte, Erziehung, Politik 1, 1990

Stiehler, H.–J.: Medienwelt im Umbruch. Ansätze und Ergebnisse empirischer Medienforschung in der DDR. In: Media Perspektiven 2, 1990

Stiehler, H.–J.: Medienpsychologie im Abseits? Zur Lage dieses Wissenschaftsfeldes bis 1990. In: Medienpsychologie 2, 1990

Stiehler, H.–J.: Der kurze Weg in eine neue Identität? Kino und Kinobesucher in der DDR. In: Media Perspektiven 7, 1990

Stiehler, H.–J.: Abschied von der Utopie? In: Zeitschrift für Sozialisationsforschung und Erziehungssoziologie, Sonderheft 1, 1990